REISS AUS

LENA WENDT

REISS AUS

46.000 Kilometer Roadtrip durch Afrika
Oder von einer, die auszog, um leben zu lernen

KNESEBECK *Stories*

INHALT

VORWORT

Diese Geschichte basiert auf meinen persönlichen Erlebnissen, Gefühlen und Erfahrungen während der 22 Monate, die ich gemeinsam mit Ulli durch Westafrika gefahren bin. Das Buch ist meine Sicht auf unsere Geschichte und somit nur eine von zweien. Ich habe mir größte Mühe gegeben, Ullis Seite so objektiv wie möglich mit einfließen zu lassen, eine Aufgabe, die mir unglaublich schwergefallen ist und mich des Öfteren schier hat verzweifeln lassen. Doch weglassen kann ich sie nicht. Es ist unsere Geschichte, unsere Reise. 98 Prozent der Zeit haben wir zusammen auf zwei Quadratmetern verbracht, jedes Erlebnis und jede Situation gemeinsam erlebt und durchgestanden. Die Reise hat uns gelehrt, uns gegenseitig immer zu unterstützen. Auch jetzt ist es Ulli, der mich ermutigt hat, alles niederzuschreiben. Und wenn schon, dann richtig: ungeschönt, offen und ehrlich. Denn Reisen ist definitiv kein Urlaub und geht an die Substanz. Vor allem zu zweit, wenn dir 24 Stunden am Tag der Spiegel vorgehalten wird. Aber genau da wollten wir ja offensichtlich hin. Und genau daran sind wir gewachsen. Ich habe dieses Buch aus drei Gründen geschrieben: Erstens: Ich liebe es zu schreiben. Zweitens: Ich möchte Westafrika auf diesem Weg etwas zurückgeben. Drittens: Ich wünsche mir, dass es dir Mut macht, falls du nicht eh schon unterwegs bist, loszulaufen. Was auch immer dein Traum ist, fang an, ihn zu leben! Denn mal ehrlich, wenn ich das kann, kannst du das auch!

PROLOG

Ich bin verknallt. Kindische Nervosität, Herzrasen, Dauergrinsen und das Bedürfnis immer wissen zu wollen, wo er gerade ist. Ich habe ein megaschlechtes Gewissen Ulli gegenüber, kann mir aber gerade nicht helfen. Verdammt, während ich hier sitze, male ich mir die ganze Zeit aus, wie ich wohl mal eine längere Zeit allein herkommen könnte. Ich habe keine Ahnung, wie und warum es anfing, ich kenne ihn ja kaum. Aber er ist so unendlich schön. Klar, das klingt jetzt total kitschig. Ist aber so. Und auch völlig egal. Was weiß ich über ihn? Wenig. Und er über mich? Noch weniger. Was ich weiß – er mag mich. Und ich ihn ohnehin. Bei der Spannung zwischen uns ließe sich easy ein Hähnchen grillen. Ich halte es kaum aus, neben ihm zu sitzen und ihn nicht berühren zu können.»Ich möchte alles von euch lernen«, hat er gesagt. Das habe ich wortwörtlich genommen und jetzt sitze ich hier im Stockdunkeln neben ihm am Feuer, den kleinen Ange schlafend in meinem Schoß, und staune, wie er seit sage und schreibe 13 Stunden, genauer gesagt seit Ulli ihm heute früh häkeln gezeigt hat, versucht, eine Mütze zu fabrizieren. Seine Augen fallen ihm fast zu. Aber er will es unbedingt lernen. Tausend Blitze schießen durch meinen Körper, als Tomar mich, mit seinem unschlagbaren Lächeln, hinter der mehr nach verunglücktem Schmetterling als nach Mütze aussehenden Wollwurst hervor angrinst. Wir reden kaum, das ist auch völlig unnötig. Alles, was ich wissen will, ist, wie es sich anfühlt, ihn zu küssen.»Jetzt bloß nichts Dummes machen, wir fahren in zwei Tagen, und dann ist er eh vergessen«, sagt mein Verstand. Jules kommt, um Ange ins Bett zu bringen. Er grinst breit, als er ihn mir aus dem Schoß nimmt, um ihn liebevoll in seine Hütte zu tragen.»Komm, wir gehen an den Strand«, flüstere ich in schlechtem Französisch.»Was machst du da?«, schreit mein Verstand. »Ach, sei ruhig«, schimpft mein Bauch zurück, »sie kann nicht anders.« Und so landen Tomar und ich verlegen nebeneinanderher schlurfend am Meer. Es ist Vollmond und bei jedem Schritt blitzt der Sand wie Sternenfunken unter unseren Füßen auf. Alles ist voller Plankton. Oh mein Gott, wo bin ich bloß gelandet? Kann es denn noch kitschiger werden? Ich werde übermütig vor Freude über diesen unglaublichen Moment und springe hin und her. Jedes Mal, wenn ich wieder aufkomme, beginnt alles zu leuchten. Tomar lacht und versucht ein Glühwürmchen mit der Hand zu fangen. Dann bleibt er abrupt vor mir stehen. Oh mein Gott, ich sterbe gleich. Unsere Körper sind nur noch wenige Zentimeter voneinander entfernt. »Du wirst mir fehlen«, murmelt er. »Du mir auch«, flüstere ich. Und dann muss ich ihn einfach küssen! Wie zwei Magnete ziehen sich unsere Körper an. Unsere Lippen kommen sich näher …

»Lena, da bist du ja«, rufen Jules und Cisko fast gleichzeitig. Ihre Taschenlampe leuchtet uns hart ins Gesicht, als sie mit schnellen Schritten auf uns zugestapft kommen. Dicht gefolgt von Ulli. »Ulli hat dich schon überall gesucht …«

EUROPA
(ODER WIE ALLES BEGANN)

1
Wo ist mein Lachen?

Es riecht nach Desinfektionsmittel. Ein gewohnter Geruch in einer mittlerweile schon gewohnten Umgebung: das Wartezimmer der Klinik in Hamburg-Eppendorf. Es ist das dritte Mal innerhalb eines Jahres, dass ich hier bin. Ich bin nervös und habe Angst. Ziemliche Angst. Was sie mir heute sagen, entscheidet alles. Oder nicht? Würde ich für meinen Traum nicht auch meine Gesundheit aufs Spiel setzen? Wahrscheinlich in diesem Fall schon.

Ich heiße Lena, bin 28 und habe die Schnauze voll von meinem jetzigen Leben. Ich habe einen Traum-Freund, lebe in Hamburg in einer Traum-Altbauwohnung, habe einen Traum-Job, bei dem ich Traum-Reisen in Traum-Reiseländer machen darf, und flexible Arbeitszeiten, weil ich so was wie selbstständig bin ... Klingt alles tutti, das Problem: Es fühlt sich nicht tutti an.

»Frau Wendt«, werde ich aufgerufen. Als ich mich in den tiefen weißen Stuhl setzen muss, kommt mir alles vor wie ein Déjà-vu. Diesmal ist es eine Ärztin, die mich untersucht. Ich kann mir denken, was für Bilder ich gleich sehen werde. Meine Gebärmutter in 3D und am Halsrand alles weiß. Letztes Jahr hat der Doktor die Untersuchung für die Studentin, die dabei war, mit den Worten eingeleitet: »Und wenn wir gleich was Weißes sehen, ist das der Virus.« Das nächste Bild, an das ich mich erinnern kann, war ein gefühlt komplett weißer Bildschirm.

Seit ich 25 bin, habe ich einen HP-Virus. Eigentlich nichts Wildes, denn diesen Virus haben scheinbar 80 Prozent aller sexuell aktiven Menschen in ihrem Leben einmal. Bei den meisten geht er von allein wieder weg. Das Immunsystem wird damit fertig. Meins nicht. Alle drei Monate muss ich deshalb zum Frauenarzt. Denn: Dieser blöde Virus kann Gebärmutterhalskrebs verursachen.

»Was machen Sie beruflich?«, fragt die Ärztin. Meine Beine sind wie Wackelpudding, als ich langsam wieder meine Kleidung überstreife. Auf einem Bein stehend, um in meine Leggins zu steigen, ende ich beinahe rücklings in der aufgestellten Umkleidewand. Ich habe so einen Schiss, dass dieser bereits besiegt geglaubte Virus mir jetzt meine Reise nach Westafrika so kurz vor dem Start noch zerschießt. »Ich bin Journalistin«, sage ich.

»Das erklärt einiges. Sie haben zu viel Stress. Bei zu viel Stress kann ihr Körper nicht heilen«, antwortet sie. Ich atme so tief in meine zugeschnürte Kehle ein, wie es nur geht, nehme allen Mut zusammen und spreche meine größte Angst aus: »Ich möchte in vier Wochen nach Afrika. Mein Freund und ich wollen mit unserem Auto von Hamburg bis Südafrika fahren, ein Jahr oder so, und haben quasi alle Zelte abgebrochen. Was mache ich denn jetzt?« Ich bin komplett aufgelöst, die Tränen stehen in meinen Augen.

Wir haben so viel Mist durchgemacht in den letzten Monaten: angefangen bei Ullis Zusammenbruch mit Burnout, der Ebola-Epidemie in Liberia, Guinea und Sierra Leone kurz nachdem wir entschieden haben, dass wir durch Westafrika fahren wollen, beim Autokauf richtig übers Ohr gehauen worden, anwaltliche Beratung, große Verzweiflung, Unmut, Tränen. Und jetzt auch noch das. Eine letzte

Kontrolluntersuchung vor der Reise beim Frauenarzt, vier Wochen vor Abfahrt: Der Virus ist wieder da. Dazu so stark, dass meine Frauenärztin mich sofort ins Krankenhaus überweist. Ich bin so verzweifelt. Eine riesige Wut steigt in mir hoch. Ich fühle mich schwer verraten von meinem Körper, der sonst immer so gut funktioniert hat. Ich habe Angst, dass ich nach all den Strapazen jetzt doch nicht wegfahren kann. Dass ich so viele Hürden genommen habe und die letzte mich jetzt zu Fall bringt. Irgendwer will einfach nicht, dass wir auf diese Reise gehen.

»Oh, Sie fahren nach Afrika?«, sagt die Ärztin und schaut mich ganz begeistert an. »Was Besseres könnte ich Ihnen gerade gar nicht empfehlen. Raus aus dem Stress. Genau das Richtige zum Heilen!«

Ich kanns kaum fassen, hat sie das gerade echt gesagt? Ich könnte sie küssen!

»Wir schieben Sie einfach, so schnell es geht, für eine OP dazwischen und dann können Sie quasi los.« Diese Ärztin ist eine Heilige, ich weiß es.

»In Afrika, da ist Ebola, da könnt ihr nicht hin«, Zitat meine Oma.

»Aber nicht Ulli allein in der Wüste stehen lassen«, meine Freunde.

»Was wollt ihr denn jetzt in Westafrika? Die terroristischen Anschläge nehmen stetig zu, dazu jetzt die Seuche, da herrscht Ausnahmezustand. Wartet doch lieber ein paar Jahre und fahrt dann«, empfiehlt ein Bekannter, der viel in Westafrika reist und lebt.

Ulli kratzt sich den Kopf. Noch eine knifflige Aufgabe. Als gäbe es nicht schon genug Unvorhergesehenes, das wir so kurz vor der Abreise noch hinkriegen müssen.

Die Solaranlage, die er aufs Dach gebaut hat und die seine Kühlbox speist, haben wir noch nicht einmal getestet. Diese riesige nagelneue Kühlbox, gegen die ich so protestiert hatte, weil sie in meinen Augen zu viel Luxus darstellte, ist nun zu einem notwendigen Gegenstand geworden, der mir helfen soll, jetzt nach der zweiten OP endlich gesund zu bleiben, indem sie die zwei Impfstoffe kühlt, die ich mir im Abstand von jeweils drei Monaten von irgendwem entlang der Strecke in meinen Körper jagen lassen muss.

Im März haben wir uns überlegt, dass wir im Oktober ein Jahr auf Reisen gehen. Angeblich ist das wettertechnisch die beste Zeit, um in sechs Monaten nach Südafrika zu fahren und weder von Hitzewellen gebacken noch von feuchtfröhlichen Regenzeiten weggespült zu werden. Anschließend möchte Ulli gern unser Auto nach Südamerika verschiffen und dort ein halbes Jahr rumfahren. Das reizt ihn mehr als Afrika. Nein, wir haben keine Klimaanlage im Auto, sondern werden mit offenen Fenstern fahren, und ja, wir haben zwar ein ADAC-Offroad-Fahrtraining gemacht und anschließend einen Wagenheber gekauft, der so groß ist, dass wir mit seiner Hebelwirkung vier Trecker aus einem Moor ziehen könnten, aber wir wollen es mal gemütlich angehen lassen. Seit wir unseren Abfahrtstag auf den 15. Oktober gesetzt haben, sind wir nur am Schuften, Vorbereiten und Organisieren, um diesen auch einzuhalten. Genauer gesagt Ulli, denn der hat nach seiner Kündigung Zeit. Ich schmeiße nach der Arbeit nur immer alles in eine Ecke, was er nicht vergessen soll mit einzupacken.

Immerhin haben wir einmal in dem 40 Jahre alten Dachzelt, das wir von Ullis Patentante geschenkt bekommen haben, probegecampt. Wie der Allzweckkocher funktioniert, das GPS genutzt wird, das wir anstatt von Kartenmaterial mitnehmen – oh ja, so blöd sind wir –, und vieles mehr wissen wir nicht. Aber am allermeisten wird mir das Unwissen über die Kühlbox noch zum Verhängnis werden ...

Ich beobachte Ulli, wie er an diesem riesigen Schreibtisch sitzt. Zwischen unzähligen Kartons. Die, die wir nach dem Einzug noch immer nicht ausgepackt haben, und die, die wir schon wieder eingepackt haben. Unfassbar, was wir alles besitzen und wie wenig ich jetzt davon

mitnehmen werde, weil a) jeder nur eine kleine Schublade für seine
Sachen hat und b) ich von all meinen vorherigen Reisen weiß, dass
ich eh immer nur das Gleiche anziehen werde. Ulli verlässt sich da
ganz auf mich. »Sieben Unterhosen und drei paar Socken reichen«,
schmunzle ich, als ich den riesigen Berg mit seiner Kleidung halbiere.

Ulli sieht immer noch schmächtig aus und blass. Immerhin kann er
wieder lächeln.
»Aber die Gummis reißen ständig und dann rutschen mir die Hosen vom Hintern«, antwortet er. »Weisst du, in Westafrika tragen die
Leute auch Unterhosen und dann kaufst du dir, wenn es soweit ist,
einfach neue«, grinse ich und nehme ihn in den Arm. Er ist angespannt. Die Planung für den Trip setzt ihm ordentlich zu. Auf der
anderen Seite sagt er, habe er was zu tun. Schlimmer wäre es jetzt,
vier Monate nach seinem Burnout und zwei Wochen nach seiner
Kündigung zu Hause auf dem Sofa rumzusitzen.

Ich habe Ulli an Silvester im Skiurlaub vor nicht ganz zwei Jahren
kennengelernt. Eine Mischung aus flippig, konservativ und boden-
ständig, aber für jeden Scheiß zu haben. Seine Edelweiß-Hosenträ-
ger unter der Skijacke und der fehlende Schneidezahn, den er damals hatte, haben es mir angetan. Ein Kerl zum Pferdestehlen, der
sich auch trotz diverser Ausraster meinerseits bis heute nicht hat
komplett abschrecken lassen. Nach nicht mal vier Monaten haben
wir uns gemeinsam einen ausgebauten Bulli T3 gekauft, um damit
am Wochenende ans Meer zu fahren. Ein Autokauf – das größte
Bündnis, das ich bisher in einer Beziehung eingegangen bin. Eigentlich renne ich immer weg, wenn zu viel Nähe entsteht und ich das
Gefühl habe, nicht mehr atmen zu können. Mit Ulli ist alles irgendwie anders. Eine ganze Zeit lang wusste ich nicht mal, ob ich in
ihn verliebt bin. Bisher hieß Liebe für mich immer Schmetterlinge
im Bauch, der ganze Körper unter Strom, unfassbare magnetische

Anziehung. Mit Ulli zusammen zu sein, fühlt sich dagegen an wie zu Hause sein. Unaufgeregt, warm. Das verunsichert mich. Kurz vor unserem ersten gemeinsamen Trip nach Indonesien kam die Hiobsbotschaft: meine erste OP an der Gebärmutter. Ein Eingriff, der mich emotional ziemlich mitgenommen hat. Und was macht Ulli? Der hält meine ganze Verletztheit und alle meine Gefühlsschwankungen einfach aus. Ich kann's nicht fassen. Warum also nicht zusammenziehen? Mein bester Freund Martin sagt immer:»Lena, worauf warten? Probier es doch einfach aus.« Im Internet finden wir eine wunderschöne sanierte Altbauwohnung in Hamburg-Eimsbüttel. Stuck, Flügeltür zum Wohnzimmer, tiefe Erker vor den Fenstern, die zum Drinsitzen und Lesen förmlich einladen – etwas, das wir nie machen werden. Und was ist? Wir bekommen sie auch noch – unglaublich! Ein Traum. Mein Traum? Kurz vor dem Einzug im Dezember bricht er dann doch durch. Mein Fluchtreflex. Und wie immer endet er damit, dass ich eine Reise buche. Hauptsache weg, so weit und so lange wie es geht. Das kann alles zwischen sechs Wochen und einem Jahr sein und endet meist in Afrika. Eigentlich immer in irgendeinem Land von dem ich mir nicht vorstellen kann, dass dort noch großartig jemand anders hinfährt. Quasi das Auswahlkriterium. Sechs Wochen allein backpacken im Januar. Puh, mir geht's gleich viel besser. Als ich Ulli davon erzähle, findet er das gar nicht lustig.»Du hättest wenigstens mal fragen können, ob ich mitkommen will.«»Du musst doch arbeiten«, versuche ich mich zu erklären. Ich traue mich nicht zu sagen, dass ich Zeit für mich brauche.

Ulli ist medizintechnischer Ingenieur und arbeitet bei einem riesigen Konzern. Ein Traumjob für viele, mit viel Verantwortung für seine gerade mal 28 Jahre. Zu diesem Job pendelt er jeden Tag drei Stunden hin und zurück. Als er mich im Februar vom Flughafen abholt, erkenne ich ihn fast nicht wieder.»Ich hatte einen Zusammenbruch und muss immer wieder weinen«, hat er mir einen Tag vor meiner Rückkehr geschrieben. Ich habe mir Sorgen gemacht, konnte mir darunter aber nichts vorstellen. Als ich ihn jetzt vor mir stehen sehe, wird mir ganz anders. Weiß wie eine Wand, strähniges Haar, eingefallenes Gesicht, verheulte Augen. Ich nehme ihn fest in den Arm. Ihm kommen die Tränen.

Er versucht zu lächeln, aber es will nicht wirklich in seinem Gesicht ankommen. Kaum zu Hause, bricht er zusammen und verkriecht sich ins Bett. Sein ganzer Körper verkrampft bei jeder Welle an Tränen, die über ihn hereinbricht. Ich halte ihn fest, versuche für ihn da zu sein, stark zu sein und habe dabei gleichzeitig fürchterliche Angst. Was ist nur in unserer Gesellschaft nicht in Ordnung, dass jemand, der eben noch vermeintlich gesund war, plötzlich nicht mal mehr aufstehen kann? Auf keinen Fall will ich zu lange warten. Ulli braucht professionelle Hilfe und so schleppe ich ihn nach einer schlaflosen Nacht zum psychiatrischen Notdienst. Krankgeschrieben und auf Antidepressiva verbringt er nun die meiste Zeit im Bett. Die Stimmung in unserer neuen Wohnung macht mich fertig. So eine halb bezogene Altbauwohnung kann ganz schön dunkel und kalt sein, wenn es nicht wenigstens ab und an mal einen Lacher gibt, der sie aufwärmt. Ich behandle Ulli wie ein rohes Ei, tanze um ihn herum und versuche ihm das Gefühl zu geben, neben meinen irgendwie nie endenden Arbeitstagen für ihn da zu sein. Zum Vor-die-Tür-Gehen lässt er sich so gut wie nie motivieren. Ich setze alles auf seine Therapeutin.

Meine Tage bestehen aus morgendlichem Joggen, um den Kopf irgendwie frei zu kriegen, obwohl bei dem momentanen Ekelwetter nicht mal mein Hund mitkommen will. Anschließend radle ich mit Bauchschmerzen zur Arbeit und komme abends todmüde, und seit

Ullis Zusammenbruch auch hier mit Bauchschmerzen, nach Hause. Ich bin freie Journalistin beim Fernsehen. Genau das, was ich immer wollte. Leider hat mir im Studium keiner erzählt, wie es in der Realität aussieht. Ich dachte immer, als Journalistin, da kann ich die Welt verändern. Und genau dafür habe ich von Anfang an niemals endende Arbeitstage und ewig unbezahlte Praktika in Kauf genommen. Stattdessen muss ich Einschaltquoten generieren, um jedes bisschen Info kämpfen, das ich in meinen Beiträgen vermitteln möchte, und habe in Produktionshochzeiten teilweise 90-Stunden-Wochen. »Von nichts kommt nichts«, hat meine Mama immer gesagt, wenn mein Vater nur auf der Arbeit und nie zu Hause war. »Und was macht die Arbeit?«, die größte Sorge meiner Oma bei jedem Telefonat mit mir. »Dass aus dir mal was wird«, mahnte mein Opa. Bin ich denn jetzt was? Ich meine, ich verdiene gutes Geld und habe einen Job, von dem viele träumen. Aber bis auf die Teamarbeit, die echt Spaß macht, und die tollen Menschen, die ich dabei kennenlernen darf, geht mir die Fernsehwelt mega auf den Zeiger. Ich meine, seit ich 16 bin, habe ich selbst keinen Fernseher mehr, aber arbeite dort? Verquer. Pflichtbewusst tanze ich, sogar krankgeschrieben, kurz nach meiner OP auf der Arbeit an, weil mein Chef mich braucht.

Leise schließe ich die Tür auf, spähe ins Schlafzimmer. Es ist dunkel, die Luft stickig, Ulli schläft. Ich schleiche in die Küche. Mein Hund Bosse springt auf meinen Schoß.
Müde checke ich mein Facebook, mein Whatsapp, meine Mails. Auf der Suche nach irgendeiner Nachricht oder irgendeinem sinnlosen Foto, das mich ablenkt von meinen Gedanken. Ich weiß genau, dass ich mich in einer halben Stunde, wenn ich aus dem Internet aufwache, darüber ärgere, dass ich schon wieder unbewusst meine Zeit mit dem Leben anderer verdödelt habe. Verdammt! Ich pfeffere mein Handy in die Ecke des Sofas. Dann fällt mein Blick auf meinen Reiseführer, der noch immer nicht weggepackt neben meinem

noch immer nicht ausgeräumten Backpack liegt. Ich schnappe ihn mir. Die vorletzte Seite ist die Weltkarte. Es gibt außer dem Reisen wenig, das mich so glücklich machen kann, wie mit meinem Hund zu kuscheln und auf die Weltkarte zu schauen. Und so wie ich als Kind vor meiner Weltkugel saß, die leuchten konnte, und mit dem Finger über die schlecht gedruckten Namen der Länder strich, sitze ich jetzt hier in Hamburg auf unserem Ledersofa in der noch so neu nach Farbe riechenden Küche. Ich mache die Augen zu und der Farbgeruch weicht dem süßlichen Duft der staubigen, heißen Erde Afrikas. Mein Herz überschlägt sich fast vor Freude und Sehnsucht, als mir Bilder meiner Reisen durch den Kopf schießen. Bilder vom einfachen Leben der Menschen dort, das aber dennoch bestimmt wird vom Lachen. Lachen, das mir gerade so fehlt.

Ich streiche ganz vorsichtig mit dem Finger über jedes afrikanische Land, in dem ich bereits war. Den ganzen Süden, die Ostküste, rauf bis Dschibuti. Dann ein riesiger Sprung nach Marokko. Ich wandere mit dem Finger von Marokko die Westküste runter durch all die Länder, die ich noch sehen möchte, die mir aber bisher immer so weit weg erschienen. Entweder weil Französisch die Amtssprache ist oder weil ich die Länder nur durch fürchterliche Kriege oder Terrorismus kenne. Mali – oh, wie wunderschön muss Timbuktu sein, der Kongo – alles, was ich gerade darüber gelesen habe, zieht mich dort magisch an, Sierra Leone – wie leben die Menschen dort nach einer fürchterlichen Geschichte wie dieser? Letztens habe ich doch noch gelesen, dass die Kinder dort auf Holzbrettern surfen ... Mein Finger wandert von einem zum anderen Land, immer weiter in den Süden, bis ich mich wieder auskenne. Dann habe ich wieder Martins Stimme im Kopf:»Worauf wartest du eigentlich?«Verdammt, Martin, wegen dir bin ich um Tausende Euro leichter in dieser Wohnung gelandet. »Ich glaube, ich will kündigen.« Ulli kommt in die Küche geschlurft. »Ich hatte das Thema mit meiner Therapeutin und habe da noch mal drauf rumgedacht. Ich will nicht mehr zurück in meinen Job, unter diesen Bedingungen. Das macht mich kaputt.«

»Großartig!«, platzt es aus mir raus. »Hast du Lust, stattdessen mit mir von Hamburg nach Südafrika zu fahren?«

Gelernte Lebensschlauheit des Tages: Ich schwöre mir hiermit hoch und heilig, ab sofort aufzuhören, meine Arbeit über mein Leben zu stellen. Und mir die Zeit zu nehmen, eine Weile aus meinem Leben auszusteigen, um es aus der Distanz und mit Abstand neu zu betrachten.

MAROKKO

Afrika, wir kommen!
Marokko ist das erste Land unserer Reise.
Zauberhaftes »Afrika light«,
fast noch Europa.
Leicht verdaulich und ein ruhiger,
entspannter Start für Ulli. Denkste ...

Tage im Land: 73 | Gefahrene Kilometer: 9683
Werkstattbesuche: 3 | Bestechungsgelder: 0
Kontrollen: 27 | Liter Tee getrunken: 50

2

Ulli braucht einen Plan, ich bin das Chaos

»Hier, halte bitte hier.«Oh Mann, ich verliere echt gleich die Nerven. Es gibt für mich nichts Schlimmeres, als seit Stunden aufs Klo zu müssen, es nicht zu sagen und, wenn es dann kaum noch auszuhalten ist, keinen geeigneten Ort dafür zu finden. »Nein, oh nein, warum hältst du denn nicht an, wenn ich es sage? Hier ist doch schon wieder ein Dorf. Da sind doch schon wieder Menschen!« Wir sind seit drei Wochen gemeinsam unterwegs und unsere Kommunikation ist noch immer unterirdisch. »Ich kann nicht so schnell reagieren. Was du sagst, muss erst mal in meinem Kopf ankommen und verarbeitet werden. Tschuldigung«, sagt Ulli gekränkt. Er will ja nur das Beste für meine Blase.

Es kommt eine Kurve und dahinter ein Hügel. Kurzcheck: weit und breit nur Geröllwüste, kein Haus und kein Schaf in Sicht. Wo ein Haus, da Menschen, wo ein Schaf, da mindestens ein Hirte. »Hier«, quieke ich nervös und schmeiße meinen Zeigefinger verzweifelt nach vorn, um meine ausgeguckte Stelle frühzeitig aufzuzeigen. Diesmal schaffen wir es gemeinsam. Reifen quietschen. Ich springe aus dem Auto, das noch nicht richtig steht, und flitze hinter den Hügel. Erleichterung. Doch wenn ich eins gelernt habe, dann ist es das: Wähne dich nie in Sicherheit beim Pinkeln, von irgendwo kommt immer jemand daher.

Ich gebe also Vollgas.

Gerade fertig, da höre ich ihn schon, bevor ich ihn sehe: »Bonjour, bonjour«, kommt ein kleiner Junge freudestrahlend angerannt. Keine Ahnung, wo der herkommt, aber er kommt. Und das mit einem Affenzahn, denn er will uns auf gar keinen Fall verpassen.

Er möchte nämlich etwas haben. »Cadeau, cadeau«, ruft er schon von Weitem. »Geschenk, Geschenk.« Jetzt hat er uns fast erreicht. Ich sehe die Freude in seinen Augen, die Erwartung. Mir schnürt es die Kehle zu und ich spüre einen riesigen Stein im Bauch. Wer hat nur angefangen mit dieser verfluchten Schenkerei? Eine Staubwolke bleibt hinter seiner Bremsspur zurück. »Tut mir leid, Geschenke gibt es nicht«, sage ich und streichle ihm entschuldigend den Kopf. »Lass uns weiterfahren«, sagt Ulli, der ebenfalls die Schnauze voll hat vom Betteln. »Beslama – auf Wiedersehen«, winke ich und wir blicken mal wieder auf ein enttäuschtes Kindergesicht im Rückspiegel zurück. All seine Mühe umsonst. »Verdammt, das macht mich echt fertig«, fluche ich. »Ja, aber was willst du machen? Jedem was geben?« Ich bin dankbar, dass Ulli hier ähnlich tickt wie ich. »Auf gar keinen Fall, aber irgendwie einen besseren Umgang damit finden«, antworte ich. Ich habe mal ein halbes Jahr in Südafrika gewohnt und erlebt, was passiert, wenn Betteln lukrativ wird. Die Kinder machen dann nichts anderes mehr. Allerdings bin ich auch mit dem schlechten Gewissen aufgewachsen, dass »in Afrika« die Kinder verhungern. Wenn ich nicht aufgegessen habe, hat meine Mama gesagt: »In Afrika würden sie sich darüber freuen.« Auch unsere alten Kleider haben wir immer fleißig zum Spenden gegeben. Wo die landen, haben Ulli und ich gestern auf dem Markt gesehen. Auf riesigen Grabbeltischen in großen Haufen zum Verkauf. Ein lokaler Kleiderhersteller hat keine Chance. Gutes tun ist anders. Ich bin verwirrt und am Verzweifeln.

Wir fahren eine Serpentinenstraße hoch, als sich plötzlich hinter einer Kurve ein Anblick auftut, der uns den Atem raubt und im Nu jeden schlechten Gedanken vergessen lässt. Blau und lila leuchtende Berge, auf deren Kuppen Schnee liegt, davor gelb leuchtendes Gras. Marokko ist eines der landschaftlich schönsten und vielfältigsten Länder, die ich kenne. Es ist das siebente Mal, dass ich herkomme, und mein zweiter Geburtstag, den ich hier feiern werde. 29. Halleluja. Und immer wieder lerne ich neue Seiten dieses wunderschönen Landes kennen, sehe neue Ecken, die mich umhauen. »Komm, halt mal an, ja?«, rufe ich Ulli zu. »Schon wieder?«, antwortet er. »Wir sind schon viel zu spät dran. Laut GPS sollten wir schon seit zwei Stunden an dem See sein, den wir uns zum Übernachten ausgeguckt haben. Und die Sonne geht langsam unter.« Ich rolle mit den Augen und antworte genervt. »Na gut, dann eben nicht.« Was ich eigentlich sagen will: »Ich finde deine alberne Planung meganervig und möchte jetzt ein Foto von diesem unfassbaren Moment machen, also halt bitte an.« Die Bremsen quietschen, Ulli stoppt. Genervt von mir, aber die Angst vor schlechter Stimmung ist scheinbar größer.

Das Foto wird nichts. Ich traue mich nicht zu sagen, dass ich aufgrund der Tageszeit mittlerweile ein Stativ brauche, das hinten in einer der Kisten liegt. Also schlucke ich meine Enttäuschung runter und wir fahren weiter. »Hunger?«, frage ich, um wieder Frieden herzustellen. Ich schnalle mich ab und drehe mich nach hinten, um unser Besteck, die Brote und die Dose Thunfisch, die wir in einem Laden gekauft haben, hervorzukramen. »Und wie«, lächelt Ulli versöhnlich. Ich lege ihm meinen Arm in den Nacken und kraule ihm den Kopf. »Sorry, dass ich so viel fotografiere«, sage ich, klimpere dabei mit den Augen und gucke ganz unschuldig. »Ich plane einfach ab morgen bei den Strecken zwei Stunden mehr für Fotostopps mit ein«, grinst Ulli, »dann bin ich auch nicht mehr so genervt, wenn es länger dauert.« »O Mann«, sagt mein Kopf, »auf was hast du dich da nur eingelassen?« »Ach, halt die Klappe«, verdränge ich den Schlaumeier, öffne die Thunfischdose und kippe das Öl aus dem Fenster.

Je weiter wir ins Inland kommen, umso ursprünglicher, aber auch ärmlicher wird alles. Die Menschen freuen sich, uns zu sehen. Kleine Mädchen mit rotschwarzen, völlig zerzausten Haaren kommen aus den Häusern gelaufen, um uns zu begrüßen. Ihren

leuchtenden Gesichtern ist anzusehen, dass sie den ganzen Tag der
Sonne und frischer Bergluft ausgesetzt sind.

Die kleinen Jungs werfen mir Handküsse zu, einige bieten uns ihre
angebissenen Äpfel an, ein paar von ihnen wollen, dass wir anhalten
und mit ihnen Fußball spielen. Es ist unglaublich schön hier. Am
liebsten würde ich eine Nacht bleiben. Aber ich habe Respekt davor,
den ganzen Abend die Hauptattraktion zu sein, und schäme mich
zudem mal wieder für unsere in der Abendsonne glänzende Karre.
Ach, würde sie doch wenigstens schon so richtig zugedreckt sein.
»Da ist er, der See, den ich auf dem GPS markiert habe«, ruft Ulli
aufgeregt, »gerade noch rechtzeitig, bevor es dunkel wird.«
Ulli hat, bevor wir los sind, viel auf den Seiten des Auswärtigen Amts
gelesen. Seiten, auf die ich nie gucke, weil da vor jedem Land, in das
ich reise, immer nur gewarnt wird. Dass wir gleich am ersten Tag in
Marokko in eine Demo gefahren sind, fand er gar nicht lustig. »Vermeiden sie Menschenansammlungen, haben die gesagt«, versucht er
mir seine Angst zu erklären, als ich laut loslache und ihn einfach
nicht ernst nehmen kann. Zumal ein paar Demonstranten uns höf-
lich gefragt haben, ob sie sich auf unserer Motorhaube fotografie-
ren können. Das Auswärtige Amt warnt anscheinend auch davor, im
Dunkeln in Westafrika Auto zu fahren. Wahrscheinlich wegen der oft
schlechten Straßen und der nicht vorhandenen Beleuchtung der Autos, oder wegen der Verkehrsteilnehmer: Kühe, Dromedare und Esel.
»Juhu, siehst du, es wird immer alles gut«, grinse ich und zwinkere
Ulli zu. Die untergehende Sonne taucht alles in warmes Licht. Auf
der Wasseroberfläche des riesigen Sees spiegeln sich die Gipfel der
Bergkette. Berge, die aussehen, als wären sie die Decke eines Riesen,
der sich schlafen gelegt hat. Die Wolken scheinen in den See gefallen
zu sein. Kein Gemälde der Welt könnte gerade schöner aussehen.
»Ein Schloss«, ruft Ulli freudig wie ein kleines Kind, als wir mit Motor-
bremse ins Tal rollen und dem See entgegenfahren. »Wir sind im Paradies«, flüstere ich. Wie wunderschön Marokko ist – und wir mittendrin.

Es hat lange gedauert, aber so langsam kommt bei uns an, dass wir hier nicht im Urlaub sind, sondern auf einer Reise. Auf einer Reise, bei der uns niemand im Nacken sitzt. Wir haben mindestens ein Jahr lang Zeit, dahin zu fahren, wo wir hinwollen. Mich überkommt ein Gefühl unglaublicher Dankbarkeit gepaart mit Gänsehaut. Was für ein Geschenk. In Gedanken erneuere ich das Versprechen, das ich mir vor unserer Abfahrt gegeben habe. Das gefühlt wichtigste Versprechen an mich selbst:»Dieses Mal drehe ich nicht eher um, bis ich den Schlüssel gefunden habe. Den Schlüssel zu einem ganz bestimmten Gefühl. Dem Gefühl, am Leben zu sein, bei mir selbst zu sein, Zufriedenheit und Ruhe zu spüren. Das fühle ich immer nur, wenn ich auf Reisen bin. Ich möchte diesen Schlüssel finden, ihn in mein Herz aufnehmen und nie wieder verlieren, damit ich auch daheim, im Alltag, genau das spüren kann.«

Gelernte Lebensschlauheit des Tages: Geschenke sind keine Lösung.

3

Malika

Wir klopfen an die Schlosstür, um zu fragen, ob wir am See übernachten dürfen. Malika öffnet die schwere Tür. Sie ist so ärmlich gekleidet, dass ich im ersten Moment denke, sie ist die Putzfrau. Ihr Rücken ist gebeugt wie der einer alten Frau. Der Haut ihres schmerzverzerrten Gesichts nach könnte sie jedoch auch erst Mitte 40 sein. Ihr pechschwarzes Haar, das unter ihrem Kopftuch hervorlugt, wird von einer einzelnen dicken grauen Strähne durchzogen. Die Aura, die sie umgibt, ist unfassbar warm. Ich bin sofort verliebt.

Wir dürfen direkt mit der Autonase am See parken. Ein Traum. Natürlich werden wir sofort zum Tee eingeladen und Malika wirft den großen Ofen an, damit wir uns aufwärmen können. Sie wohnt hier scheinbar ganz allein mit ihren drei Katzen und einem alten Hund. Mit Erdnüssen und Knabberkram versorgt, beschnuppern wir uns vorsichtig. Malika ist ziemlich still. Wie Ulli eher introvertiert, also das komplette Gegenteil von mir. Aber irgendwie haben wir beide gleich einen Draht zueinander und kommen uns ganz schnell nah. Ulli macht es sich auf dem uralten marokkanischen Sofa bequem. »Ich bin megaerstaunt, ich verstehe echt fast alles, was sie sagt«, flüstert er stolz zu mir herüber, als Malika kurz zum Teekochen verschwindet. Es ist der Wahnsinn, wie viel Mühe sie sich macht, uns alles so lange zu erklären, bis es richtig angekommen ist. Und umgekehrt so lange nachfragt, bis sie weiß, was wir antworten wollen. Bislang hat mein Französisch zu nicht viel mehr als »Möchten Sie mit mir schlafen?« und »Ich spreche kein Französisch« gereicht, was nun wirklich nicht gerade gesprächsfördernd ist. Mit Malika ist das anders. Wir gestikulieren Wort für Wort durch, benutzen übermütig jegliche Gegenstände, machen Geräusche. Unser Gespräch erinnert mich irgendwie an einen Tabu-Abend mit Freunden. Thematisch lassen wir nichts aus.

Was mich erstaunt: Malika und Ulli haben noch mehr gemeinsam. Sie ist vor acht Jahren aus Meknes, einer großen Stadt, hierher aufs Land gezogen und hat aus dem Schloss eine Art Herberge gemacht. In Meknes litt sie unter starken Depressionen, hat viele Tabletten genommen, erzählt sie. Seit sie raus ist aus dem Trubel, geht es ihr wieder besser. Keine Tabletten mehr. Ich verstehe sofort, was sie meint. Der See und das Tal, in dem er liegt, schlucken jegliche Geräusche. Ich kann, seit wir hier sind, deutlich meinen Tinnitus hören, ansonsten herrscht Stille. Bis auf die zwei Enten, die alle halbe Stunde einmal schnattern. Malika steht auf und humpelt zum Regal, um noch mehr Datteln und Walnüsse zu holen. Die Nüsse kann sie selbst nicht mehr essen, sagt sie, und zeigt uns schüchtern ihre Zähne. Auf die ist sie vor ein paar Jahren böse gefallen. Ich zähle drei übrig gebliebene Stummel am Unterkiefer.

»Und warum humpelst du?«, frage ich sie. Sie zeigt auf ihren Hinterkopf und hält sich den Rücken. Dann deutet sie eine Treppe an, zeigt Richtung Tür und sagt »neige« und »lisse«. »Ich glaube, das heißt Schnee«, erklärt mir Ulli. »Das andere heißt glatt«, sage ich, nachdem ich stolz bin, es in meinem dicken Wörterbuch gefunden zu haben. Ein riesiger gelber Schinken, den ich seit der achten Klasse nicht mehr aufgeschlagen und im Anflug eines Geistesblitzes kurz vor der Abfahrt noch ins Auto geschmissen habe. Seit wir unterwegs sind, ist das Buch täglich im Einsatz. Ulli versorgt sie erst mal mit Ibuprofen gegen die Schmerzen.

Malika ist wahnsinnig gescheit und kennt sich mit allem bestens aus. Weltpolitik, Umweltproblematiken in ihrem Land. Gefühlt hat sie bereits jede Ecke in Marokko bereist, pflegt überall Kontakte und war 1983, durch die Bekannten ihres Mannes, sogar schon in Deutschland. »In Düsseldorf, Bochum, Gießen, Frankfurt und dem Schwarzwald. In Gießen hat mir der Bauernhof der Bekannten mit den Tieren und die Natur so gut gefallen«, schwärmt sie. Ich schäme mich, als ich feststelle, was für ein wertender Mensch ich offenbar bin. Wie ich Malika zuerst aufgrund ihres Aussehens ganz automatisch in eine Schublade gesteckt habe. Eine Schublade, in die sie kein Stück reinpasst. Das will ich ändern.

Irgendwann muss ihr Leben eine krasse Wendung genommen haben. Ich traue mich aber nicht, danach zu fragen. Auch nicht nach dem, was aus ihrem Mann geworden ist. Malika berührt mich. Sie ist ein Mensch, der mir unter die Haut und ins Herz geht. Einer von den wenigen besonderen Menschen, die ich im Leben treffen darf und die ich nie wieder vergesse, egal wie kurz die Bekanntschaft ist. Ich fühle mich so unheimlich geehrt, dass sie mich scheinbar ebenso gern hat. Nach nur wenigen Stunden mit ihr habe ich das Gefühl, wir sind irgendwie Familie. Deshalb will sie heute Nacht auch unbedingt auf der Bank in der Diele schlafen, damit sie uns besser hört und gleich öffnen kann, falls einer von uns aufs Klo muss und an die Tür klopft. Ich protestiere und versuche, ihr das auszureden. Kann aber auch schlecht sagen:»Ich pinkle eh lieber in deinen Garten, als nachts im Dunkeln bis aufs Klo zu laufen.« Und so lässt sie sich die unbequeme Nachtwache nicht nehmen.

Als sie uns zur Tür begleitet, betrachte ich ihre Schuhe. Gummibadelatschen mit Socken drin.»Ist doch kein Wunder, dass du damit hinfällst«, sage ich, zeige empört auf ihre Füße und fasse mir an den Kopf. Andere Schuhe gibt es hier für sie nicht, erklärt sie und zeigt ihre Schuhgröße: 42. Das ist für marokkanische Frauen anscheinend ungewöhnlich groß und somit ist auch die Auswahl beschränkt. Zumal die nächste Stadt sehr weit weg ist und sie kaum Geld zu haben scheint.»Aus Deutschland habe ich mir damals gleich mehrere Paare in Größe 42 mitgenommen«, lacht sie.»Die sind natürlich schon alle zerfallen.«

Draußen gießt es in Strömen und es ist eisig kalt. Wir beschließen, im Auto auf unserem umklappbaren Sofa zu schlafen anstatt auf dem Dach. Unser Notfallbett. Zu dumm nur, dass Decken, Kissen und Schlafsäcke oben im Zelt sind. In Rekordzeit schafft es Ulli, auf den glitschigen Metallstangen des Dachgepäckträgers das Zelt halb aufzuklappen. Er meistert es, ohne dass Matratzen und Kissen allzu nass werden, und kann das Nötigste herausholen, ohne zu verunfallen. Ich halte die Lampe und werfe schnell alles ins Auto, was er mir reicht. Yeah, Teamarbeit!

Dumm nur: Beim Ausbau des Autos haben wir ganz vergessen, mal darüber nachzudenken, wie viel Platz zwei nebeneinander Schlafende vielleicht brauchen. Das merken wir jetzt. Ulli liegt auf dem Rücken, seine Arme auf dem Bauch. Ich liege umgekehrt auf meinen Armen vorn verschränkt. Jedes Mal, wenn sich einer von uns bewegt, weckt er den anderen. Dazu ist es so kalt, dass jeder für sich nachts bis über die Ohren mit zwei Jogginghosen und Pullovern bekleidet in seinem Schlafsack steckt. Dabei wäre körperliche Nähe echt mal wieder nötig. Ich habe das Gefühl, je länger wir unterwegs sind, desto mehr mutieren wir zu einer Zweckreisegemeinschaft. Meine Ambivalenz zu Nähe macht es nur noch schlimmer. Zum einen wünsche ich mir oft mehr Abstand, Ulli-freie Zonen quasi, zum anderen, dass er mich öfter mal in den Arm nimmt. Aber sagen tue ich das nicht, ich gehe davon aus, dass er das ja wissen müsste. Falscher Stolz, der noch einiges kaputt machen wird. Wenn doch nur Bosse da wäre! Mal wieder kommen mir die Tränen bei dem Gedanken an ihn. Er fehlt mir so. Hätte ich gewusst, dass ich ihn nicht mitnehmen kann, hätte ich diese Tour vermutlich niemals geplant. Aber die Nachricht eines Reisenden, der mit seinem Hund eine ähnliche Fahrt gemacht hat, kurz vor unserer Abreise, hat mich überzeugt:»Wenn du deinen Hund liebst, lass ihn daheim. All der Fahrstress, die Klimazonen, die Parasiten, der Müll, die ganzen Kinder, die sich auf ihn stürzen werden, sind einfach zu viel.« Ich tröste mich damit, dass er es bei meinen Eltern mehr als gut hat und so ein Jahr schnell vergehen wird.

Der Sonnenaufgang am nächsten Tag ist der Wahnsinn. Der ganze See ist überzogen von einer dicken Nebelwolke. Die Sonne scheint

mystisch hindurch. Die Berge sind schwarze Schatten, über die langsam die Wolken ziehen. Das Wasser des Sees ist so klar, dass man
direkt auf den Grund gucken kann.

Malika ist bereits auf den Beinen und versorgt uns mit Tee, Kaffee
und selbst gebackenem Brot. Anschließend hilft sie mir wie selbstverständlich, unsere nach dem Waschen vor zwei Tagen noch immer
feuchte Wäsche in die Sonne zu hängen. Die zum Trocknen aufge-
spannte Wäscheleine im Auto hat bei den Temperaturen nicht viel
gebracht. Ich schäme mich ein bisschen für den Mief.

Ulli und ich gehen wandern. Gemütlich um den See herum, durch
ein Tal, das aussieht wie in einem Land vor unserer Zeit. Die Felsen
sind mal grün, mal gelb, mal grau. Hinter einigen Hügeln stehen
Steinhütten. Unterschlupf der Nomaden. Außer ein paar Kindern
auf ihren Eseln begegnet uns niemand. Dann sind wir plötzlich von
einem gewaltigen schwarzen Gewitter umzingelt.

Hinter uns in den Bergen ist es bereits komplett neblig und am
Regnen. Rechts von uns donnert es, als ob ein Bergriese Trommeln
schlägt, und plötzlich, wie aus dem Nichts, ist Wind da. Und was
für einer. Wir rennen los wie auf der Flucht. »Abenteuer«, rufe ich
vor Freude. Ulli darauf: »Wir kommen im Leben nicht trocken nach
Hause. Ich wette, innerhalb der nächsten zehn Minuten sind wir nass
bis auf die Unterhose.« Ich muss grinsen, mir ist das einfach komplett egal. Schneller als der Wind zu laufen, ist irgendwie nicht möglich. Im Nu bricht das Unwetter über uns herein. Trotz zwei paar
Stoffhosen, zwei Pullovern, T-Shirt und Windjacke läuft mir nach
einer Minute das Wasser den Rücken runter. Meine Füße schwimmen in meinen Schuhen, aber mir ist warm und ich bin einfach nur
glücklich. Zuletzt hatte ich dieses Gefühl, als ich mit meinem besten
Freund vor ein paar Jahren auf Sylt war. Wir sind am Strand spazieren gegangen und in ein Unwetter geraten. Der Wind hat uns

den Regen schmerzhaft von vorn ins Gesicht gepeitscht. Wir haben gelacht, bis wir Bauchschmerzen hatten und uns die Puste ausging. Dieses wunderbare Gefühl, wenn du so nass bist, dass einfach alles egal ist. Das Fühlen von Naturgewalt, die einfach keine Rücksicht darauf nimmt, ob ich das jetzt passend finde, nass zu werden oder nicht. Das »Am-Leben-Sein« fühlen – genial! Der Strandspaziergang endete damit, dass ich mich im nächsten Ort übermütig in einen Brunnen setzte. Wann soll ich das auch sonst machen?

Ulli hat leider so gar keinen Spaß an diesem Naturspektakel. »Mir ist arschkalt, wir brauchen sicher noch eine Stunde bis zum Auto«, flucht er. Sein nagelneues Outdoor-Wanderzeug lässt ihn scheinbar trotz Bewegung schnell auskühlen. Der Arme! Das müssen wir reklamieren.

Da kommt Hassan angefahren. Er passt auf eines der Häuser hier in der Gegend auf und bringt gerade einen älteren Mann ins Dorf. Wir sollen auch reinspringen. Dass wir pitschnass und dreckig sind, stört ihn nicht. Ganz selbstverständlich fährt er uns zurück zu Malika und lädt sich dort noch mal schnell auf einen Tee ein. Malika ist ganz bleich vor Sorge. Hier hat es anscheinend sogar gehagelt. »Beinahe habe ich die Polizei gerufen, damit sie euch sucht«, sagt sie. Ich muss grinsen und streichle ihr die Schulter. So was habe ich mir schon gedacht. Dass ich es gar nicht schlimm finde, so nass zu sein, kann sie nicht nachvollziehen. Unser Abenteuer wäre ihr absoluter Albtraum.

Sie stellt Ulli erst mal unter eine heiße Eimerdusche. Unsere Sachen wringen wir aus und hängen sie im Kreis über Plastikstühle um den Ofen. Die dampfen wie heißes Wasser im Schnee. Mama Malika versorgt uns mit Tee – und mit ihrer Wärme.

Am nächsten Morgen dürfen wir nicht gehen, ohne ihre Verpflegungspakete voller Äpfel und Brot eingesteckt zu haben. Sie drückt mich ganz fest und wir ziehen los. Ein wunderbar trauriger Abschied von einer ganz besonderen Frau.

Gelernte Lebensschlauheit der vergangenen Tage: Freunde findest du übers Herz, nicht über die Sprache. Im Gegenteil, die Sprache nicht zu kennen, hilft sogar dabei, einmal wirklich zuzuhören.

4

Küsse im Hamam

Einen Euro kostet der Spaß. »Einmal Hamam bitte«, sage ich und reiche der Frau am Eingang meine zehn Dirham – einen Euro. Ulli ist auf der anderen Seite des Gebäudes in der Männerabteilung und steht sicher genauso da wie ich: wie bestellt und nicht abgeholt. Hamam – ich habe das noch nie ausprobiert. Sauna, Dampfbad ... Das ist doch vor allem was für die Seele, zum Erholen. Ich kann mir nicht vorstellen, entspannen zu können, wenn ich das »Zootier« zwischen all den muslimischen Frauen bin. Wir haben es allerdings echt nötig, uns mal ordentlich zu schrubben! Weitere Details erspare ich lieber. Und nach all dem Regen und der Kälte wollen wir uns heute mal richtig was gönnen. Allerdings habe ich nur Seife dabei und die zwei wichtigsten Zutaten für einen Hamambesuch nicht auf dem Schirm: einen Schwamm und vor allem ein Bikiniunterteil. Und so lande ich in dem roten Schlüpfer irgendeiner anderen Frau, der noch feucht im Regal hinter der Kasse liegt. Inschallah – so Allah will – ist der sauber. Ohne Schwamm, aber mit zwei alten Kübeln, einer Schöpfkelle sowie einer Fußmatte ausgestattet, geht's ab in die Schwitzburg. Doch heiß ist es irgendwie nicht. Schnell hocke ich mich auf den erstbesten Platz auf dem Fußboden, um möglichst wenig aufzufallen. Und dennoch: Alle Augen ruhen auf mir.

Die Frauen beäugen meine mickrige Ausstattung etwas mitleidig. Eine ältere Dame, die gerade ihre Füße schrubbt, deutet mir, dass ich meinen Eimer neben ihr an den Hähnen auffüllen soll. Ich mache ordentlich heißes Wasser rein. Mir ist ziemlich kühl in dem Dampfbad. Sie ist erschrocken, wie ich mir das antun kann, und gibt mir zu verstehen, lieber mehr kaltes Wasser dazuzugeben. Ich folge brav, damit sie sich keine Sorgen um mich machen muss. Das Ergebnis: ein viel zu lauwarmer Eimer voll Wasser. Mit der blauen Schöpfkelle und meinen Händen versuche ich halbwegs an die Reinigungsprofessionalität der Frauen um mich heranzukommen, die jedoch mit ihren Schwämmen klar im Vorteil sind. Ich muss einen jämmerlichen Eindruck machen. Die anderen hier arbeiten sich in stundenlanger Arbeit und intensiver Genauigkeit an ihrem Körper hoch. An den Füßen angefangen bis hin zum Kopf. Die richtig Professionellen haben eine Schrubbhilfe mitgenommen. Zwei Frauen können sich mit so einem Schwamm stundenlang gegenseitig den Rücken putzen. Erstaunlich. Wenn ich mich einmal die Woche so waschen würde wie Marokkanerinnen hier über Stunden, dann würde ich wahrscheinlich erstens durchsichtig sein vor Sauberkeit und zweitens eine Wasserrechnung von 50.000 Euro haben. Von der Wasserknappheit in Marokko ist im Hamam jedenfalls nichts zu merken. Ich habe meinen Eimer noch nicht mal aufgebraucht, da schiebt mir ein Mädchen einen weiteren vollen Eimer zu. Verdammt. Ich muss mir ein enttäuschtes Gesicht beim Eintauchen meiner Hand in das Wasser verkneifen: lauwarm. Nackt bis auf den Fremd-Schlüppi und Gänsehaut – Hamam habe ich mir wirklich anders vorgestellt. Den nächsten Eimer muss ich mir auf jeden Fall selbst auffüllen. Ich darf mir nicht reinreden lassen, dann wird er perfekt. Denkste! Ich bin so darauf erpicht, dass das Wasser heiß ist, dass ich mich beim Waschen mit meinem eigens aufgefüllten Pott fast verbrenne. Da muss ich jetzt durch, die Blöße kann ich mir nicht geben. Alle gucken zu, was ich mache. Damit das Wasser etwas abkühlt, kippe ich mit meiner Kelle immer mal wieder was in meinen zweiten leeren Eimer. Das muss ganz professionell und gewollt aussehen, obwohl es ganz offensichtlich keinen Sinn macht, außer dass ich es abkühlen will und mein »Hamam-Halbwissen« lediglich noch mehr enttarne. Derweil versuche ich mich mit der heißen Brühe zu besprenkeln, während ich meine Fingerspitzen in den Eimer tauche. Das ist auszuhalten. Ein kleines dickes Mädchen beobachtet mich. Sie ist vielleicht drei und trägt viel zu große Badeschlappen. Ihre murmelgroßen braunen Rehaugen und das braune krause Haar zu dem dicken Bauch lassen sie wie einen kleinen Engel aussehen, der zu meinem Hamamengel wird. Als ich sie angrinse, kommt sie zu mir, schiebt ihr Gesicht unter meine Haare und küsst mich auf die Wange. Ich bin ganz gerührt vor Glück.

Ich habe keine Ahnung mehr, wie und wo ich mich noch waschen soll. Ich bin zehnmal schneller als alle anderen, die schon vor mir hier drin waren und immer noch erst auf Bauchnabelhöhe sind, aber ich bin halt die schwammlose Fremde. Ich denke, für's erste Mal ist es ok.

Stolz gebe ich den roten Schlüpfer, die Eimer, Kelle und Matte zurück und mache mich ans Anziehen. Auch in der Umkleide werde ich von allen Seiten begutachtet. Entspannend ist anders, aber schlimm ist es nicht. Denn alle sind immer am Lächeln und irgendwie liebevoll. Schüchtern, wenn beim Gucken erwischt, aber niedlich dabei. Am Ausgang bekomme ich noch eine halbe Mandarine und ab die Post.

Gelernte Lebensschlauheit des Tages: Hab immer einen sauberen Schlüpfer dabei. Und: Wie lehrreich es ist, mal die Fremde zu sein.

5
Land unter

Der Moment, wenn du nach einer Nacht mit heftigstem Dauerregen aus deinem Auto kletterst und ein riesiger Fluss deine Reifen nur knapp verfehlt. Und das mitten in der Wüste. Abgefahren.

Er ist 1,60 Meter groß, wiegt höchstens 50 Kilo, und auch wenn ich noch nie in meinem Leben ein Dromedar umarmt habe, Jamal riecht wie eins. Und das nicht zu knapp. »Hast du Tiere?«, frage ich den kleinen sonnengegerbten Mann, der mit seinem schwarzen Pferdeschwanz und der Hakennase zwischen uns sitzt. »Ja, Dromedare«, antwortet er. »Ah«, stoße ich aus, als wäre dies eine Überraschung. »Wie viele?« Ich finde es spannend, jemanden zu treffen, der tatsächlich ein Dromedar besitzt. »Vingt-cinq«, sagt er völlig unbeeindruckt zu mir. »Vingt-cinq?« Jetzt mache ich tatsächlich große Augen.

Mein Französisch ist trotz täglichem Vokabelpauken noch immer so schlecht, keine Ahnung, ob ich ihn richtig verstanden habe. Vor allem bei den Zahlen machen die Franzosen mich richtig fertig. Vier mal zwanzig plus zehn, wer hat sich das nur ausgedacht? »Hat er gerade gesagt, dass er 25 Dromedare hat?«, frage ich Ulli über Jamal hinweg. »Ich glaube schon«, erwidert er.

Wir sind unterwegs in die Wüste, als Jamal an einer Baustelle mitten im Nirgendwo wild winkend auf die Straße springt. »Der leitet sicher den Verkehr hier«, ruft Ulli, als ich scharf bremse. Doch Jamal regelt, wie sich herausstellt, nicht den Verkehr, sondern seine Fahrt nach Hause. Er hat die letzte Nacht mit Freunden durchgesoffen und ist bereits seit zehn Kilometern zu Fuß dorthin unterwegs. Wir sind bisher das erste Auto, das ihm begegnet. Ulli mag per se keine Leute per Anhalter mitnehmen. Er sagt: »Wir haben hinten keine Sicherheitsgurte, dort ist grundsätzlich immer alles mit Wasser und anderem Zeugs vollgerümpelt und außerdem habe ich keine Lust, mich beim Fahren ewig mit Fremden unterhalten zu müssen.« Das macht mich irgendwas zwischen traurig und sauer, denn hier nimmt halt jeder jeden mit. Nur so kommen die Leute vorwärts. Vor allem an entlegenen Orten. Allerdings hat Ulli letztens auch schon mal seine Regel gebrochen. Wir haben einen uralten Mann und seine zwei riesigen Zehn-Kilo-Säcke voller Miesmuscheln, die er am Strand gesammelt hat, in unser Auto gehievt und ihn nach Hause gefahren. Diese wollte der Opa gerade zu Fuß in sein 20 Minuten entferntes Dorf tragen. Unfassbar, was alles geht, wenn es einfach keine andere Möglichkeit gibt. Als wir ihm gesagt haben, dass wir ihn fahren, hat er erst vor Freude meine Hand geküsst und dann die Säcke in seinen Mantel und sein Shirt eingewickelt, um auch ja unser Auto nicht dreckig zu machen.

Jamal hat das Glück, das wir eh schon stehen. Außerdem ist er so klein und leicht, dass er förmlich perfekt auf die kleine Mittelkonsole zwischen Ulli und mir passt. Es gibt quasi keine Ausreden. Ich muss schmunzeln. Jamal erinnert mich ein bisschen an den kleinen Prinzen. Ich meine, möglich wäre es ja, immerhin sind wir hier im Nirwana von Nordafrika und das Buch ist nur ein paar Hundert Kilometer weiter südlich entstanden.

Er ist Anfang 30 und spricht französisch, arabisch und berberisch. Wir offensichtlich keine dieser Sprachen. Er sagt so was wie »Village next, home« und faltet seine Hände andächtig ineinander. Alles klar. Nach zwei Stunden fragen Ulli und ich uns unausgesprochen, wann denn wohl mal der Ort kommt, der sein zu Hause sein soll. Ich löchere Jamal, so viel ich kann, mit Fragen. Mit Händen und Füßen antwortet er so lange, bis wir beide denken, dass wir uns verstanden haben.

»Meine Mutter kommt aus Mali und mein Vater aus der Westsahara. Ich bin quasi ein Nomaden-Tuareg. Wir Nomaden gehen meist so um die 30 Kilometer am Tag«, sagt er und lacht. Er lebt davon, einmal im Jahr zu Fuß in einer kleinen Gruppe von fünf bis zehn Männern und seinen Dromedaren über Mali in den Senegal zu laufen. Drei Monate sind sie jeweils unterwegs, tauschen dort Safran, Silber und Textilien gegen wertvolle Steine, Schmuck, Kleider, Säbel und Stoffe. Sein Onkel verkauft die Ware in seinem Geschäft an reiche Marokkaner aus dem Norden, für Hochzeiten und andere Feste. »Vor allem die Marokkaner aus Chefchaouen, die mit Haschisch viel Geld machen, kommen besonders regelmäßig«, grinst Jamal. Chefchaouen ist die Haschischhochburg mit der schönsten Medina Marokkos. Ich muss schmunzeln, die erste Stadt, in die wir gleich nach Grenzübertritt vor zweieinhalb Monaten gekommen sind. Und ständig kam wie in der Sesamstraße jemand angelaufen und hat uns ange-»pssst«. Allerdings nicht, um uns Buchstaben zu verkaufen. »Wenn es in Mali politisch mal wieder durch die radikalen Islamisten zu brenzlig wird, gehen wir nicht weiter als Mauretanien. Aber eigentlich haben wir als Muslime nichts zu befürchten«, erzählt Jamal in einem Kauderwelsch aus Französisch und dem einen oder anderen Brocken Englisch.

Stolz zeigt er auf die Nomadenzelte entlang der Straße. Überall hängt Wäsche, stehen Dromedare, spielen Kinder. Zwischendrin steht der eine oder andere uralte Land Rover. »Heutzutage muss keiner mehr so leben, aber es ist Tradition und viele lieben es und machen deshalb so weiter wie schon ihre Väter und Urgroßväter vor ihnen«, erzählt er. »Die Frauen bleiben meist daheim, während ihre Männer mit dem Vieh in der Gegend Ouarzazate umherziehen. Manche Männer nehmen heute zum Vorankommen allerdings das Auto anstatt das Dromedar.«

Nach einer Weile bin ich fix und fertig von dieser Art der Kommunikation. Aber es ist einfach so spannend!

Wir fahren durch imposante Berglandschaften. »Die Hügel sehen aus wie liegende Dromedare«, lache ich und deute nach vorn. »Das ist Tajine Country«, lacht Jamal als Antwort. Und tatsächlich, jetzt wo er es sagt, diese braunen Hügel sehen wirklich aus wie die traditionellen getöpferten Hütchenkochtöpfe. Ob hier der Erfinder dieses marokkanischen Dampfkochtopfs seine Inspiration gefunden hat? Als wir um die Tajines herumcruisen, lacht Jamal: »Du könntest bei der Rallye Gazelle mitmachen. Du fährst wie eine Berber-Deutsche.« Ob das ein Kompliment ist? Ich weiß es nicht.

Jamal hat seine Pläne geändert, nach drei Stunden Fahrt ist das Eis komplett geschmolzen und er fragt, ob wir nicht seinen Onkel kennenlernen wollen. Der betreibt seinen Laden in Agdz, einer Stadt mitten im Antiatlas. Als wir ankommen, werden wir, was auch sonst, erst mal zum Tee eingeladen. Trotz der Fahrstrapazen sind wir total gespannt, was sich in dem Laden verbirgt, der mit Tauschware aus dem Süden gefüllt ist. Und Jamal hat nicht zu viel versprochen: Der Laden ist zum Bersten voll. Unten befinden sich eine Million Ketten aus bunten Perlen und Metall, Kreuze der Tuareg an mit schwarzen Miniperlen aufgezogenen Bändern, bunte Kleider, Stoffe, Spiegel, Dolche, Wasserpfeifen und weiß Allah was noch. Im oberen Stockwerk ist alles voller Teppiche. »Legt euch eine Weile hin und ruht euch aus, ich koche uns ein Berber-Omelett«, sagt Jamal und verschwindet. Wenig später kommt er mit einer Gasflasche wieder, auf die er einen riesigen Metallpott stellt und anfängt Eier zu braten. Mit Zwiebeln, Koriander, marokkanischen Gewürzen, Chili und schwarzen Oliven. Gierig futtern wir gemeinsam aus dem Pott, mit Brot anstatt Besteck. Jamals Onkel schmunzelt über den riesigen Appetit. Ulli ist hin und weg. »Mann, schmeckt das gut, du musst mir unbedingt zeigen, wie ich das nachkochen kann«, sagt er.

Jamals Onkel verkleidet mich zum Spaß mit einem der Frauengewänder und wir lachen uns schief. »Die leuchtend blauen Gewänder sind für die Männer bestimmt, Frauen kleiden sich, wie du gerade, schwarz mit bunten Nähten«, erklärt er mir. »Das ist aber nicht nett, seine Frau in schwarzen Klamotten in die Wüste zu stellen«, lache ich. »Die Gewänder sind so weit und luftig, das macht ihr nichts aus«, grinst der Onkel. Wir reden über die politische Situation des Landes, über Sextourismus und vieles mehr. Ulli und ich staunen nicht schlecht, wie informiert die zwei sind, obwohl sie hier so abgeschnitten von allem wohnen. »Wir sind stolz auf unser Leben und unsere Tradition. Wir halten nichts von dem Leben der neureichen Marokkaner und ihrem verschwenderischen Stil. Geld versaut dich und nimmt dir die Freiheit. Freiheit ist unser Symbol: frei zu sein, dahin zu gehen, wohin wir wollen und wann immer wir es wollen.« Seine Worte berühren mich. Ein bisschen sind Ulli und ich ja gerade ebenfalls Nomaden. Wir können gehen, wohin wir wollen, keiner hält uns auf. Wobei wir auch einfach das große Glück haben, dass uns mit unserem europäischen Pass alle Türen offen stehen und wir genug gespart haben, um eine Weile davon zu leben. Wie viele von unseren Freunden, Bekannten und Kollegen sagen, wie toll sie finden, was wir machen, und im gleichen Satz, dass sie das nicht könnten. Sie seien zu gebunden durch

Kinder, Job und Haus. Wie sehr wir uns in Deutschland doch an das Gefühl von Sicherheit klammern und Konsum mit Glück und Freiheit verwechseln.

Wir verabreden uns mit Jamal, am nächsten Morgen gemeinsam in die Wüste zu fahren. Er will uns ein paar schöne Ecken rund um Erg Chigaga zeigen, seine Wüste.

Es ist mitten in der Nacht, als ich von tiefem Schluchzen aufwache. Es dauert ein paar Sekunden, bis ich verstehe, woher es kommt. Dann kriege ich einen riesigen Schreck. Ulli weint. Ganz leise, aber innerlich so, dass sein ganzer Körper bebt. Ich rolle mich zu ihm rüber, streichele ihm den Kopf und nehme ihn in den Arm. »Was ist denn los?«, frage ich ängstlich. Er kann kaum sprechen vor Schluchzen: »Es geht mir gerade wie zu meinen besten Zeiten Anfang des Jahres.« Ich kriege Angst, bitte nicht. Wenn er tatsächlich wieder in eine tiefe Depression fällt, weiß ich nicht, ob ich ihn allein halten kann. Ich drücke ihn fester, streichele ihn, versuche stark zu sein und ihm davon etwas abzugeben. »Ich bin neidisch«, sagt er plötzlich. »Neidisch?«, frage ich, »worauf bist du neidisch?« »Darauf, dass du so in der Reise aufgehst und ich bisher nichts genießen kann!« Seine Worte versetzen mir einen Schlag in die Magengegend. Er hat recht, ich spüre ja auch, wie er keinen Spaß hat. Wie er permanent gestresst und unter Anspannung ist. Und wie oft habe ich mich schon dabei erwischt, dass mich das wahnsinnig nervt. »Sie haben ein Problem mit der Bedürftigkeit anderer«, kann ich die Stimme meiner Therapeutin plötzlich in meinem Kopf hören. »Sehen Sie die Reise als eine Chance. Für Sie, um weiblicher, weicher, und für ihren Freund, um härter, männlicher zu werden.«

Ich kann lediglich Ullis Umrisse sehen, es ist mitten in der Nacht. Er wirkt so zerbrechlich, so ehrlich traurig. Es ist seit Langem das erste

Mal, dass die Mauer, die zwischen uns entstanden ist – eine Mauer
aus Selbstschutz, Ego und Unverständnis – fällt. Was, wenn ich ihn
jetzt nicht stützen kann? Müssen wir dann umdrehen? Muss er zu
einem Arzt? Sollte er besser heimfliegen, wenn er so gar keinen Spaß
hat? Was heißt das dann für mich? Für uns?

Eines wird mir jetzt jedoch klar: Wir haben keine Ahnung, auf was
wir uns hier eingelassen haben. Sind viel zu naiv und viel zu beschäftigt gewesen, um zu verstehen, dass ein Burnout nicht weggeht, bloß
weil wir wegfahren. Nie haben wir auch nur einen Gedanken daran
verschwendet, dass eine freiheitsliebende Chaotin mit Fluchtreflex
und ein nähebedürftiger Perfektionist kurz nach einem Burnout eine
ziemlich explosive Kombination sind. Und jetzt hocken wir jeden
Tag 24 Stunden aufeinander und halten uns gegenseitig den Spiegel
vor. Aber vielleicht ist genau diese Naivität und das Gegensätzliche
das, was uns gerade hilft, unser Leben umzukrempeln. »Weißt du, ich
glaube das Problem ist, egal wohin ich gehe, ich nehme mich selbst
immer mit«, flüstere ich. »Egal wie weit weg ich renne, mein Schatten
hängt an mir dran.« Ullis ganzer Körper bebt. »Ich glaube, ein riesiges
Problem ist, dass du alles immer zu 200 Prozent machen willst. Dass
du alles bis ins kleinste Detail planst und dann setzt du dich tierisch
unter Druck und kommst ins Schwimmen, wenn etwas anders läuft
als gedacht. Und das hier kannst du nicht planen. Hier haben wir
nichts unter Kontrolle. Alles ist neu und von Umständen abhängig,
die wir nicht kennen und auch nicht einschätzen können.« Ich habe
keine Ahnung, ob er nachvollziehen kann, was ich meine. Aber Ulli
nickt, er hat aufgehört zu weinen. »Ich habe das Gefühl, ich bin allein
verantwortlich für alles«, antwortet er leise. »Dass das Auto fährt,
dass der Kocher läuft, alles ist meine Verantwortung.« Es stimmt, ich
habe mich bislang komplett auf ihn verlassen, da ich null Ahnung
von Technik habe und sie mich ehrlich gesagt auch nicht interessiert.
Da ist es für mich praktisch, dass Ulli mit seinem Kümmerinstinkt

immer gleich alles regelt und macht.»Es tut mir leid, wenn ich mich zu sehr auf dich verlassen habe. Das werde ich ändern. Lass uns mehr gemeinsam auf diese Dinge gucken und Sachen entscheiden. Und vielleicht kannst du versuchen anzufangen, die Dinge mehr auf dich zukommen zu lassen? Nicht vorher schon alles durchzuplanen, sondern zu gucken, was passiert? Der Weg ist das Ziel.« Er lacht leise.»Mit dem Kompromiss, die Verantwortung besser aufzuteilen, kann ich leben«, flüstert Ulli. Mir fällt ein Stein vom Herzen. Wir fahren weiter. Die Reise ist nicht hier und jetzt bereits vorbei. Eine fast schlaflose, aber so wichtige Nacht für uns beide.

»Inschallah«, sagt Jamal, als wir ihn nach dem Unwetter fragen, vor dem uns alle warnen. Morgen soll ganz Marokko von unfassbaren Niederschlägen heimgesucht werden.»Kein Regen in der Wüste«, lächelt er selbstsicher. Alles klar.

Ich liebe es, wie Jamal läuft, wenn er uns etwas zeigt. Die linke Hand in den Rücken gelegt, die Handfläche nach oben zeigend, Fingerspitzen zusammen, wie ein alter englischer Gentleman. Dabei ist er gerade mal Anfang 30. Ganz langsam im weichen Gang schreitet er die Düne hinauf. Wie kann jemand in diesem Alter schon so eine Ruhe ausstrahlen? Das ist vielleicht genau das, was die Wüste mit einem macht. Atemlos kommen wir oben auf einer der riesigen Sanddünen an. Bei jedem Schritt haben die Milliarden von Körnern unter unseren Füßen nachgegeben und den Aufstieg nur noch schwerer gemacht. Meine Lunge fühlt sich an, als wollte sie zerspringen. Jamal grinst wissend. Wir schauen auf das Panorama aus Sand, Sand und nochmals Sand. Der kräftige Wind bewegt die Dünen Stück für Stück über den Horizont. Ich frage mich, wie hier ein Nomade den Überblick behält. Das sieht ja jede Stunde anders aus. Dunkle Wolken bedecken den Himmel, es ist eiskalt. Wir sind mitten in der Wüste und ich friere. Ulli zieht sich seine Wollmütze tiefer über die Ohren und schaut verunsichert zu mir.

Sein erstes Mal in der Wüste hat er sich merklich anders vorgestellt. Es blitzt.

Ich kugele mich die Düne runter und kriege dabei einen Lachanfall. Jamal grinst und steckt sich zufrieden eine Zigarette an. Ich fühle mich so glücklich, so frei wie in den letzten Jahren schon lange nicht mehr. Dabei ging der Tag ebenso bescheiden los wie die Nacht. Unsere Kühlbox hat gestern gelb geleuchtet. Die Solaranlage hat nicht genug Strom produziert und so habe ich Jamals Onkel gebeten meinen Impfstoff, der noch fünf Monate bis zur nächsten Impfung durchgängig gekühlt werden muss, vorsichtshalber über Nacht in seinen Kühlschrank zu legen. Als ich heute Morgen kam, um ihn abzuholen, hat er mir ganz selbstverständlich das Kühlpad und die Kühltasche aus dem Kühlschrank geholt und den Impfstoff von obendrauf runtergenommen. Warm! Unbrauchbar! Nach einem kurzen Herzinfarkt habe ich mich damit abgefunden, dass es jetzt einfach so ist. Wobei ich eine riesige Angst habe, dass das bedeutet, dass der Virus erneut wiederkommt.

Wir verkriechen uns vor dem Wind in einem Zelt aus Decken und verbringen den Abend damit, uns Witze auf Papier aufzumalen. Jamals Lieblingswitz:»Warum haben deutsche Männer auf dem Vorderkopf meist keine Haare mehr? Weil sie immer ›Ach so!‹ sagen und sich dabei mit der Hand vor die Stirn hauen.«

Es ist die erste Nacht in fast drei Monaten, die Ulli und ich getrennt voneinander verbringen. Er will unbedingt im Nomadenzelt schlafen, ich freue mich darauf, dass ich mal nicht auf, sondern neben meinen Armen im Auto übernachten kann.

Als ich mit der Morgendämmerung die Autotür aufmache, kann ich es kaum fassen. Überall Wasser! Ein riesiger Fluss schießt vor den Dünen lang. Hier und da schwimmt ein Dromedarköttel lieblich auf der Oberfläche dahin.

Auch die Dromedare gucken nicht schlecht. So was sehen sie wohl eher selten vor ihrer Haustür. Jamals Blick, als er aus dem Zelt hervorlugt, ist unschlagbar. Der sonnengegerbte Nomade sieht tatsächlich etwas weiß um die Nase aus. Auch seine innere Ruhe ist für etwa eine halbe Sekunde unterbrochen. Damit hat er definitiv nicht gerechnet. Doch ebenso schnell wie er sich erschrocken hat, ist er wieder entspannt und hat bereits eine vorläufige Lösung: abwarten und Tee trinken. Das scheint hier überhaupt das Geheimrezept für alles in Marokko zu sein. Der Tee besteht hauptsächlich aus Zucker, dazu kommen Minze und schwarze Teeblätter. Wer ihn ohne Zucker möchte, bekommt drei Stücke anstatt eines faustgroßen Brockens in sein Miniaturglas. Ist ja quasi wie ohne Zucker. Jamals Onkel hat erzählt, wie er nach seiner Diabetesdiagnose einfach aufgehört hat, Tee zu trinken, und seitdem gehe es ihm gut.

»Ich kann sogar ein Wort auf Deutsch«, verkündet Jamal stolz. Er stellt sich hin, mit seinem Teeglas in der Hand, schiebt dieses energisch nach vorne:»Brust«, sagt er mit ernster Miene.»Was bitte?«, lache ich. Ulli und ich gucken uns verdutzt an.»Mach's noch mal«, rufen wir fast gleichzeitig. Er wiederholt das Schauspiel und ruft »Brust«. Jetzt raffen wir erst, was er meint, und liegen fast am Boden vor Lachen.»Du meinst wohl eher Prost«, weine ich bald.»Brust ist das hier«, erkläre ich ihm und zeige auf meine Brüste.»Jetzt weiß ich auch, warum sich die deutsche Frau, mit der ich letztens Tee trinken war, so schützend an die Brust gefasst hat, als wir angestoßen haben«, prustet er.»Wie sagt ihr Prost?«, will ich wissen. «Libbitibbitu limabitu mabitu Lähäbitu häbitu lämähäbitu mähäbitu«, rattert Jamal runter. «Libbitibbi was?«, breche ich mir gleich die Zunge. Bis ich das ausgesprochen habe, ist der Tee schon kalt.

Was für ein großartiger Start in den Morgen. Wir sind dreckig, stinken, lachen zusammen und vor uns liegt ein Abenteuer. Wir beschließen zu versuchen, auf dem Weg, den wir gestern hierher genommen haben, wieder hinauszufahren. Eigentlich war die Idee, noch mehr von der Wüste zu sehen, aber Jamal macht uns keine Hoffnung, der Sand ist viel zu durchgeweicht. Weit kommen wir nicht. Ein Geländewagen mit Nomaden in Turban kommt uns entgegen. »Der Weg ist völlig überflutet und unbefahrbar«, rufen sie. Was nun? Entweder Tee trinken und warten, bis das Wasser sinkt und wir später weiter Richtung Agdz fahren können, oder andere Wege ausprobieren. Wir entscheiden uns für Zweiteres. Vier Stunden fahren wir umher. Alles, was gestern noch Straße war, ist heute ein riesiger Fluss, teilweise 500 Meter breit. Das Militär fährt eine Ladung Menschen in einem großen Unimog durch einen reißenden Strom. Wer sich traut und nicht mehr auf den Laster gekommen ist, geht zu Fuß. Das Wasser steht den Menschen bis über die Hüfte. »Inschallah« wird zum Motto des Tages, den wir mit Warten und Teetrinken und Im-Kreis-Fahren verbringen. Noch nie zuvor sind wir richtig offroad gefahren. Jetzt durchqueren wir Flüsse, die bis zur Türschwelle reichen. Wir fahren durch überflutete Dörfer, schlängeln uns durch durchgematschte Schleichwege über diverse Feldwege immer weiter in Richtung Berge. Der Fahrer jedes Autos, das uns entgegenkommt, wird von Jamal nach der Passierbarkeit gefragt. Zuversichtlich sieht er bei den Antworten nicht aus. Ulli und ich haben auf jeden Fall Spaß. Ja, wir beide haben Spaß! Wir haben keinen Zeitdruck, Locals dabei, die sich auskennen, eine gerade erst überholte Land-Rover-Dame, die super Dienste leistet, und der Rest, Inschallah. »Vor allem wird sie endlich dreckig«, freue ich mich insgeheim.

Plötzlich stehen wir jedoch vor einem neuen Problem. Die kleine Brücke, über die wir drüber müssen, ist zur Hälfte weggespült. »Das haben wir gleich«, sagt Jamal, steigt aus und sucht ein paar riesige Steine zusammen. Ulli und ich helfen ihm, mit einem Stück Palme und viel Sand die Brücke zu verbreitern. Wir sind sicher keine große Hilfe,

mögen unseren Freund aber nicht allein im Dreck wühlen lassen.
Dann ist es so weit. Jamal und ich starren gespannt von der anderen Seite des Bachs herüber, als Ulli unser Auto auf die neu gebaute Brücke zulenkt. Bisher sah Terés (so haben wir unseren Rover mittlerweile getauft) einfach nur gut aus und hat nichts leisten müssen. Jetzt schiebt sich unsere mittlerweile von oben bis unten im Schlamm erstickende Land-Rover-Dame Millimeter für Millimeter auf die handverbreiterte Brücke zu. »Inschallah«, schreie ich Jamal enthusiastisch zu. »Inschallah«, schreit er zurück und hebt dabei den Daumen. Ihre Reifen passen haargenau auf das Improvisationsgebilde. Die Steine geben etwas nach, das Holz knackt, wir sind drüber. Juhu! Auch den großen Teich hinter der nächsten Kurve meistert Terés mit Bravour. Ein Scheinwerfer füllt sich halb voll mit Wasser. Ansonsten lässt sie sich von den Strapazen nichts anmerken.

Es ist mittlerweile 16 Uhr. Wir sind acht Stunden nur im Kreis gefahren und gerade mal zehn Kilometer von unserem Startpunkt heute früh entfernt. Jamals Freund Said kommt in seinem alten klapprigen weißen Renault vorbei. »Die Straße nach Zagora ist frei. Ein Freund von mir ist die gerade gefahren«, ruft er Jamal zu, ein Ohr noch am Handy. Alles klar, wir drehen um und geben Gas. Mittlerweile ist es dunkel. Ich habe riesigen Spaß und steuere uns mit Schmackes durch die Pfützen. Noch singen wir fröhlich zur Musik im Auto mit: »I am a believer!« Doch nach einer Stunde Fahrt ohne Gegenverkehr werden wir skeptisch. Jamal hat sein »Inschallah« noch nicht zu Ende ausgesprochen, da sehen wir es. Als wir uns die Serpentinenstrecke den Berg runterschlängeln, steht es da. Ein Auto. Die roten Schlussleuchten verraten, dass es sich nicht von der Stelle bewegt. Scheiße. Als wir näherkommen, stehen hier noch viele andere im Dunkel der Nacht. Die Straße ist dicht. Ein breiter Fluss schießt über das, was mal eine Brücke war. Das Problem hier ist gar nicht die Tiefe, sondern der Druck, mit dem das Wasser über den Teer strömt. Jedes Auto, das einen Versuch der Überquerung startet, würde sofort zum Floß und mitgerissen werden. Ein fetter LKW wartet bereits seit sechs Stunden darauf, dass das Wasser weniger wird. Und das wird es. Langsam, aber sicher sinkt der Wasserspiegel. Die Locals schieben in der Dunkelheit einen Stein hinter dem Flussrand hinterher. Stunde um Stunde einen Meter. Wir gehen erst mal Tee trinken. Irgendwo am Straßenrand steht eine Steinhütte. Darin sitzen drei Marokkaner im Licht einer Gaslampe. Unfassbar, wo man hier überall Tee bekommt. Ulli versucht, im Auto ein wenig zu dösen. Wir sind heute den ganzen Tag wahrscheinlich durch mehr Flüsse gefahren, als in unser beider Leben zusammen über Brücken. Jamal und ich stehen an der Wasserkante und machen Witze. Plötzlich startet eines der Autos. Fahrer und Beifahrer setzen vorsichtig in den Fluss hinein. Jeder am Rand hält die Luft an. Kurz vor der schlimmsten Strömung geben sie rückwärts Vollgas und stehen im Nu wieder am Rand. Es sind vier Holländer in zwei dicken Mietwagen. Die Locals stehen nur kopfschüttelnd daneben und sehen sich das Elend mit an, als die Touristen sich nun ein Seil zwischen ihre beiden Autos binden. Der vordere Wagen fährt erneut langsam in den Fluss.

»Don't be gentle, it's a rental«, schießt es mir durch den Kopf. Ein Spruch, den ein Freund von mir immer auf einem Auslandsdreh gesagt hat, wenn er mit dem Firmenmietwagen offroad geheizt ist. Sein Leben zu riskieren, finde ich aber einfach nur dumm. An derselben Stelle wie zuvor bleibt das Auto stehen. Der Fahrer hupt zweimal und lässt sich rückwärts wieder rausziehen. »Was für Idioten«, flüstere ich. Jamal schüttelt nur ungläubig den Kopf. Aber irgendwie muss es ja zu den zahlreichen Toten gekommen sein, von denen die Nachrichten später berichten. Wir geben für heute auf. Nach 13 Stunden und circa 150 gefahrenen Kilometern, quetschen wir uns in unser Auto, um zu schlafen.

Am nächsten Morgen ist der Fluss passierbar. Das lassen wir uns nicht zweimal sagen, zumal schon wieder neue Regenwolken im Anmarsch sind. Jamal schämt sich ein bisschen für seinen Hygienezustand. Wir sind seit Tagen unterwegs, er komplett ohne Gepäck, vor allem ohne Socken. »Auf den Trecks putzen wir uns mit Sand oder Kohle die Zähne«, entschuldigt er sich, als er uns bittet anzuhalten, damit er seine Schuhe am Dachgepäckträger festbinden kann, um sie so im Fahrtwind zu lüften. »Hier ist nur Matsch«. »Mach dir keine Sorgen«, lachen Ulli und ich fast gleichzeitig, »wir riechen nicht besser.«

»Wenn wir hier raus sind, würde ich mich freuen, wenn ihr zum Teetrinken mit zu mir kommt. Meine Mama macht uns Couscous. Wir sind jetzt Familie«, grinst er glücklich.

Gelernte Lebensschlauheit der vergangenen Tage: Abwarten und Tee trinken.

MAURETANIEN

Der umgedrehte Halbmond.
Mauretanien befindet sich
südlich von Marokko.
Das Land liegt inmitten der Sahara,
der größten Wüste der Welt.
Nichts als Sand. Überall.

Tage im Land: 32 | Gefahrene Kilometer: 3469
Pannen: 2 | Kontrollen: 37
Bestechungsgelder: 1

6
Stille Nacht durch die Wüste gekracht

Es ist Weihnachten. Alles ist weiß. Nur dass das Weiße dieses Jahr kein Schnee, sondern Sand ist. Mittagszeit in der Wüste, wir backen bei schlappen 40 Grad. Es ist mucksmäuschenstill, bis auf das Fiepen meines Tinnitus. Wir hocken vor Terés, im gefühlt einzigen Schatten auf hundert Kilometern. Der Sand brennt heiß unter unseren Füßen. Die Stimmung? Alles andere als heilig. Terés' Reifen stecken tief im Sand. Zum wiederholten Mal. »Die Wüste ist nicht mein Freund«, murrt Ulli. Er hat sichtlich die Schnauze voll vom Festfahren und Angst, dass unser Sprit nicht reicht, um zurück in die Zivilisation zu kommen. »Ich glaube, die Wüste will auch gar kein Freund sein von irgendwem«, ich muss lachen. »Das macht sie einem deutlich.« Ulli hat für meine gute Laune kein Verständnis. Ein Käfer freut sich mit mir über den halbwegs kühlen Schatten. Dagegen sind die zwei Geier, die aus irgendeinem Grund anfangen, über uns zu kreisen, etwas ungebetener.

Zwei Tage zuvor: »Komm, wir machen uns zusammen ein Weihnachtsgeschenk.« Meine Augen leuchten, ich habe eine tolle Idee. »Wir lassen Terés auf den Eisenerzzug verladen und fahren oben auf einem der offenen Waggons durch die Wüste bis Choum. Da steigen wir aus und fahren offroad nach Atar.« Der bis zu 220 Waggons lange Eisenerzzug ist einer der längsten Züge der Welt. Er transportiert eines der wichtigsten Exportgüter Mauretaniens. Zwölf Stunden lang auf einem der rustikalen, offenen, laut knirschenden Metallwaggons Staub schlucken, klingt, finde ich, nach einem Abenteuer, das ich mir nicht entgehen lassen will. O du fröhliche! Ulli findet die Idee ebenfalls gut. Doch kaum gehabt, fällt sie auch schon ins Wasser. Oder besser gesagt in den Sand. Außer uns wollen kaum

andere Autos mit auf den Zug. Also sollen wir 400 Euro zahlen, um
mittendrin, in Choum, samt Auto wieder aussteigen zu können. Viel
zu teuer. Die Alternative: für 80 Euro bis zur Endstation fahren.
Diese liegt allerdings noch mal so viel weiter im Nirgendwo, dass
Ulli Angst hat, unser Spritvorrat reicht nicht aus. »Komm, dann fahren wir selbst durch die Wüste bis nach Choum. Da tanken wir und
dann geht's weiter nach Atar.« Wüstefahren jetzt oder nie, ich kann
es kaum erwarten. Ullis Freude hält sich noch in Grenzen. Denn
wir haben keine Ahnung, was wir da tun. Ausgerechnet Sandfahren
war das Einzige, was sie beim Offroad-Training nicht im Angebot
hatten. Insgeheim haben wir beide gehofft, dass wir hier irgendwo
noch andere Overlander treffen, welche mit Wüstenfahrerfahrung,
die dieses Abenteuer gemeinsam mit uns angehen. Doch wir haben
die Rechnung ohne Ebola gemacht. Aufgrund der Epidemie halten
es momentan anscheinend nicht wirklich viele andere Reisende für
eine gute Idee, die Westküste Afrikas runterzufahren. Schon Marokko hatte mit einem krassen Tourismuseinbruch zu kämpfen. Verrückt, denn Ebola ist vier Länder weiter südlich. Wir kaufen Brot
und viel, viel Wasser. Dann tanken wir Terés noch mal voll. 70 Liter
schafft die Gute, nicht allzu viel, aber 40 Extraliter haben wir immerhin noch auf dem Dach. Wir sind so gut vorbereitet wie ein Wal-
fisch aufs Eierlegen. Oder vielleicht hier passender, ein Geier aufs
Tiefseetauchen. Heißt: Wir haben nicht mal eine Karte. Aber dazugelernt. Wie sagt Jamal immer so schön: »Inschallah«. Unser GPS
zeigt eine Piste an. Die beginnt allerdings erst in 30 Kilometern. Bis
dahin, keine Ahnung. Und so finden wir erst mal vor lauter Sand den
Eingang in die Wüste nicht.

Auf den ersten Probemetern abseits der Teerstraße kommen wir
bereits nicht weiter. Also, Reifendruck verringern. Wir laden gerade
das Gerümpel raus, um an die Luftpumpe und den Schraubenzieher
zu kommen, da hält ein Auto. Oder das, was davon noch übrig ist.

In Mauretanien wird alles, was noch rollt, gefahren. Dieses Modell von einem Fahrzeug ist bereits mehrfach in der Mitte wieder zusammengeschweißt worden. Der interessierte Fahrer beobachtet unser Treiben eine Weile. Dann kann er seine Neugier nicht mehr bändigen und ruft:»Was macht ihr da?«»Wir wollen durch die Wüste nach Atar fahren«, antworte ich.»Wieso denn das? Es gibt doch eine Teerstraße, die dahin führt.« Er schüttelt ungläubig den Kopf. Für solche Späße hat er kein Verständnis. Seit ein paar Jahren gibt es genau zwei Teerstraßen in diesem landgroßen Sandkasten. Die eine führt vom Norden in den Süden durch die Hauptstadt Nouakchott, die andere wie ein Haken von Nouakchott hoch nach Atar. Für viele Mauretanier eine wahnsinnige Entlastung – warum jemals wieder durch den Sand fahren, wenn es Teer gibt? Für Ulli eine lockende, stressfreie Alternative, für mich der Tod eines Abenteuers, das ich mir, wenn Zugfahren schon nicht klappt, auf gar keinen Fall entgehen lassen will. Wir verstehen zwar nur die Hälfte von dem, was Abdellah sagt, aber immerhin, dass wir hier falsch sind. Also fahren wir in die Richtung, die er uns gezeigt hat. Nach einigen Kilometern soll es irgendwie links abgehen. Der lang ersehnte Weg in die Wüste. Dann immer an den Bahnschienen entlang.»Aber auf gar keinen Fall links davon fahren«, lautete Abdellahs tausendfache Ermahnung. Denn da ist alles voller Minen.

Und dann taucht sie auf. Unsere Piste ins Nichts, die ein wenig an Omas Wäschereibe erinnert. Über Stunden fahren wir dem Horizont entgegen, der einfach nicht näherzukommen scheint. Eine Unterhaltung funktioniert nur noch durch lautes Rufen, denn ohne Klimaanlage sind unsere Fahrten dominiert vom Brausen des Fahrtwindes bei offenen Fenstern und dem Quietschen und Krachen des Autos.»Jetzt weiß ich endlich, was die in den Offroad-Foren mit Wellblechpiste meinten«, schreit Ulli über den Lärm hinweg, mehr zu sich selbst als zu mir. Dann plötzlich wird es still und wir sind mittendrin. Wüste. Terés schlängelt sich durch die Milliarden von Sandkörnern. Ich liebe es, mit offenen Fenstern zu fahren. Auch wenn wir jetzt schon von oben bis unten voller Sand und Staub sind, der an unseren durchgeschwitzten Körpern klebt. Der Fahrtwind lässt mich die Geschwindigkeit auf der Haut fühlen und gibt mir das Gefühl von Freiheit und Leichtigkeit. Die Landschaft vor uns sieht aus wie der Mond. Flacher, scheinbar niemals endender, gelber Sand. Hinter uns geht die Sonne unter. Nach acht Stunden Fahrt machen wir völlig erschöpft Halt. Ich kümmere mich ums Abendbrot, was in diesem Fall heißt, ich hole das mittlerweile schon hart gewordene Baguette und den Salzstreuer aus dem Auto. Ulli beklagt das erste Opfer: Unser Frontlicht ist verschwunden. Lediglich die losen Kabel baumeln fröhlich aus der leeren Fassung. Tja, zurückfahren und suchen ist nicht. Wir müssen Sprit sparen. Fluchend klebt er die leere Lampenhalterung mit Gaffa-Tape zu. Jetzt sieht Terés ein bisschen aus wie ein Wüstenpirat. Es ist Heiligabend und die Sterne leuchten hell. Ich liege mit dem Rücken auf der noch warmen Motorhaube und schaue in den Himmel. Unfassbar schön, diese Millionen und Abermillionen kleinen Leuchtpunkte in dem unendlichen Schwarz der Nacht. Die Sterne sind so nah, als könnte ich sie pflücken. Ich habe eine Gänsehaut. Eine tiefe Ehrfurcht vor der Welt und vor dem Leben packt mich. Ich fühle mich klein und unbedeutend und gleichzeitig so frei, dass ich schreien könnte. Ulli hockt im Auto. Statt in den Sternenhimmel starrt er auf die Tankanzeige. Halbleer. »Alles ist nur Stress und Anstrengung. Ich weiß gar nicht, wozu ich mir den ganzen Scheiß hier überhaupt antue«, schimpft er. »Ich wäre gerade viel lieber im Skiurlaub.« Und plötzlich könnte ich kaum trauriger sein. Ich bin so naiv gewesen, zu denken, dass Ulli sich ins Reisen und in Afrika genauso verlieben wird wie ich. Keine Sekunde habe ich daran gezweifelt. Bis jetzt. Langsam wird mir klar, wie grundverschieden wir einfach sind. Und dass ich ständig das Gefühl habe, ihn begeistern zu müssen. Dass ich meine Gefühle, wie lautes Lachen oder vor Freude schreien, unterdrücke, weil es ihm offensichtlich nicht genauso geht. Ich wünsche mir täglich nichts mehr, als meine Freude zu teilen. Ulli dagegen ist voller Ängste, wünscht sich Sicherheit und Kontrolle. Ist das wirklich er? Wird er diese Reise jemals genießen können? Noch stundenlang liege ich auf der Motorhaube, habe Bauchschmerzen, Tränen in den Augen und starre in das unendliche Meer aus Sternen. Sterne, die ich im Lichtersmog von Hamburg nur selten zu sehen bekomme. Schon verrückt, dass ich daheim ein Leben lebe, in dem ich von all dem »echten« Leben gar nichts mitbekomme. In meinem Stadtleben kommt das Essen aus dem Supermarkt. Ich bewerte die Qualität meines Tages an meiner Produktivität. Um mich wenigstens ein bisschen zu bewegen, fahre ich überall mit dem Fahrrad hin, gehe ins Fitnessstudio oder joggen. Doch das gleicht im Leben nicht die tausend Stunden sitzen vor dem Computer aus.

Ich atme die kühle, klare Luft der Nacht tief ein. Ich will jetzt noch nicht ins Bett. Möchte, dass die Nacht nie aufhört. Sternschnuppen fallen vom Himmel und ich wünsche mir das, was ich mir seit ich klein war bei jeder weggepusteten Wimper wünsche: »Dass alles gut wird.« Ein letztes Mal atme ich tief durch und klettere dann doch zu Ulli ins Auto. Der schläft schon. Ich versuche mich hinzulegen, ohne ihn zu berühren. Zum einen, weil ich ihn nicht wecken will, aber vielmehr, weil ich keine Lust auf Berührung habe. Ich wäre gerade gern so fern wie möglich. So fern, wie ich mich emotional fühle. Auf zwei Quadratmetern unmöglich. Der Mond ist aufgegangen und wirft sein helles Licht ins Innere des Autos. Mein Blick fällt auf das Buch »Offroad fahren für Anfänger« im Regal. Ich ziehe den Bauch ein, drehe die Hüfte zur Seite und schaffe es, die Lektüre zu greifen, ohne Ulli zu wecken. Ich blättere ein wenig darin rum, um auf andere Gedanken zu kommen, und muss plötzlich aufpassen, nicht laut loszuprusten: »Die Einstellung ›Passt schon‹ ist der beste

Weg zum Misserfolg«, steht auf der ersten Seite, die ich aufschlage. »Passt schon« ist seit Jahren meine Lebenseinstellung und vielleicht auch ein Grund, warum gerade so dicke Luft ist.

Am nächsten Morgen gibt's einen großartigen Sonnenaufgang über der jetzt weißen Wüste. Der Feuerball hängt so tief, dass es so aussieht, als würde er die trockenen Sträucher gleich in Brand setzen. Es ist schweinekalt. Bis elf Uhr stecken wir in Pulli und Schal. Abgefahren, wer hätte das gedacht. Dann werden es schlagartig 45 Grad. Wumms, als hätte die Sonne beim Aufsteigen erst vergessen den Heizstrahler anzuwerfen. Mittlerweile haben wir die Zuggleise gefunden und orientieren uns an ihnen. Mit der Hitze wird der Sand immer weicher und im Nu stecken wir fest. Was wäre eine Wüstenfahrt ohne Einsanden? Ullis Gesicht spricht Bände und ich beiße mir auf die Zunge, während er versucht mit Schwung rückwärts rauszufahren. Dabei gräbt er Terés nur noch weiter ein. Ihre Räder sind jetzt zur Hälfte im Sand verschwunden. Alles klar, buddeln ist angesagt. Es ist Punkt zwölf Uhr, heißer wird's heute nicht mehr, wir hätten es nicht besser treffen können. Mit den Händen schaufeln wir die Reifen frei. Wer denkt, das ist ja kein Problem, der wird sich wundern, wie viele scharfe Steine im feinen, heißen Wüstensand stecken. »Lass uns die Sandbleche benutzen«, schlage ich aufgeregt vor. »Nein, die verbiegen sich«, ist Ullis Antwort. Aber ohne Bleche haben wir keine Chance. Und kaum liegen diese hinter den Reifen, haben wir wieder festen Sand unter uns. Das Problem: Wir sind damit keinen Schritt weiter, sondern vier Schritte zurück. Und was machen unerfahrene Wüstenfahrer wie wir? »Komm, wir fahren einfach mit mehr Anlauf noch mal in die Spur rein, vielleicht kommen wir ja mit viel Schwung durch«, ist meine großartige Idee. Ulli ist auch für Vollgas, will aber um unser Loch herummanövrieren. Keine Ahnung, was die größere Schnapsidee ist. Ich warte draußen, um das Gewicht zu verringern – und um ein Video zu machen. Der Versuch geht komplett in die Hose. Kaum aus der Spur raus, stecken wir erneut fest. Also alles noch mal auf Anfang. Der Schweiß läuft uns in Bächen den Rücken runter, überall klebt der feine Sand. Auf Ullis Gesicht zeigt sich irgendwas zwischen Ärger und Angst. 60 Minuten Dauerfestfahren haben uns viel Sprit und ihn Nerven gekostet. »Umdrehen können wir vergessen«, grummelt er. »Ob der Sprit reicht, ist fraglich. Die Strecke vor uns ist jetzt definitiv die kürzere.« Ich weiß nicht, ob es daran liegt, dass er alle Sorgen ja schon für sich beansprucht, aber irgendetwas in mir ist komplett tiefenentspannt und davon überzeugt, dass eh alles gut wird. Wir gehen zu Fuß auf Erkundungstour nach einer möglichen Umfahrung dieses miesen, weichen Sandlochs. Ich liebe es, barfuß hier mitten durchs Nirgendwo zu stiefeln. Dass die Wüste voller Schlangen ist, die im Sand nur schwer zu sehen sind, lerne ich erst später, als wir ein paar Spuren entdecken. »Direkt an den Schienen entlang ist der Sand fester«, brummelt Ulli. »Lass es uns ausprobieren«, antworte ich. Mit Vollspeed brausen er und Terés an mir vorbei und tatsächlich, die Umfahrung ist geschafft. Er hält sogar an, um mich wieder mitzunehmen. Lässt mich nicht in der Sahara stehen. Ein toller Freund! Jetzt rasen wir nur noch. Nach dem Motto: Wer den Boden kaum noch berührt, bleibt auch nicht darin stecken. Den Gedanken nicht mal zu Ende gedacht, sitzen wir wieder fest. Ullis Gemüt ist bald erhitzter als die Wüste. »Du hast ein schlechtes Sandkarma«, versuche ich ihn aufzuheitern. »Weil du gesagt hast, du magst die Wüste nicht, holt sie sich ständig unser Auto.« Es ist vier Uhr nachmittags, wir sind komplett dreckig, angespannt, verschwitzt und fix und fertig von den Strapazen. Ulli heult gleich und auch ich kriege langsam kalte Füße. »Lass uns eine Pause im Schatten machen und in Ruhe was trinken«, schlage ich vor. Ich muss lachen. »Kennst du noch die Werbung von den Aquamalern? Da ging ein Junge durch die Wüste, sah eine Fata Morgana

und rief:»Wasser, für meine neuen Aquamaler.«Verrückt, was für
ein Quatsch mir ausgerechnet jetzt einfällt. Naturgewalt versus
TV-Werbung. »Scheiße, weißt du was?«, fragt Ulli plötzlich, »wir
haben komplett vergessen, Luft aus den Reifen zu lassen.« »Wie
selten dämlich sind wir denn?«, rufen wir beide fast gleichzeitig.
Eine weitere fixe Idee: die Sandbleche diesmal einfach umgekehrt
hinlegen, um sie beim Drüberfahren wieder gerade zu biegen.
Klappt ganz wunderbar. Im Nu ist das Auto wieder auf festem
Sand und die Bleche sind wieder wie neu. »Na siehste, alles halb
so wild.« Ich kann's mir einfach nicht verkneifen. Ulli rollt mit den
Augen. Plötzlich funktionieren wir als Team echt gut. Mit weniger
Luft fahren sich die Reifen im Sand wie Butter. »Die Tanknadel
geht bedrohlich dem Ende zu«, informiert mich Ulli mit Grabesstimme. »Wir schaffen das«, lache ich ihm zu und halte mich kräftig mit einer Hand am Dachgepäckträger fest, weil wir über einen
Buckel fliegen. »Ich zweifle da überhaupt nicht dran.« »Hm«,
grummelt Ulli zurück. »Am Ende wird immer alles gut«, sage ich
bestimmt. »Das ist so und da gibt es nichts dran zu rütteln«.

Ich muss an Momente auf meinen früheren Reisen denken, in denen
es echt brenzlig wurde. Momente, in denen ich fast verzweifelt wäre.
Als der Autobus in Dschibuti mitten im Nirgendwo angefangen hat
zu brennen, als ich bei den Ureinwohnern Panamas geschlafen habe
und nachts plötzlich meinen Hals nicht mehr bewegen konnte, als
ich komplett pleite in Thailand vor einem Supermarkt übernachtet
habe – nach Tagen ohne Dusche und richtiges Essen, als ich nachts
allein in Daressalam so hohes Fieber bekommen habe, dass ich
Halluzinationen hatte und mir am nächsten Morgen eine 16-stün-
dige Busfahrt nach Kenia bevorstand, um meinen Rückflug nach
Deutschland zu bekommen … Witzigerweise hat sich JEDES MAL
alles zum Guten gewendet, sobald ich losgelassen habe. »Ich verstehe
ja, was du sagst, aber ich kann nicht daran glauben«, sagt Ulli. »Keine

Sorge, du machst ja jetzt die gleiche Erfahrung«, grinse ich ihm zu. Und dann taucht er tatsächlich vor uns auf. Einer der größten Monolithen Afrikas und gleichzeitig der dritthöchste der Welt: Der Ben Amira. Für uns das Zeichen, dass wir es beinahe wieder bis in die Zivilisation geschafft haben. Dass wir unsere erste gemeinsame Wüstentour überstanden haben. Vielleicht nicht professionell, aber wir sind in einem Stück durchgekommen. Ganz zum Leid der Geier. Ulli fällt ein Stein vom Herzen, als er den ersten der beiden Reservekanister zuversichtlich in den Tank kippt.

Ein unfassbar lautes Klirren und Krachen von Metall lässt uns jetzt hochschießen. Wir hören ihn bereits eine halbe Stunde, bevor wir ihn sehen. Den Eisenerzzug von Mauretanien. Als er dann endlich am Horizont auftaucht, stehe ich nahe bei den Gleisen und winke vor Freude wie verrückt. Die Schienen funkeln in der Abendsonne, als das riesige Metallmonster krachend herangefahren kommt. Die Räder quietschen, weil sie bemüht sind, das schwere Geschoss auf den Gleisen zu halten. Der Lokführer öffnet sein Fenster und ich denke, er will zurückwinken. Ich bin so aufgeregt und dankbar, dass wir den Zug doch noch zu sehen bekommen. Was für ein krasses Schauspiel. Doch statt zu winken, wirft der Lokführer glatt ein altes Baguette nach mir. Ich kann's nicht fassen! Das gammlige, steinharte Ding verfehlt mich nur knapp. Ich bin sprachlos und stehe einfach nur da. Ulli, der sicher am Auto gewartet hat, lacht sich schlapp. Die Sache ist so absurd, dass auch ich langsam darüber schmunzeln muss. Vielleicht habe ich das auch gerade einfach mal verdient. Weh tut es dennoch, vielleicht auch gerade deshalb. »Weißt du was«, ruft Ulli, als wir mittlerweile wieder auf der Wellblechpiste der Zivilisation entgegenrattern, »du hattest recht. Es wird immer alles gut. Aber Wüstefahren, vor allem mich festfahren, ist definitiv nicht meins.«

Gelernte Lebensschlauheit der vergangenen Tage: Allein zu wissen, dass Loslassen die Lösung ist, hilft mir nicht. Erst durch die Erfahrung kommt das Vertrauen.

7

Frei

Die Sitze sind so durchgesessen, dass an einigen Stellen das Metall durch die Polster drückt. Zum Starten seines Autos, aus der vertrauenserweckenden Modellreihe »Nahtod«, muss der Fahrer die Kabel aneinanderhalten. Das gibt einen Kurzschluss und das Auto springt an. Wir sind mit einem Taxi unterwegs. Unser Auto steht auf dem Hinterhof des Mechanikers unseres Vertrauens. Wir vertrauen ihm sogar so sehr, dass Terés' Motor gerade freischwebend mit Ketten an einem Dreibein hängt. Die Kupplung ist kaputt. Um an sie ranzukommen, nehmen Abdou und Mr Facebook – von dem ich kaum glaube, dass dieser wirklich so von seiner Mama benannt wurde – die Arme gefühlt komplett auseinander. »Wer in Mauretanien mit seinem Auto in die Werkstatt muss, der nimmt sich dafür frei«, erklärt uns Ely, als er gemeinsam mit uns auf dem Hof rumsitzt. »Du musst genau gucken, was hier an deinem Auto gemacht wird und ob auch wirklich was gemacht wird«, erzählt er. »Sonst kommst du nach zwei Tagen wieder und sie haben nicht mal angefangen oder all deine Originalteile gegen Teile aus China ausgetauscht.« Wir machen lieber einen Ausflug. Und landen so bei Mohammed im Auto. Fensterscheiben hat dieses Taxi sicher seit mehreren Jahrzehnten nicht mehr, was für angenehmen Fahrtwind und gewohnt staubige Gesichter sorgt. Mohammed erklärt uns total aufgeregt, dass es heute

Morgen einen Terroranschlag in Frankreich auf *Charlie Hebdo* gegeben hat. Es ist seltsam, zur Zeit eines islamistischen Anschlags in einem muslimischen Land zu sein.

Ich verstehe leider nicht alles, was Mohammed sagt, kann aber fühlen, wie es ihn kränkt und wütend macht, dass eine Handvoll Menschen im Namen seiner Religion Krieg führt. Die Welt scheint gerade so voller Angst zu sein, dass ich manchmal denke, sie zerbricht daran. Als er hört, wohin wir fahren und was wir da wollen, ist der Anschlag vergessen. »Nach Hi Kviker? Was wollt ihr denn da?« Hi Kviker ist die ärmste Gegend Atars. Dort befindet sich eine Nachhilfeschule, die wir besuchen wollen. Mohammed ist kaum noch zu halten. Wir überholen einen Eselskarren, darauf ein Mann mit einer Leuchtweste. »Nein zu Studiengebühren«, liest Ulli laut vor und wir kriegen einen Lachanfall. Mohammed möchte, dass wir den Witz erklären, aber das übersteigt bei Weitem unsere Französischkenntnisse. Als wir ihn beim Aussteigen fragen, was er bekommt, sagt er: »Nichts. Ich bin kein Taxi. Ich habe es nur nett gemeint.« Wir sind sprachlos. Sprachlos und dankbar.

Kaum ausgestiegen, sind wir bereits umzingelt von Kindern. Mitten unter ihnen »Mama Susanne«, wie die Kids Susanne rufen. Wir drücken uns fest zur Begrüßung. Wie eine Heilige sieht sie aus, mit ihrem wehenden türkisen Schal, im Kontrast zum Wüstensand, der genauso orange-braun ist wie die Lehmhäuser. Susanne ist bereits über 80 und kommt dennoch jeden Winter wieder nach Mauretanien. »Das Land hat es mir einfach angetan«, strahlt die Regensburgerin, die wir auf einem Campingplatz kennengelernt haben, auf dem wir uns ein bisschen ausruhen und Silvester feiern wollten. Bis das Auto kaputt ging.

Es gibt diese Menschen, denen ich im Leben begegne und sofort weiß, dass sie es für immer verändern. Hier mitten in Mauretanien

treffe ich gleich zwei von ihnen. Umgeben von Kindern, links eins
an der Hand, rechts ihren Stock, schreitet Susanne nun stolz und
selig durch die schmalen Gassen Hi Kvikers. Sie will uns ihren Kin-
derhort zeigen. Eine Nachhilfeschule, die sie zusammen mit ihrer
Freundin Mame Sy aufgebaut hat. »Mame Sy ist ganz in der Nähe
aufgewachsen und hat es sich zur Aufgabe gemacht, sich um die
Kinder zu kümmern, denen es nicht so gut geht wie ihren«, erzählt
Susanne. »Morgens ist sie in ihrem Verein für unterernährte Kinder
tätig, dann eilt sie nach Hause, um für ihre siebenköpfige Familie
sowie die Kinder in ihrem Hort zu kochen. In den Hort geht sie
dann am Nachmittag mit einem riesigen Pott Essen. Aus diesem
ernährt sie 37 Kids, die nach der öffentlichen Schule auch noch
fleißig am Nachhilfeunterricht teilgenommen haben, den Mame Sy
organisiert. Für viele die einzige Mahlzeit am Tag, die sie dann noch
vor den Toren des Hortes mit ihren hungrigen Geschwistern teilen.« Ich bin wahnsinnig gespannt auf das Projekt, die Kinder und
vor allem darauf, Mame Sy zu treffen. »Als ich Mame Sy kennen-
lernte, war ich so von ihrem Engagement beeindruckt, dass ich sie
gefragt habe, wie ich helfen kann.« Susannes blaue Augen leuchten.
Oh Mann, wenn ich jemals über 80 werde, möchte ich auch noch
so selbstlos für eine Sache brennen. Und ich glaube, genau das ist
es auch, was Susanne so jung und fit hält, weil sie Dinge tut, die sie
von Herzen liebt und diese konsequent durchzieht. Mittlerweile ist
die Kinderschar um uns herum auf knapp 30 angewachsen. Sie alle
scheinen nichts Besseres zu tun zu haben, als uns zur Schule zu be-
gleiten. Ich verstehe, was Susanne meinte, als sie sagte: »Jedes der
Kinder lebt in Armut.« Die meisten von ihnen sind unterernährt,
aber eben Kinder. Und so ist schon der Weg ein Fest, auf dem
wir rumalbern und so auch die Schüchternsten unter ihnen anfangen zu lachen. Susanne hat es geschafft, bis heute so viele Spenden
zu sammeln, dass ein neues Schulgebäude mit zwei Unterrichts-
räumen, angeschlossener Küche, Dusche und Toilette im Bau ist.

50 Kinder sollen hinter der buntbemalten Metalltür des Lehmgebäudes zukünftig unterrichtet werden. »Ich habe mich viel mit dem Thema ›Helfen‹ auseinandergesetzt, bevor ich angefangen habe«, sagt sie, »und klar für mich entschieden: Hilfe zur Selbsthilfe ist das, was ich leisten möchte. Dazu gehört vor allem, die Menschen immer wieder zu fragen, was sie wirklich brauchen.«

Auch ich erwische mich immer wieder bei dem Gedanken, wie ich helfen kann. Aber bevor ich helfen kann, muss ich erst mal verstehen. Das wird mir plötzlich klar. Mame Sy trägt ein leuchtend rotes Tuch auf ihren pechschwarzen Haaren. Ihr Gesicht ist freundlich, nein gütig. Sorgenfalten: Fehlanzeige. Ihr Mut, ihr Stolz und die Stärke, die sie ausstrahlt, faszinieren mich. Niemals hätte ich erwartet, dass wir hier mitten im Nirgendwo zwei so tolle Frauen treffen.

Die Kinder, die in Grüppchen auf einem Teppich vor ihr sitzen, auf der einen Seite die Jungs und auf der anderen die Mädchen, hängen Mame Sy an den Lippen. Bei jeder Frage, die sie stellt, schießen zehn Finger in die Luft, gefolgt von »Mame Sy, Mame Sy, Mame Sy«-Rufen. »Diese Kinder kommen aus den ärmsten Familien dieser Gegend«, erzählt Mame Sy, die sich tierisch über unseren Besuch und unsere Neugier freut. »Hier in Mauretanien ist es üblich, dass die Männer neu heiraten, oft jüngere Frauen, und die alten samt Kindern sitzen lassen. Diese wissen oft nicht, wie sie sich und die Familie durchbringen sollen. Denn vor allem herrscht hier eins: Nahrungsmangel.« Ich bin so dankbar, Susanne kennengelernt zu haben. Und durch sie all diese tollen Menschen hier. Und endlich verstehen Ulli und ich mal alles und können tausend Fragen stellen, da sie eifrig übersetzt. Denn Susanne besucht seit Jahren »natürlich« auch noch einen Volkshochschulkurs in Französisch. Was für eine Powerfrau! Von Mame Sy unterrichtet zu werden, kann hier für den einen oder anderen ganz sicher die Welt verändern. Ich muss an meine Grundschullehrerin denken und daran, was für einen Einfluss sie damals auf mich hatte.

»Das ist Toutou«, sagt Susanne und zeigt auf eine circa zehnjährige, bildhübsche Kleine mit grünem Kopftuch und Ringelshirt. »Toutou ist ein Sklavenmädchen.« Ich muss sehr erschreckt gucken, weil ich bereits davon gehört habe, dass es in Mauretanien noch Sklaven gibt, mir darunter aber nichts vorstellen kann. »Ja, die Sklaverei gibt es noch, obwohl sie offiziell vor etlichen Jahren abgeschafft wurde. Auf der einen Seite gibt es die von den Gattinnen der oberen Zehntausend gekauften Haussklavenkinder, die kochen, waschen und putzen gegen ›Kost und Logis‹. Auf der anderen Seite die Nachkommen reicher berberischer Kamelzüchter und Händler, die auch heute noch mit ihrer großen Familie am liebsten in ihrem Zeltlager in der Wüste leben. Viele von ihnen haben ihre Freilassung abgelehnt, weil sie bei ›ihrer Familie‹ bleiben wollen. So auch die Familie von Toutou.« Verrückt – »Sklave«. Ich kann mir beim besten Willen nicht vorstellen, und möchte es auch nicht, mein Leben lang in Abhängigkeit und nach den Vorstellungen anderer zu leben. Wie sich Toutou wohl damit fühlt? Ob sie sich selbst überhaupt so nennen würde? »Toutou hat eines Tages an Mame Sys Tür geklopft. Als Mame Sy ihr sagte, dass es ihr leid täte, aber die Schule bereits mehr als voll sei, hat sie sich vor ihr auf den Boden geworfen und geschrien, sie würde lieber sterben, als nicht zur Schule gehen zu können. Sie ist heute eine der Besten«, flüstert Susanne stolz. Ich beobachte dieses kleine Mädchen mit dem ernsten Gesicht, auf dem sehr selten mal ein Lächeln erscheint. Aber wenn es erscheint, ist es eines der schönsten und ehrlichsten Lächeln, die ich je gesehen habe. Ein Lächeln, das nicht verschenkt wird. Sondern aufgespart für die Momente, in denen es wirklich was zum Lachen gibt. Ein Lächeln, das ich nie wieder vergesse.

Den wohl stärksten Kontrast dazu bildet Sheya. Sie könnte Schauspielerin oder Diva sein. Sheya leuchtet. Sie ist wunderhübsch, frech, lustig und will nach dem Unterricht immer wieder Walzer mit mir tanzen. Warum Walzer? Keine Ahnung. Sie zeigt mir den geheimen Handabklatsch der Kinder hier in der Gegend. Wir machen uns alle bald in die Hose vor Lachen bei meinen kläglichen Versuchen. Susanne sitzt glücklich auf einem Stuhl und beobachtet unser Treiben aus sicherer Entfernung. »Das ist so ein Geschenk, das ihr den Kindern macht. Zeit mit ihnen zu verbringen, sich für sie zu interessieren«, flüstert sie. »Wenn du wüsstest, was das für ein Geschenk für uns ist«, flüstere ich zurück und beobachte diese bunte Mischung aus Mädchen mit Kopftuch, anderen ohne, manchen in pinken Wollhandschuhen bei 30 Grad und Jungs mit zerrissenen Hosen und Triefnase.

Ulli und ich haben geistesgegenwärtig noch eben auf dem Markt drei Meter Schlüpfergummi gekauft. Ab geht's, Gummitwist! Die Jungs beschlagnahmen Ulli und wollen Zaubertricks lernen. Als Mame Sy ein paar leere Kanister anschleppt, ist die Party nicht mehr aufzuhalten. Die Mädchen ziehen ihre Flip-Flops aus, benutzen sie als Schlagstöcke und trommeln und singen, was das Zeug hält. Alles juchzt und keiner kriegt genug. Ich habe das Gefühl, die Kinder saugen so viel sie können von uns auf. Ich mache das Gleiche mit ihnen. Es ist das erste Mal auf dieser Reise, das erste Mal seit vielleicht Jahren, dass ich mich mal wieder so richtig fallen lasse. Den Kopf, der immer voll ist mit Gedanken und Zweifeln, einfach mal ausmache und im Jetzt ankomme. Ich bin. Und dabei so unglaublich leicht und glücklich.

Die Kinder wachsen mir bereits an diesem ersten Nachmittag so sehr ans Herz, dass es richtig wehtut, als wir fahren müssen. Jedes einzelne Mädchen küsst mich und die Jungs drücken uns so fest, als ob sie uns zerteilen wollen. Ich verspreche wiederzukommen, ein Versprechen, das ich schon in den kommenden Tagen einhalten werde. Wir sitzen bereits im Taxi zurück und werden noch immer mit Handküssen überhäuft. Alle rufen im Chor »Merci, merci, merci!« Merci an euch, mir kommen die Tränen, ich winke ihnen nach, bis ich sie nicht mehr sehen kann.

Zurück in der Werkstatt, sind die Jungs noch immer am Schuften. Es ist mittlerweile stockdunkel. Mr Facebooks Cousine hat gerade geheiratet und wir sollen uns unbedingt das dreistündige Hochzeitsvideo angucken. Von der Braut ist nichts zu sehen. Die ist neben ihrem stolzen Ehemann komplett in ein Bettlaken gehüllt. So wie die freche Sheya, die in zwei Jahren mit 14 an einen Vierzigjährigen verheiratet wird, und noch so viele andere mehr. In dieser Nacht träume ich von Mame Sy, die für mich zu einem großen Vorbild geworden ist. Sie ist ganz sicher nicht als Bettlaken auf ihrer Hochzeit erschienen.

Gelernte Lebensschlauheit der vergangenen Tage: Ein Land ist immer so frei wie die Gedanken der Menschen.

SENEGAL

Teranga – Gastfreundschaft,
dafür steht der Senegal.
Das erste Grün
vor unseren Augen
nach der unendlichen Weite
der mauretanischen Wüste.

Tage im Land: 72 | Gefahrene Kilometer: 3323
Pannen: 3 | Kontrollen: 24 | Bestechungsgelder: 1
Zu schnelles Fahren: 1 x | Lautes Lachen: 500 x

8

Ayo = Freude

»Irgendwie ist Afrika nichts für mich«, tönt es aus Ullis Campingstuhl. Mit einer Nadel puhlt er an einer Stelle an seinem Fuß rum,
die ihn seit Tagen fies juckt. Wir sind mitten im Paradies, der Casamance im Senegal. Um uns ist alles voller bunter Blumen. Wir haben
Terés auf dem Berg mit Blick aufs Meer vor Salys Haus geparkt, das
zugleich auch ein Restaurant ist. Das kleinste und leckerste Restaurant der Welt. Zwei Tische, vier Stühle, jeden Tag frischer Fisch und
Gemüse. Seit zwei Wochen hängen wir mal nur ab. Surfen, essen,
surfen, essen, schlafen, in der Hängematte chillen. Und dann wieder
von vorn. Außer Kühen und uns – kein Mensch am Strand. Wir
müssen uns um nichts kümmern, keine Autoreparatur, kein lästiges
Einkaufen, Kochen oder Abwaschen. »Nee, das ist wirklich nichts
hier, Afrika…«, ärgere ich mich über seine Worte. »Mir fehlt der
Alltag, eine Aufgabe, die meinen Tag strukturiert. Vielleicht reicht
es mir jetzt einfach mit Reisen, vielleicht möchte ich umdrehen«,
stellt Ulli fest. Ich denke, ich höre nicht richtig: »Umdrehen? Jetzt
schon?« »Was meinst du mit schon, wir sind jetzt vier Monate unterwegs und zudem gerade mal im Senegal. Das ist, wenn überhaupt,
ein Viertel der Strecke, die wir in einem halben Jahr bis Südafrika
fahren wollten. So langsam wie wir sind, kommen wir da ja im Leben
nicht an«, schimpft er. »Wenn du meinst, ich fahre auf jeden Fall
weiter«, antworte ich trotzig. Soll er doch zurückfliegen und bleiben,
wo der Pfeffer wächst. Wenn er das hier nicht zu schätzen weiß, ist
er selbst schuld. Ich bin so wütend, ich mag ihn nicht mal angucken.
Seine Ambivalenz macht mich fertig. Gestern wollte er noch nebenan ein Grundstück kaufen, heute Untergangsszenario. »Vielleicht
tut ihm das Reisen nicht gut?«, hat Susanne schon in Mauretanien

angemerkt, als er mal wieder eine Woche krank war. Das habe ich, vielleicht aus Angst, dass es stimmt, schnell wieder verdrängt. Jetzt kommt es erneut hoch. »Dann schaff dir doch einen Alltag, eine Routine, besorg dir eine Aufgabe«, schlage ich ihm vor. Nicht dass er nichts zu tun hätte, denn wenn er sich nicht ständig ums Auto kümmern würde, wären wir gar nicht bis hierher gekommen. Aber erfüllen tut ihn das nicht, im Gegenteil. Ulli weicht seinen Fuß in heißem Wasser ein, setzt die Nadel erneut an und hat plötzlich eine gelbe Glibberkugel in der Hand. Zurück bleibt ein nadelkopfgroßes Loch im Zeh. »Was ist das?« Wir starren beide auf das Etwas. »Saly weiß bestimmt weiter«, schlage ich vor. Ulli humpelt auf einem Fuß in Richtung Küche, das Glibberding skeptisch dabei begutachtend. Die von den Restaurantresten kugelrunden Hundewelpen springen von ihrem Schattenplatz auf und rennen ihm hinterher. Auch die kleine Hündin mit der dunklen Nase, die so viele weiße Punkte hat, als ob Reis daran klebt. Ulli und ich haben uns leicht bis mittelschwer in sie verliebt.

Ich verstehe nicht, warum es ihm so schwerfällt, auf der Reise anzukommen. Keiner hetzt uns, wir haben alle Zeit der Welt und das ganze Auto voller Dinge, zu denen wir zu Hause nie kommen und die wir uns selbst und gegenseitig beibringen wollten. Er mir häkeln, ich ihm Gitarre spielen, gemeinsam skaten und Hula-Hoop, surfen und Französisch. Aber Ulli scheint komplett unmotiviert zu sein. Kriegt seinen Hintern zu nichts wirklich hoch, außer zum Lesen. Meine Gefühle für ihn sind gerade so unbeständig wie seine Gefühle zur Reise. Er ist mir oft einfach zu viel, der Raum zu eng, die Luft zum Atmen zu wenig für zwei. Ich finde meine Gedanken jedoch selbst so gemein, dass ich mich nicht traue, sie laut auszusprechen. Verrückt, ich fühle es und denke dennoch, ich darf das nicht fühlen. Wenn ich darüber nachdenke, ohne ihn weiterzufahren, habe ich Angst. Angst, ihn zu verlieren, und Angst, es allein nicht zu schaffen. Verdammt, was mache ich nur? Diese Reise bedeutet mir alles. Alles! – Aber was denn eigentlich noch mal genau? Ich schließe die Augen und lehne mich in der Hängematte zurück. Der warme Wind weht über meinen Bauch, ich atme tief und versuche meinen Kopf einmal, wenigstens einmal, außen vor zu lassen. »Mich selbst wieder spüren, mich am Leben fühlen, das will ich«, schreit mein Herz. Klare Ansage. Aber warum kann ich das immer nur, wenn ich unterwegs bin? Wenn ich raus bin aus meinen Strukturen, weit weg von allen, die ich kenne, weg von allen, die mich kennen. Sogar in der Zweisamkeit mit Ulli stoße ich an diese Grenzen. Und warum? Weil ich mich vor ihm zusammenreiße. Dadurch bin ich angespannt, versuche immer alles richtig zu machen, nicht zu laut zu sein, nicht zu dreckig zu sein, nicht zu verrückt zu sein. Nicht dass er mir jemals gesagt hätte, dass es ihn nervt, wie ich bin, aber dennoch gehe ich einfach davon aus. So richtig frei fühle ich mich nur, wenn wir auf andere Menschen stoßen, die mich mitreißen, in extremen Situationen oder komplett losgelöst von jeglicher Zivilisation inmitten der Natur. Dann fühle ich mich wohl und im Einklang. Das muss doch auch im normalen Leben funktionieren? Umdrehen kommt nicht in die Tüte. Wenn ich jetzt nicht meinen Schlüssel finde, der mir hilft, mich zu spüren, egal was gerade um mich herum passiert, egal wo ich bin, egal mit wem ich bin, dann vielleicht niemals. Verdammt, ich werde bald 30 und will Lachfalten statt Frustfurchen. Koste es, was es wolle, im Zweifel die Beziehung.

»Saly sagt, es ist ein Sandfloh.« Ulli kommt zurückgehumpelt. Dicht gefolgt von Saly, die einen Eimer voll heißem Wasser mit Chlor zum Desinfizieren trägt. »Die Weibchen bohren sich in die Haut von Menschen und größeren Tieren und ernähren sich da vom Blut. Wenn sie ihre Eier gelegt haben, sterben sie. So eine gelbe Glibberkugel kann murmelgroß werden und fiese Entzündungen verursachen«, klärt Saly uns auf. »Du nimmst echt alles mit«, lache ich Ulli an. »Der nächste Parasit geht an dich«, sagt Ulli und lacht in einer Mischung aus Spaß und Verzweiflung zurück. Es ist der fünfte Vollmond auf dieser Reise. Für mich sind das Nächte, in denen ich einfach nicht ins Bett gehen möchte, so dankbar und demütig fühle ich mich beim Anblick der hell erleuchteten Nacht. Wir sitzen vorm Auto und gucken aufs Meer. Jeder einen Hundewelpen im Schoß. Ich drücke die dicke schnarchende Reisnase fest und beobachte, wie ihre Flöhe eine Party auf ihr feiern. »Lass sie uns mitnehmen«, flüstert Ulli, der ihr heute bereits »Sitz« und »in unser Auto klettern« beigebracht hat. Woraufhin sie den ganzen Tag auf dem Fahrersitz gepoft hat.

»Du hast doch gesagt, ein Alltag täte mir gut. Ich denke sie könnte der Alltag sein«, grübelt er. »Was ist das?«, ruft Ulli plötzlich aufgeregt und springt auf. »Was ist was?«, frage ich und folge erwartungsvoll seinem Blick in die Dunkelheit. Als plötzlich eine türkis leuchtende Flamme von links nach rechts übers Meer rennt, um kurz darauf im Schwarz des Ozeans zu erlöschen. Wir rennen, so schnell es geht, runter an den Strand. Die Welpen hinterher. Jedes Mal, wenn eine Welle bricht, wird ihr Weißwasser von kleinen Mikroorganismen blau gefärbt. Das leuchtet wie das schönste Wunder der Erde. »Juhu, rein da!«, rufe ich aufgeregt. Raus aus den Kleidern, rein ins Wasser. Doch kein Ulli, der mir folgt. Das Meer ist so finster, dass ich nicht mal den Horizont ausmachen kann. Und ach du Schreck, eine riesige Welle genau vor meiner Nase. Ich tauche unter. Den Sambuca habe ich verpasst, der ist scheinbar genau auf mir entflammt. Ich grusele mich so doll, dass ich nach drei Versuchen, in den Flammen zu stehen, aufgebe und zurück an Land schwimme. Ulli und die Welpen sind froh, dass ich wieder heil zurück bin. Wir bleiben noch zwei Nächte, bis das Leuchten in der dritten Nacht nicht mehr wiederkommt. Dann ist es irgendwie Zeit zu gehen. Unter Tränen und wieder mal tausend Geschenken, die Saly uns macht, packen wir unsere Sachen. »Vergesst euren Hund nicht«, weint Saly. »Sie soll Mali sehen, wo ich herkomme und Europa.« Und so ist es entschieden: »Ayo«, ein westafrikanischer Name, der so viel heißt wie »Freude«, geht mit auf die Reise.

Gelernte Lebensschlauheit der vergangenen Wochen: Ich will Lachfalten statt Frustfurchen.

9

Fischen ist nichts für Weicheier

Ullis Hände, übersät mit aufgerissenen Blasen, meine rot und geschwollen. An uns haftet ein Geruch wie Ursula die Meerhexe. Die Klamotten voller Algenreste und Salzränder. Sonnenbrand und eine Müdigkeit, als hätten wir unser Auto einmal quer durch die Wüste geschoben. Dabei wollten wir doch eigentlich nur nach Wellen gucken. Was bitte ist dann passiert?

Wir sind in Palmarin, einem kleinen Fischerdorf kurz vor dem Sine-Saloum-Delta. Die Fahrt dorthin ist schon eine Attraktion für sich. Quer durch die Salzseen. Eine abgefahrene Natur. Irgendwo unterwegs soll der angeblich größte Baobab des Senegals stehen. 35 Meter Umfang. Ich fürchte jedoch, wir haben ihn übersehen. Über die Baobabs, also Affenbrotbäume, gibt es zahlreiche Mythen. Zum Beispiel, dass früher tote Troubadoure in den hohlen

Baumstämmen beerdigt wurden.»Wer nicht mit seinen Händen in der Erde gearbeitet hat, darf auch nicht in ihr beerdigt werden«, haben wir gelernt.

Ulli rast viel zu schnell durch ein Dorf, als ein Polizist auf die Straße springt und uns anhält.»Scheiße, das wird teuer«, stöhnt Ulli. Der Polizist kommt auf uns zugestiefelt. Es zieht ihn, wie immer, direkt auf meine Autoseite. Die Wenigsten merken rechtzeitig, dass der Fahrer rechts und nicht links sitzt. Uns kommt das ganz gelegen. In puncto Polizei habe ich mittlerweile echt Übung. Ich kurble lässig das Fenster runter und bevor der Offizier auch nur ein Wort sagen kann, fange ich an, ihn voll zu texten.»Hallo Mr Officer. Mann, Sie müssen ja ein unfassbar starker Mann sein, hier bei der Hitze den ganzen Tag in der Sonne zu stehen«, versuche ich in möglichst bewunderndem, tiefen Tonfall rauszubringen, ohne einen Lachanfall zu kriegen.»Ja, ich bin so ein starker Mann, ich habe einen unfassbar schweren Job«, geht der Kerl in Flieger-Sonnenbrille, Springerstiefeln und Uniform sofort darauf ein.»Ich bin so stark, ich habe zwei Frauen, die mache ich beide glücklich, so stark bin ich.« Er meint das wirklich ernst.»Was, gleich zwei Frauen? Und keine kommt bei Ihnen zu kurz?«, frage ich und bin doch etwas verblüfft davon, was für eine unvorhersehbare Wendung diese Gespräche doch immer nehmen. Gleichzeitig versuche ich, ihn gedanklich komplett wegzuholen von möglichen Bußgeldern wegen eindeutig überhöhter Geschwindigkeit.»Ja, ich liebe einfach Sex, ich könnte den ganzen Tag …«, kommt er richtig in Fahrt. Alles klar, Ziel erreicht, erstaunlich einfach.»Na Mensch, dann wünsche ich Ihnen einen guten Feierabend und dass sie heute Abend, nach einem so harten Tag in der Sonne, noch genügend Energie haben«, rufe ich und deute Ulli an, loszufahren. »Bis dann!« Ich winke ihm, als wir abfahren. Der Polizist winkt fröhlich zurück.

»Danke«, sagt Ulli, noch nicht fähig zu begreifen, was gerade passiert ist. Dann brechen wir beide in einen Lachflash aus.
»Komm, wir checken, ob es Wellen gibt«, ruft Ulli über Terés' lauten Motor hinweg.

Vergeblich. Was wir stattdessen an dem endlos langen Strand entdecken, sind vier Menschen, die in der brutalen Mittagshitze kräftig an einem ewig langen Seil ziehen. Das Ding ist umhüllt von glibberigen grünen Algen und reicht weit ins Meer. Dominique, Aisha, le Pecheur, wie er sich selbst nennt, und ein lustiger Kerl, der aussieht wie Captain Jack Sparrow, winken uns kurz fröhlich zu. Dann sind ihre Blicke wieder konzentriert, die Muskeln komplett angespannt und sie arbeiten Ruck für Ruck an dem Netz. Das können wir nicht einfach so mit ansehen. »Los geht's«, rufe ich und renne los. Ulli ist dabei. Die Vier freuen sich über unsere Hilfe. Doch wir haben keine Ahnung, worauf wir uns hier eingelassen haben.

Es folgen zwei Stunden hammerhartes Tauziehen. Bis wir dieses endlos lange, nasse, glibberige und mit Algen und Beute gefüllte Fischernetz aus dem Wasser gezogen haben. Die Sonne brennt unbarmherzig, es ist Mittagszeit und wir Weißies sind uneingecremt, schattenlos am Strand. Ayo stört die Hitze gar nicht, so klein wie sie noch ist, hat sie eher Angst vor den riesigen Geiern, die über uns kreisen und gierig auf den Fang warten. Das Seil neu zu fassen und zu ziehen, wird von Mal zu Mal schwieriger. Ich kann meine Hände kaum noch darum schließen. Ein bisschen erinnert mich das daran, eine superschwere Einkaufstasche an einem blöden Griff zu tragen, der mies in die Hand einschneidet. Wenn ich kurz umgreife, ist es erst mal besser. Erst mal. Aisha, die einzige weitere Frau der Gruppe, zeigt mir eine andere Technik. »Leg dir das Seil in den Nacken, guck mal so«, macht sie vor. »Dann mit den Händen von

unten greifen.« Auch mit der neuen Technik geht es nur eine Weile
gut, dann fängt das blöde Tau an, im Nacken zu scheuern. Scheiße, wie machen die das nur den ganzen Tag? Doch aufgeben ist
nicht. Schlappmachen ist für Weicheier. Als ob er meine Gedanken
lesen kann, fängt le Pecheur an, irgendwas zu singen, die anderen
antworten bei jedem Ruck. Anders halten auch sie die harte und
monotone Arbeit scheinbar nicht aus.»Alles hat einen Rhythmus«,
ruft Dominique uns zu.»Fegen, laufen, atmen, am Netz ziehen.
Wenn du dich auf den Rhythmus statt auf die Arbeit konzentrierst,
geht sie viel einfacher von der Hand.« Und tatsächlich. Kopf aus,
Rhythmus an und so wird der Kampf mit dem Netz in all seiner
Härte zu einer Art Meditation. Das Netz ist fast am Strand. Ge-
konnt springen alle ins Meer und wickeln es in sich ein, damit die
Fische nicht entkommen können. Dann wird das Knäuel aus dem
Wasser geholt. Die Beute darin hüpft, wackelt, klatscht und kriecht.
Zuerst sortieren die Fischer ihren Fang, indem sie die Tiere flink,
je nach Art, auf einen Haufen an den Strand werfen. Tintenfische
nach rechts, Krabben nach links, Seezungen geradeaus und so weiter. Die Tintenfische spucken beim Sterben ihre Tinte in alle Rich-
tungen. Bevor die Fische an Land ersticken, springen sie noch ein
paarmal hin und her. Aisha zeigt mir ein Seepferdchen, das ebenfalls im Netz hing. Das steckt sie sich in die Hosentasche.»Ist gut
gegen Halsschmerzen«, sagt sie. Ein Rochen darf auf mein Betteln
hin zurück ins Meer. Ich kann mir nicht vorstellen, dass den einer
isst. Was weiß ich Naivling schon. Hätte ich doch bloß die Schildkröte zuerst gesehen, die Dominique mir jetzt stolz zeigt. Er packt
sie ordentlich zurück unters Netz, damit sie nicht wegkann. Ich
bin sprachlos, es zerreißt mir schier das Herz, aber einmischen will
ich mich nicht. Wir sind Gäste und das, was wir heute miterleben
dürfen, ist hier tägliches Brot. Und da muss was drauf. Die Frauen
aus dem Ort kommen mit Eimern auf dem Kopf angelaufen und
kaufen die Ware direkt am Strand. Der Großteil vom Fang wird

geräuchert, um ihn haltbar zu machen. Kühlschränke gibt es nicht und wenn, sind sie meist warm. »Ich bin völlig fertig, meine Hände tun so weh«, stöhnt Ulli und zieht sich die Haut von den offenen Blasen. Da zeigt Dominique auf das Schiffswrack geradeaus und ruft: »Da liegen die letzten zwei Netze, die wir noch einholen müssen, los geht's!«

»Wie schafft ihr das nur körperlich?«, stöhne ich verzweifelt auf. Keiner in der Gruppe hat etwas zu essen oder zu trinken dabei und im Gegensatz zu uns haben sie heute nicht erst eins, sondern schon drei Netze aus dem Wasser gezogen. »Wir machen das täglich«, lacht Dominique, »außer sonntags, da haben wir frei.« »Wenn ihr keine Superhelden seid, wer dann?«, lache ich und meine das todernst. Die Sonne geht bereits unter, als wir komplett erschöpft in den Sand fallen und die anderen beim Sortieren des letzten Fangs beobachten. Wir kriegen unfassbar viel Fisch als Dankeschön geschenkt, freuen uns, sind aber zugleich auch komplett überfordert. Weder Ulli noch ich haben je in unserem Leben einen Fisch ausgenommen. Captain Jack Sparrow liest unsere Gedanken und übernimmt. Geschickt packt er einen Fisch nach dem anderen am Kopf, zieht die Haut an beiden Seiten ab, reißt sie an den Kiemen auf und schwupps ist mit dem Finger alles rausgeholt, was offenbar nicht mitgegessen wird. Ah ja. Ulli versucht es nachzumachen – gibt aber nach zehn Minuten rumpulen auf. Dominique schlägt vor, dass wir mit zu ihm kommen. »Wir kochen zusammen Fisch und Reis, das wird super«, freut er sich. Ulli und ich sind komplett einverstanden, da wir dann unsere Beute einfach mit in den Pott schmeißen können. Dominiques Dorf ist winzig klein und verschlafen. In der Mitte steht eine Kirche. Immer noch gewöhnungsbedürftig nach Monaten voller Moscheen.

Ich muss schmunzeln. Es ist einfach total verrückt, wie anstrengend das Fischen war, aber wie befriedigend für meine Seele. Wie ausgeglichen ich mich gerade fühle und wie toll, dass wir uns gleich ein Essen zubereiten, dass wir uns selbst erarbeitet haben. Fischen ist knallhart, aber ehrlich. Wenn ich nach einem 16-Stunden-Tag heimkomme, bin ich geistig völlig müde, aber mein Körper ist komplett unausgelastet. Mein inneres Gleichgewicht ist dann irgendwie gestört. Heute spüre ich, dass er etwas geleistet hat. Nämlich das, wofür er eigentlich gemacht wurde.

Dominique und seine Familie wohnen genau hinter der Kirche. Sie sind katholisch, erzählt er. Die Familie lebt, wie eigentlich alle Familien hier, in mehreren kleinen Häusern auf einem gemeinsamen Hof. Dominique bietet uns an, duschen zu gehen. Als wir dankend ablehnen, verschwindet er in einem Häuschen, das rechts im Eingang als Toilette und links als Dusche genutzt wird. Als er wiederkommt, ist er ein völlig neuer Mensch. Der stählerne Körper ohne ein Gramm Fett, das hübsche Gesicht mit dem schüchternen Grinsen. Er ist 30, ein echt sympathischer Kerl und ich fasse es nicht: Single. »Jeder hier hat heute ein Smartphone und ist bei Facebook. Und damit steigen auch die Ansprüche. Senegalesische Frauen wollen Männer, die gut verdienen, ihnen Sicherheit bieten, was Schönes kaufen und beim Nach-Hause-Kommen nicht nach Fisch riechen«, sagt er. Da hat er keine Chance. »Heute habe ich mit einem guten Fang 1000 CFA-Franc verdient.« Ein ganzer Tag Schwerstarbeit für knapp 1,50 Euro. Unglaublich! Wer würde bei uns daheim für das Geld auch nur einen Finger krumm machen? »Das Meer ist ziemlich leer, seit die großen Schiffe aus dem Westen und Osten vor unserer Küste fischen. Viel Geld bleibt da für den Einzelnen nicht übrig, nachdem das Boot sowie das Benzin bezahlt sind und wir den Rest untereinander aufgeteilt haben«, erzählt Dominique. »Ich träume von meinem eigenen Boot oder Taxi«, sagt er und lacht. »Mit Taxifahren machst du gutes Geld. Ich habe extra schon fahren gelernt, nur der Führerschein fehlt.« Das Fahrzeug selbst bleibt wohl ein unbezahlbarer Traum, denn nur Dominique und manchmal auch sein Vater sind es, die das Essen auf den Tisch bringen. Da bleibt zum Sparen nichts übrig. »Ich bin das einzige gemeinsame Kind meiner Eltern. Sie haben sich scheiden lassen, als ich klein war und jeder hat eine neue Familie. Von meinem Gehalt und dem Fisch, den ich heimbringe, leben ich, meine Großmutter, mein Vater, meine Stiefmutter, deren drei Kinder und meine zwei kleinen Neffen.« Seine Großmutter, die in den Salzseen gearbeitet hat, kann dies nicht mehr tun. Sie ist in Dakar im Krankenhaus, erzählt er. »Die Arbeit hat sie blind gemacht.«

Die Kinder von Dominiques Stiefschwestern haben wenig Berührungsängste. Der dreijährige Abdou und seine Shrekfigur sitzen nach wenigen Minuten bei uns im Auto. Der achtjährige Louie zeigt uns diverse Zaubertricks und seine Mal- und Kampfsportkünste. »Er besucht eine Karateschule hier im Ort«, lacht Dominique. Als er so wie Jackie Chan auf mich zugedroschen kommt, kriege ich kurz Schiss, dann einen Lachanfall. Ulli steigt als Judoka zu meiner Verteidigung in einen kurzen Kampf mit ein, hat aber gegen den kleinen Großmeister keine Chance. Lachend gibt er auf.

Dachte ich eben noch, ich komme ums Fischausnehmen drum herum, stecke ich jetzt mittendrin. Rechts von mir ein Eimer mit sicher 30 Minifischen, links von mir eine Schüssel Wasser, in der Hand ein riesiges stumpfes Messer. Ulli übernimmt das Braten. Aisha kommt, als hätte sie es gerochen, pünktlich zum Essen. Die Runde ist perfekt. Gemeinsam schaffen wir es, alles aufzuessen. Ayo ist ebenfalls im Himmel, denn die kriegt alle Gräten. Ich bin froh, als wir nach der dritten Runde Tee aufbrechen, denn ich bin todmüde. Dominiques Einladung, bei ihm zu übernachten, lehnen wir dankend ab. Wir brauchen mal Ruhe, um all die Abenteuer zu verdauen. »Hilfst du morgen wieder mit?«, fragt mich Aisha, die weit und breit die einzige Frau zu sein scheint, die diesen Knochenjob macht. Ich bin irgendwie stolz, dass diese so rotzcoole Senegalesin Bock hat, wieder mit mir zu arbeiten und sage:»Ich nehme es mir fest vor, kann aber nicht für einen okayen körperlichen Zustand garantieren.« Sie lacht und drückt mich verständnisvoll.

Gelernte Lebensschlauheit der vergangenen Tage: Körperliche Arbeit gibt mir eine tiefe Zufriedenheit.

10

Teranga – Gastfreundschaft auf Senegalesisch

Der nächste Morgen. Ulli bekommt seine offenen Hände vor Schmerz nicht mal mehr zusammen. Meine Arme und mein Rücken tun mir so weh, als hätte ich wie Obelix Hinkelsteine getragen. »Wenn wir uns blicken lassen, sind wir geliefert«, sagt Ulli in weiser Vorahnung.»Ich kenne dich, wenn wir da rausgehen, hängen wir am Netz. Egal was wir uns vorher vornehmen. Ich bleibe hier.« Er hat recht, egal was für Schmerzen ich habe, wenn ich die anderen arbeiten sehe, werde ich mitmachen. Es zerreißt mich innerlich, aber, wenn ich ganz ehrlich zu mir selbst bin, habe ich heute keine Lust auf Menschen. Wir haben so viel erlebt in der letzten Zeit, ich muss dringend mal alle meine Gedanken sortieren und durchatmen.

Voll schlechtem Gewissen schnappe ich mir die Hängematte und genieße den seit Wochen ersten Tag fern von neuen und alten Bekanntschaften. Ein seltener Moment. Mein Gefühl in Bezug auf die

Reise ist gerade sehr ambivalent. Auf der einen Seite ist es, als wären wir noch gar nicht lange unterwegs. Ich habe das Bedürfnis, noch viele weitere Tausend Kilometer zwischen mich und Deutschland zu bringen. Es fühlt sich so an, als ob ich mit der wachsenden Distanz alle Fesseln sprengen kann, die mir meine Kultur und meine Erziehung auferlegt haben. Meine Unentspanntheit, mein Leistungsdruck, mein Bewerten, mein Mich-vergleichen-Müssen, mein ewiges Verlangen nach mehr, die permanente Angst, etwas zu verpassen, mein Nie-zufrieden-Sein, mein eigener Perfektionismus, mein Denken, dass ohne Geld nichts mehr geht. Zum Großteil Dinge, von denen ich hier das Gegenteil erlebe. Auf der anderen Seite haben wir bereits so viel erlebt, so viele neue Menschen kennengelernt und Eindrücke gesammelt wie in drei Jahren Hamburg nicht. Es ist, als seien wir schon ewig unterwegs. Auf jeden Fall kann es, wenn es nach mir geht, auf diese Weise noch so lange wie möglich weitergehen. Zumal bisher alles viel günstiger ist als gedacht. Wir essen sehr gutes Essen für nur einen Euro am Tag, campen meist wild und haben somit größere Ausgaben lediglich bei Visa, Ersatzteilen und Sprit.

Ich bewege meinen Stift über die leere Seite meines Tagebuchs und schreibe in großen Buchstaben: »Zehn Dinge, die ich im Leben brauche und bei denen ich keinen Kompromiss mehr machen werde.«

– Leben, wo es warm ist
– Freunde und Familie auf Augenhöhe
– Ein Partner auf Augenhöhe
– Zeit für mich
– Zeit für meine Hunde
– Barfuß möglichst den ganzen Tag
– Eine Arbeit, die mir Spaß macht
– Reisen

Mehr nicht. Wow, sogar nur acht Dinge. Acht Punkte auf einem Stück Papier, das muss doch möglich sein.

Am Abend wagen wir uns doch mal an den Strand. Wir entdecken einen kleinen Holzunterstand, unter dem ein paar Frauen mit ihren Kindern liegen. Einige dösen, andere klönen, eine macht ihrer Tochter die Haare. Zum ersten Mal fällt mir auf, wie schön eine Gruppe Frauen leuchtet. Etwas Warmes, Erhabenes umgibt sie. Die Souvenirladys leiden am Tourismuseinbruch. Keine Touristen gleich keine verkaufte Ware gleich kein Geld, um die Familie zu ernähren. Wir sind mal wieder die einzigen Weißen weit und breit. Alles klar. Mein Portemonnaie ist gerissen und so kaufe ich Jabba gleich mal eins ab. Für einen lächerlichen Euro bekomme ich ein wunderschönes, buntes, großes Portemonnaie. Dazu schenkt sie mir gleich noch ein paar Ohrringe und Ulli ein Armband. Wo bitte ist das Geschäft für sie? Also schenke ich ihr ebenfalls ein paar Ohrringe zurück und damit sind wir Freunde. Den restlichen Abend verbringen wir mit den Mädels unter ihrem Unterstand. Tanzen, trommeln, lachen, tanzen, trommeln, lachen. Die Gruppe wird immer größer. Drei von ihnen haben ihre Babys dabei. Eins heißt Awa, Aua gesprochen. Die kann kaum stehen, aber mitwippen, so was wie trommeln und grinst die ganze Zeit über beide Ohren. Die kleine Nabene isst vor allem Sand und lutscht Muscheln. Ich frage mich, ob ihr anderes Essen überhaupt schmeckt und was passiert, wenn sie den Strand leer gefuttert hat. Beide Babys haben natürlich schon Ohrringe und tragen zwei feine Perlenketten um die Hüfte. »Bin Bins«, erklärt Roquel, »das Geheimnis der Frauen«, zwinkert sie mir zu, als sie mir ihres zeigt. Ihre Frisur besteht aus einer Art Häkelperücke mit Perlen. Die steht ihr unheimlich gut. Irgendwie ist Kunsthaar hier im Senegal DAS PRODUKT. Jede Frau, die was auf sich hält, trägt Perücke. Es gibt »Frisur Janet«, das »Modell Angélique« und so weiter und so fort. In Deutschland merke ich mir Menschen oft anhand ihrer Frisur. Das funktioniert hier nicht. Vor allem wenn sich Freundinnen eine Perücke teilen. Die senegalesischen Frauen sind echt eine Wucht! Und so wunderschön! Sie tragen zum Teil wahnsinnig tief geschnittene Oberteile, die den muskulösen geraden Rücken zeigen, und den dazu passenden am Hintern eng anliegenden Rock, der unten weit wird. Dazu billiger Schmuck, der an jeder von ihnen ausschaut, als seien es Brillanten. Vielleicht liegt das Geheimnis in dem Lächeln, das die Mädels alle auf den Lippen tragen. Fatma schnappt sich die Dose, in der sie ihre Ware transportiert, trommelt darauf rum und fängt an, ein senegalesisches Kinderlied mit unseren Namen zu singen: »Ulli Bakata, Lena Bakata, Ulli Bakata, Lena Bakata.« Alles tanzt, ich auch. Jabba schenkt mir eine kunterbunte Kette, die sie mir um den Hals hängt, und Assi bindet mir ein buntes Tuch um die Hüften und albert popowackelnd um mich herum. Ulli sitzt am Rand und beobachtet das Treiben bei einem Bisap-Saft. Anscheinend DAS GETRÄNK hier. Roquel erklärt ihm, woraus er besteht. »Hibiskus, Wasser und Zucker.« Wir tanzen, bis die Sonne untergeht. Assi und ich machen ein Battle, bis es Jabba zu wild wird und sie die übermütige Assi von mir wegzieht. Unter Bauchschmerzen vor Lachen schlagen Assi und ich ein. Jabba hat eine Idee: »Ich will für euch kochen«, sagt sie bestimmt, »hier am Strand – und du, Lena, hilfst mir, damit du lernst, wie man Fisch und Reis macht.« »Wir kochen Thieboudienne«, ruft sie aufgeregt, »ein traditionelles Essen hier im Senegal.« Abgemacht. Als die Sonne untergeht, sitze ich noch lange am Strand und kann nicht aufhören zu lächeln. Das ist es, dafür bin ich hier. Afrika, ich liebe dich. Ich fühle mich so am Leben, so frei, so leicht, so glücklich wie seit ich klein war nicht mehr. »Was willst du denn immer in Afrika?«, fragt meine Oma oft. In ihrer Vorstellung herrschen hier ausschließlich Armut und Elend. Warum also dorthin fahren und dann noch so weit weg, die Heimat bietet doch alles. Das hier Oma, genau das hier will ich.

Was Jabba und der Rest der Frauen da am nächsten Tag anschleppen übersteigt unsere Vorstellungskraft! Riesige Mengen an Fisch, Reis, Wasser, Töpfe werden da auf den Köpfen herbalanciert. Fatma ist extra eine Stunde hin und eine zurück in den nächsten Ort gelaufen, um Gemüse zu kaufen. Rumsitzen und zugucken ist nicht. Jabba zeigt mir, wie sie mit Draht die Aluminiumtöpfe reinigt, und Fatma, wie sie Knoblauch, Zwiebeln, Schnittlauch und so weiter mörsert. Kochkurs auf senegalesisch für Anfänger vor Traumkulisse. Geil! Das gemörserte Gemüse kommt ins heiße Öl, das Jabba auf einem Feuer bereits kocht. Sie drückt mir die Kelle in die Hand und schmeißt den Fisch dazu, den wir ausgenommen und mit weiterem gemörserten Gemüse gestopft haben. Der Reis wird in stundenlanger Kleinstarbeit mit den Fingern nach Steinchen durchsiebt, gewaschen und dann in einer Schale, die Löcher in der Mitte hat, auf den anderen Topf auf dem Feuer gestellt. In die Lücke zwischen Topf und Schale kommt ein nasses Tuch und in die Mitte des Reises wird ein Loch geformt. Der Reis gart damit gleich mit. So habe ich wirklich noch nie gekocht. Dann wird gegessen. Zwölf Frauen und Ulli sitzen um eine riesige Schüssel und jeder stürzt sich mit der Hand aufs Essen. Es ist das ungelogen beste Fischgericht, das ich je gegessen habe. Überhaupt schwöre ich mir hoch und heilig, nie wieder Reis zu »kochen«. Wie kann ich mit 29 Jahren nicht wissen, das Reis »gegart« wird? Leider ist das Essen mit den Fingern viel komplizierter, als gedacht. Alles landet auf meinem Schoß. Auch Ulli sieht nach zwei Versuchen aus, als wäre er mit dem Gesicht im Topf gelandet. Jabba gibt uns einen Crashkurs: Reis und Fisch in die Mitte der Handfläche, eine Faust machen, alles abschütteln und das Ganze gepresst in den Mund schieben. Läuft. Zumindest landen nur noch 30 Prozent auf meinem Schoß und 10 Prozent bleiben in meinem Gesicht hängen. Ulli lacht bei meinem Anblick. Ok, zwei Prozent hängen noch in meinen Haaren. Jabba sorgt dafür, dass wir in dem Chaos auch Fisch abbekommen und legt immer wieder von den Gräten befreite Teile auf unsere Seite der Platte. Zu süß! Am Ende schmeißt jede Geld in einen Topf. Nur wir dürfen nicht. »Senegalesische Gastfreundschaft. ›Teranga‹ heißt das«, erklärt mir Jabba. »Wenn du einen Fremden siehst, dann lädst du ihn ein, das ist hier quasi ein Gesetz.« Ich bin unglaublich berührt! Die, die am wenigsten haben, teilen alles. Jabba zieht mich freudig zur Seite und bindet mir zwinkernd zwei feine, duftende Perlenketten um die Hüfte. Mir kommen fast die Tränen, so viel Liebe empfinde ich gerade für sie. Vielleicht sind die Menschen hier arm, was das Finanzielle angeht, dafür definitiv reich im Herzen.

Gelernte Lebensschlauheit der vergangenen Tage: Ich tanze zu wenig. Und: Nichts haben hilft beim Teilen.

GAMBIA

ist das kleinste Land Westafrikas.
und auf allen Seiten umgeben
vom großen Senegal.
Die Gambier sind immer gut
drauf und haben ihr Land
»The Smiling Coast« getauft.

Tage im Land: 25 | Gefahrene Kilometer: 773
Pannen: 1 | Kontrollen: 12
Bestechungsgelder: 0 | Verrückte Engländer: viele

11

Grün, grün, grün

Alles ist grün. Der Fußboden aus Stein, die Metallbank, auf der ich sitze, sogar der betonierte Krankenhausparkplatz, auf dem Ulli mit Ayo im Auto wartet, damit sie keinen Hitzekoller bekommt. Ich habe echt ein bisschen Muffe vor dem, was diese blöde Untersuchung bringt, und überhaupt keine Lust, mich erneut mit meiner Gebärmutter zu beschäftigen. Ein halbes Jahr ist um, seit ich operiert worden bin. Wie meiner Ärztin in Deutschland versprochen, bin ich also brav hier, um einen Check-up zu machen. Ich würde bei dem Wetter lieber am Strand sein und surfen, statt im Wartezimmer eines afrikanischen Krankenhauses abzuhängen. Eigentlich wäre gerade so ziemlich alles besser als das. Ich ärgere mich, dass ich hier sein muss, und dann ärgere ich mich darüber, dass ich mich so ärgere. Ok, also anders. Wie gut oder schlecht etwas ist, soll ja angeblich an der Perspektive liegen, aus der ich es betrachte. Wie wäre es mit: Was für eine wunderbare Erfahrung, ganz vorn mit dabei, live und in »grüner« Farbe – ein Einblick in die Gynäkologie Gambias. Ach prima. Eine alte Frau wird auf einem Metallbett bewusstlos an mir vorbeigeschoben. Oh Mann, ich hoffe, es ist nichts Ernstes. In einem engen knallbunten traditionellen Gewand bahnt sich eine Mutter, dicht gefolgt von ihrer kleinen Tochter, einen Weg durch die Bankreihen. »Schau dir an, wie eine Afrikanerin läuft. Sie gleitet über den Boden. Gerade, anmutig, stolz. Wie eine Königin, das Herz offen«, kommt mir die Stimme von Diana Richardson in den Sinn, bei der ich vor Kurzem ein Seminar in der Schweiz besucht habe. »Wir Westler dagegen latschen gestresst mit der Stirn voran durch den Alltag. Die Gedanken nicht bei der Sache, die wir gerade tun, sondern bereits beim Ziel.« Sie hat recht, wie oft gehe ich genau so durch die Welt: die Schultern angespannt, der Körper geduckt, dass ich ja nicht auffalle, dass mich ja keiner anspricht und aufhält. »Wir hier im Westen sind keine *human beings* mehr, sondern *human doings*«, waren Dianas Worte. Sie hat recht. Und das ist sicher ein Grund, warum ich krank geworden bin. Auch jetzt finde ich es immer noch wahnsinnig schwierig, einfach einmal nichts zu tun.

Wenn ich ehrlich bin, ist es auch kein Wunder, dass es meine Gebärmutter getroffen hat. So hart wie ich immer gegen mich selbst bin. So sehr wie ich es ablehne mal weiblich, weich zu sein. Die Mama setzt sich anmutig zwei Plätze neben mir auf einen grünen Sitz. Sie ist die Weiblichkeit in Person. Und gleichzeitig wirkt sie dabei aufrecht und stark. Ich grinse freundlich und sage »Hi«. Sofort erscheinen große weiße Zähne in einem breit lächelnden, unglaublich ausdrucksstarken Gesicht: »Hi, how are you doing?«

Wo war bisher eigentlich mein Problem? Ob mich die Auszeit schon verändert hat. Bin ich weicher geworden? Wenn ich Ulli fragen würde, würde er sicher Nein sagen. Das kleine Mädchen in seinem rosa Rüschenkleid stellt sich vor mich und lächelt mich ebenfalls breit an. Dann verschwindet sie in Richtung Notaufnahme. Gerade als sie außer Sichtweite zu geraten droht, schnappt sie ein Krankenpfleger, nimmt sie auf den Arm und trägt sie grinsend zurück zu ihrer Mama. Es scheint völlig normal hier, dass jeder auf jedes Kind aufpasst. Egal in welcher Stresssituation. »Smiling Coast« nennen die Locals ihre Heimat stolz. Der Name könnte nicht passender sein.

»Misses Wendt, come please«, werde ich aus meinen Gedanken gerissen. Im klitzekleinen Hinterzimmer geht's auf eine Liege. Ein uralter, nach deutschen Standards längst in Rente befindlicher Iraner ist mein neuer gambischer Gynäkologe. Typ: verwirrter Professor. Er hat in Münster studiert. »Die Frauen im Iran wollten alle nicht von einem männlichen Gynäkologen untersucht werden«, erzählt er, »also bin

ich damals direkt nach meinem Studium nach Gambia gegangen.«
Damals, das muss mindestens hundert Jahre her sein. Seine zittrige
Hand sucht nach meinen Unterlagen. »Warum ausgerechnet Gambia?«, frage ich verdutzt. »Keine Ahnung, warum auch nicht?«, lächelt
er zurück. Er will unbedingt deutsch reden, aber irgendwie habe ich
das Gefühl, um seine deutschen Vokabeln steht es noch schlechter
als um meine französischen. Und mir ist es irgendwie doch relativ
wichtig, dass er versteht, warum ich hier bin. Doch ich muss mir gar
keine Sorgen machen, denn wir stehen eh schon vor dem nächsten
Problem: »Hups, wo ist denn all das Besteck?«, ruft er aufgeregt, während er seine Hände, die bereits in den weißen Einmalhandschuhen
stecken, rein wie die des Engels Gabriel höchstpersönlich und erha-
ben von jeder Schuld, vor mir emporhält. Ich bete inständig, dass das
hier zu einem Ergebnis führt. Und zwar zu meinem!

Gelernte Lebensschlauheit der vergangenen Tage:
Erstens: Mann, ich bin ein *human doing*.
Zweitens: Wenn ich als Frau schon beide Rollen einnehme, Mann
und Frau, wo soll sich dann mein Partner noch positionieren?

12
Heute ist alles gut

Fünf Monate, fünf Länder. Der Grenzübertritt nach Gambia war
ein Witz. Wir haben Ayo im Auto gelassen, um nicht extra Aufmerksamkeit auf die nur zum Teil geimpfte kleine Parasitenschleuder zu
lenken. Auf dem Küchentisch eines Mannes mit einem aufgemalten

Schafskopf über der Haustür, haben wir sie mit einem warmen Impf-stoff impfen lassen. Und daraufhin eine Kopie eines Impfausweises bekommen. Ob der einer Grenzkontrolle standhält, keine Ahnung. Der Polizeichef, deutlich zu erkennen an der goldenen Fake-Rolex am Arm, sitzt in seinem schuhkartongroßen Grenzbüro und hat an-dere Sorgen.»Are you spies?«, fragt er uns. Ich weiß nicht, was er meint, und denke an Gewürze. Dann raffe ich es.»Ach so, spieeee-essss«, rufe ich laut und muss lachen. Er fühlt sich verarscht, stem-pelt aber dennoch mit skeptischem Blick unsere Pässe ab. 30 Tage, willkommen in Gambia.

Der Wecker klingelt. Es ist sechs Uhr früh. Gott, wie lange habe ich keinen Wecker mehr benutzt. Ulli dreht sich genervt von dem ungewohnten Geräusch auf die Seite und schläft weiter. Seit wir draußen leben, gehen wir, wenn es dunkel wird, ins Bett und wachen wieder auf, wenn es hell wird. Irgendwie das Natürlichste der Welt. Aber heute muss es noch früher sein. Ich bin mit Fatou verabredet zum Hundefangen. Nach 163 Tagen der erste Tag, an dem Ulli und ich mal was getrennt voneinander unternehmen. Ich bin total aufge-regt. Fatou ist Tierarzthelferin bei Micha, einem deutschen Tierarzt, bei dem wir Ayo die Tage kastrieren und chippen lassen haben. Ich wollte als Kind immer Tierärztin werden und mich interessiert, wie die beiden arbeiten.

Mit fünf riesigen Metallkäfigen im türkisgrünen alten T4-Bus fah-ren wir los. In über sechs Jahren hat Fatou mittlerweile um die 2000 Tiere gefangen und Micha sie kastriert. Fatou ist wunder-schön. Ich kann gar nicht aufhören, sie anzugucken. Sie hat ganz weiche, glänzend schwarze Haut und zarte Gesichtszüge, dazu riesige schwarzbraune Augen. Je mehr sie auftaut, desto mehr ent-puppt sie sich als Kumpel zum Pferdestehlen. Sie ist Anfang 20 und hat ein Gedächtnis wie ein Elefant.»Ich kenne meine Hunde«,

lacht sie, »ich weiß genau, wen ich schon mal eingefangen habe
und wen nicht.« Wir kreuzen mit dem Auto die kleinsten Gassen zwischen den Wohnvierteln. Nicht nur einmal manövriert sie
die Kiste rückwärts geschickt aus tiefem Sand heraus. »Die Hunde hängen meistens im Rudel zusammen«, erzählt sie. »Pass auf,
gleich kommt einer, der hasst mich. Du siehst ihn noch nicht, aber
er lebt hier und sobald er unser Auto erkennt, versucht er in die
Reifen zu beißen. Ich habe ihn schon so oft versucht einzufan-
gen, aber er ist einfach zu schlau.« Wir stehen am Straßenrand und
beobachten die Gasse vor uns. Ich bin gespannt. Ein Auto nach
dem anderen fährt durch die schmale Straße, nichts passiert. »Und
jetzt wir«, sagt Fatou und fährt los. Wie aus dem Nichts stürzt ein
riesiger braun-weiß melierter Hund hinter einer Mauer hervor. Er
scheint stinkwütend zu sein, knurrt und kläfft wie ein Verrückter,
schnappt nach unseren Reifen und jagt uns, bis wir aus seinem Re-
vier raus sind. Fatou quietscht vor Angst. »Er hat kein Problem mit
anderen Autos und Menschen, nur mit mir. Dem will ich lieber nie
zu Fuß begegnen«, lacht sie. Dann werden wir fündig. Zwischen
einigen Kühen fressen auch fünf Hunde im Abfall. Vier ziehen
sofort mit eingezogenem Schwanz ab, einer bleibt in sicherem Abstand stehen.

Fatou stellt ihre Falle auf. Die weiße Hündin mit den blutigen Ohren
traut sich Stück für Stück an den Käfig heran. Ihr Ziel: das lecke-
re, nach Hühnchen duftende Dosenfutter. Fatou weiß, was gut an-
kommt. Die Hündin ist so abgemagert, dass ihr Hunger die Angst
übertrumpft. Kaum ist sie im Käfig und will fressen, löst sich der
Schnappverschluss. Die Tür springt zu und sie sitzt in der Falle. Zu
Tode erschrocken krümmt sie sich zusammen und ergibt sich ihrem
Schicksal, als wir sie zum Auto tragen. Das Fressen ist völlig in Ver-
gessenheit geraten. Wir fangen an diesem Vormittag fünf Hunde.
Zwei davon haben Besitzer, die Fatou vorher um Erlaubnis bittet,

die Tiere zum Impfen und Kastrieren mitzunehmen.»Die meisten Menschen können sich einen Tierarzt nicht leisten und sind froh über unsere Hilfe. Aber einige wollen sie auch nicht. Sie verstehen nicht, warum wir die Tiere kastrieren wollen«, sagt Fatou,»Kinderkriegen ist hier der Lauf der Natur.«

Gambia wird, wie auch schon all die anderen Länder zuvor, von Straßenhunden überschwemmt. Hier ist Hochrisikogebiet für Tollwut und überall tummeln sich Parasiten.»Ein Parasit bringt ein Tier normalerweise nicht um«, sagt Micha, der routiniert mit winzigen Schnitten den ersten Hund aufschneidet. Sieben Tiere kastriert er täglich. Sechs Tage die Woche.»Aber manche Hunde sind so ausgemergelt, dass ihr Immunsystem nicht mehr stark genug ist. Die Straßenhunde haben oft ein besseres Leben als die mit einem Besitzer. Ein Straßenhund hat sein Rudel, findet immer etwas zu fressen. Ein Hund in Gefangenschaft verwahrlost oft.« Micha ist eher durch Zufall und mit dem Glauben nach Gambia gekommen, hier etwas verändern zu können.

»Als ich hier angefangen habe, war ich total motiviert. Ich war der einzige Kleintierarzt, der operieren konnte und bei dem das Tier danach auch garantiert lebend aus der Klinik kam. Aber hier passieren so viele Dinge, mit denen du nicht rechnest. Oft habe ich das Gefühl, meine Arbeit ist wie ein Tropfen auf den heißen Stein. Mehr als noch mal fünf Jahre halte ich das nicht durch. Wenn wir das Problem bis dahin nicht gelöst haben, muss jemand anderes übernehmen.« Er wirkt müde und traurig. Schweißtropfen fallen auf sein blutrotes»Duff Beer«-Shirt. Ich versinke tief in Gedanken, während ich ihn bei der Arbeit beobachte und ein paar Mangowürmer aus einem noch in Narkose befindlichen Welpen ausdrücke. Hätte Micha all diese Hunde bisher nicht kastriert, hätten sie sich schon mindestens zehnfach wieder reproduziert. Wenn diese Arbeit keinen

Sinn machen soll, welche dann? Meine Arbeit daheim? Die tausend Überstunden, die endlosen Drehtage mit dem Ergebnis, das ich gebeten werde, die Infos aus meinen Beiträgen wegzulassen, damit mehr Leute einschalten und nicht gelangweilt werden mit Wissen? Das ist sinnlose Arbeit! Ich bin, genauso wie Micha, aus dem Idealismus heraus Journalistin geworden, etwas verändern zu wollen. Und ich habe hingeschmissen, weil ich desillusioniert worden bin. Ich bewundere Michas Durchhaltevermögen. Habe ich denn wirklich hingeschmissen? Kann ich etwas hinschmeißen, das ich mit dem Herzen mache? Eine Antwort darauf bekomme ich schon in meinem nächsten Gedanken. Ich möchte Fatou, Micha und all den Hunden helfen. Und zwar durch etwas, das ich kann. Und das ist eben Filme machen. Einen Film, mit dem die Tierklinik Spenden sammeln kann. Gedacht getan.

Am Abend fahren Fatou und ich die Hunde alle exakt dorthin, wo wir sie eingesammelt haben. Wie auch immer sie sich das alles merkt ...

Noch etwas wackelig auf den Beinen, stolpern sie ihrer unverhofft wiedergewonnenen Freiheit entgegen. Die Besitzer und die dazugehörigen Kids der Familien freuen sich riesig, ihr Tier wiederzuhaben, umarmen es und bedanken sich bei Fatou.
Ich bin so dankbar, das hier zu erleben, und freue mich darüber, so tolle Menschen, die so großartige Arbeit leisten, kennenlernen zu dürfen. Und richtig gut fühlt sich die Vorfreude auf Ulli an. Irgendwie habe ich ihn heute vermisst und freue mich, ihm alles zu erzählen.

Nach vier Wochen Gambia, vielen tollen Begegnungen und mit einem weißen, fast leeren Blatt Papier aus dem Krankenhaus, verlassen wir das Land und unsere vielen neu dazugewonnenen Freunde. »Virusfrei«, steht da neben meinem Namen auf dem

Zettel, ansonsten nichts. Heidewitzka, mir fallen tausend Steine vom Herzen! Frei, frei, frei. Zumindest gedanklich bis zur nächsten Kontrolle in sechs Monaten. Aber heute ist heute und dann ist dann. Und heute ist alles gut!

Gelernte Lebensschlauheit der vergangenen Tage: Es geht nicht darum, die Welt zu retten, sondern darum, sie mit dem, was ich kann, da wo ich gerade bin, etwas besser zu machen.

GUINEA-BISSAU

Neverending Carnival:
In Guinea-Bissau ist unsere Reise
gen Süden zunächst zu Ende.
Ebola. Kein Weiterkommen hier.
Dafür die größte
Karnevalsparty Afrikas.

Tage im Land: 6 | Gefahrene Kilometer: 1003
Pannen: 0 | Kontrollen: 2 | Bestechungsgelder: 1
Betrunkene Zollchefs: 1 | Tanzende Menschen: 1.449.230

13

Sturzbetrunkenes Paradies

»Wenn einer stirbt, kannst du ihn über die Grenze laufen sehen«, hat uns Frederik erzählt, ein Freund aus der Casamance, die sich an Guinea-Bissau anschließt. Guinea-Bissau – für die Diola aus dem Senegal ist dort das Paradies nach dem Tod. Praktisch, weil es gleich nebenan und dort viel Platz ist. Die Natur ist saftig grün und die Ahnengeister versammeln sich dort. »Viele fahren auch zu Lebzeiten mal hin, um es sich vorher anzugucken«, meint Frederik. Kaffeefahrt auf senegalesisch. Ulli und ich sind total gespannt, wie paradiesisch es denn nun wirklich ist im Paradies. An der Grenze sehen wir schon mal keine wandelnden Seelen, dafür beinahe ausschließlich betrunkene Menschen. Der Karneval der Kulturen, vielleicht die größte Party Westafrikas, ist seit einem Tag in vollem Gange. Köln ist ein Witz dagegen. Zollchef Raoul ist so hackedicht, dass Ulli seine Hand nehmen muss, um den Einreisestempel zu setzen. Raoul ist ihm dankbar für die Hilfe. Erst im Auto fällt uns auf, dass er den falschen Stempel, nämlich den des Finanzministeriums, benutzt hat.

Ganz Bissau ist verkleidet, angemalt oder hat die Haare noch bunter dekoriert als sonst. Dazu wird alles benutzt, was die chinesische Billigindustrie an Wegwerfware so auf den Markt schmeißt. Wäscheklammern, Nuckelkettenanhänger (die ich mit acht Jahren mal gesammelt habe, weil es damals so ein Trend war), Geschenkbänder, Glitzer und vieles mehr. Wir kommen gerade rechtzeitig zum Umzug. Jemand hat mal gesagt, in Afrika gibt es keine Kultur. Ich habe noch nie so viel Kultur auf einem einzigen Kontinent gesehen. Allein in Guinea-Bissau stellen heute über 25 Ethnien ihre Tänze, Kostüme, Musik und Bräuche vor. Einige haben riesige Masken gebastelt, andere stecken in Elefanten aus Pappmaché und zeigen, wie sie früher gejagt haben. »Guck mal«, ruft Ulli und rennt aufgeregt auf die andere Straßenseite, wo eine drei Meter hohe Maske, das heißt ein komplett verkleideter Mensch, dessen Gesicht unkenntlich ist, auf Stelzen angelaufen kommt. Ein Autofahrer steckt der Maske Geld zu, diese tanzt für ihn, während ein Trommler sie begleitet. Ulli tut es dem Autofahrer gleich. Dann steppen er und die Maske gemeinsam einen ab. »Das gibt es doch nicht«, rufe ich und bin total aus dem Häuschen, als ich einen uralten Autoscooter entdecke. Doch anstatt sich mit den Autos volles Brett zu rammen wie daheim, fahren alle vorsichtig und gesittet im Kreis. Bloß nichts kaputt machen, damit das Ding auch noch möglichst lange hält.

Überall ist Trubel, völlige Eindrucksexplosion. Unsere Köpfe und Körper schreien nach einer stillen Ecke, von der aus wir alles in Ruhe und mit Abstand beobachten können. Der Hunger weiß, wo es langgeht und so landen wir in einer kleinen Bar. Die bietet, neben dem typischen, vor lauter Chlor nach Schwimmbad schmeckenden Wassersäckchen, Caipirinha aus Pappbechern, portugiesisches Bier, Fleischspieße und Fisch ohne Beilage. Perfekt! Das ganze Land hat scheinbar die Arbeit niedergelegt. Bis auf die Leute in der Gastro. Unser Kellner trägt zur Feier des Tages ein T-Shirt mit der Aufschrift »Die Deutschen können es am besten«. Guinea-Bissau ist zwar eine ehemalige portugiesische Kolonie, wird aber anscheinend überflutet von allem, was wir in Deutschland ausrangieren. Vor allem von unseren Autos. Innerhalb von fünf Minuten sehen wir »Gärtnerei Blume aus Dithmarschen«, »Schlachterei Opfer aus Wanne-Eickel« und »Maler Müller aus Kiel« an uns vorbeifahren. »Abgefahren. Meinst du, das sind die Überbleibsel der Abwrackprämie?« Ulli kaut auf einem Stück Hähnchen herum. »Kein Plan«, antworte ich. »Aber denkst du, Helmut Siemers von ›Klempnerei Siemers‹ würde sich über ein Foto vom Umbau seines ursprünglichen Siebensitzers zum öffentlichen Transportmittel von heute durchschnittlich 40 Leuten pro Fahrt freuen?«, gackere ich. Ich fänd's lustig, irgendwann mal ein Foto von Terés zu bekommen und ihrem neuen Leben. Woran wir uns jedoch nicht gewöhnen können, ist der Anblick einer Vierjährigen, die mit einer Bierpulle in der Hand neben uns tanzt. Aber außer Ulli und mir scheint das niemanden zu stören.

Ein Tag Trubel reicht uns völlig aus. Früh am nächsten Morgen machen wir uns auf in Richtung Nationalpark Cantanhez. Die Fahrt dorthin ist mal wieder ein Abenteuer.

Einige Kinder haben die bis zu drei Meter breiten und sicher einen Meter tiefen Löcher in den Hauptstraßen des Landes für sich als Einnahmequelle entdeckt. Sie füllen sie mit Erde oder Steinen. Dahinter spannen sie ein Seil, um die Autos zum Anhalten zu bewegen und ihnen für die geleistete Arbeit Geld abzunehmen. Nicht schlecht, vor allem auch für die Autofahrer, deren Autos durch die gestopften Löcher geschont werden. Allerdings sind einige Kids so dreist, dass sie ein Seil spannen, ohne die Straße zu reparieren. Jedes Mal, wenn wir auf so eine Sperre zufahren, an der wir natürlich nichts bezahlen wollen, pocht mein Herz. Die Einheimischen fahren eiskalt durch. Wenn wir direkt dahinter sind, kommen wir auch noch über das runtergelassene Seil, ohne dass sich einer verletzt. Gerade ist das mal wieder nicht der Fall. Ich sitze am Steuer, kein Auto vor uns. Es ist wie bei einem Duell in einem Western. Die Jungs stehen am Straßenrand, entschlossen ihr Seil in der Hand. Suchen den Blickkontakt, um zu raten, was gleich passiert. Anstatt auf die Bremse zu treten, gehe ich kurz vorher aufs Gas und halte auf die Sperre zu, meine Hände krallen ins Lenkrad, mein Blick ist starr geradeaus gerichtet, um in den Augenwinkeln beide Seiten der Straße zu beobachten. Ich halte die Luft an und … uff – keine Millisekunde, bevor Terés die Absperrung berührt und den Jungs das Seil aus der Hand reißt, lassen sie es fallen. Wir rasen über die Sperre hinweg, fluchende Kinder rufen uns wild gestikulierend hinterher. »Ich frage mich, wo all die Mautgebühren hingehen, die wir an den diversen Stationen bezahlen müssen«, sagt Ulli, mehr zu sich selbst als zu mir. »In die Straßen jedenfalls nicht. Vielleicht in den Bau des neuen Ministeriums, an dessen Baustelle wir in der Innenstadt mehrfach vorbeigelaufen sind.« »Und wer baut's?«, fragt er ironisch. »Die Chinesen natürlich.« »Dafür sehe ich zum ersten Mal in meinem Leben braungebrannte Chinesen«, muss ich lachen, auch wenn ich es zum Heulen finde, dass die Länder Afrikas schon wieder besetzt werden von einer neuen Kolonialmacht. Zumal die Chinesen ja hier nicht aus dem Grund investieren, weil sie so nette Menschen sind, sondern weil sie, genau wie wir im Westen, als Dankeschön alle Rohstoffe mitnehmen. Wir biegen auf die letzte Piste in Richtung Park ab und stellen erst mal einen neuen Rekord auf. 36 Kilometer in nur vier Stunden.

Gelernte Lebensschlauheit der vergangenen Tage: Erstens ist es anders und zweitens als man denkt.

14
So ein Gefühl

Es ist stockdunkel, ich kann nicht mal die Hand vor meinen Augen sehen. Im Schein der Taschenlampe fliegen bei jedem Schritt Schmetterlinge vor uns auf. Ich habe eine Gänsehaut. Ich weiß nicht, ob sie von der Kälte der feuchten Morgenluft kommt oder davon, weil ich so viel Respekt und Demut vor der Natur empfinde. Wir sind mitten im Nirgendwo, spazieren durch die Nacht des Dschungels. Braima, unser Guide, deutet mit seinem Handylicht an, uns auf eine gigantische Baumwurzel zu setzen und ganz still zu sein. Die Stille wird immer wieder durch das Geräusch von Regentropfen durchbrochen, die von einem Blatt aufs andere fallen und von dort auf unsere Haut. Ich habe keine Ahnung, wie viel Zeit vergeht. Minuten, Stunden, es ist auch völlig egal. Alles ist so echt, so wirklich, so nah, so perfekt und klar. Das erste Mal in meinem Leben wird mir wirklich bewusst, dass ich ein winziger Teil von dieser unfassbaren Welt sein darf. Was für ein Geschenk!

Die Sonne bricht langsam mit ihren Strahlen durch das Blätterdach des Urwaldes. Jede Stelle, die sie berührt, erwacht zum Leben. Alles fängt an sich zu bewegen, sich zu recken, sich zu strecken, zu zirpen, zu pfeifen, zu trällern, zu brüllen. Es ist ein wahres Konzert. Die Sonne der Dirigent, die Tiere des Waldes das Orchester. Ich habe Tränen in den Augen, kann einfach nicht fassen, was hier gerade passiert. Ich spüre meine Füße fest wie Wurzeln auf dem Boden, die raue Rinde des Baumes an meiner Haut. Ich atme die langsam warm werdende, feuchte Luft tief ein. »Wir kommen alle von hier, wir alle sind hier geboren«, flüstere ich. »Mama Afrika«, flüstert Ulli zurück.

»Wo kommt deine Liebe für Afrika her?«, werde ich oft gefragt. Ich kann es nicht erklären. Vielleicht aus einem früheren Leben? Seit ich klein bin, ist es wie eine innere Stimme, die mich ruft. Und wenn ich ganz ehrlich meinem Herzen folge, lande ich immer wieder hier, in einem der vielen Länder, auf diesem Teil der Erde. Vielleicht ist es auch der Herzenswunsch meiner Mama, den sie mir zusammen mit ihrem alten Stoffschimpansen vererbt hat. Denn eigentlich wollte sie immer, gemeinsam mit ihrem großen Bruder, hierher. Ihr halbes Leben hat sie damit gewartet. Zu ihrem 50. Geburtstag hat sie ihren Traum dann wahr gemacht. Wenn ich nicht mindestens einmal im Jahr für eine Weile in einem afrikanischen Land sein kann, habe ich das Gefühl, mein Herz stirbt einen kleinen Tod. Klingt verrückt, ist aber so.

Die Geräuschkulisse ist auf ihrem Höhepunkt, als plötzlich ein riesiger Kackehaufen aus den Baumkronen fällt. Und dann noch einer und noch einer. Wie Bomben. »Sie sind da«, flüstert Braima, versucht sich schützend über mich zu stellen und zeigt in die Baumkronen. Tatsächlich. Keine 20 Meter entfernt hängt ein großer Schimpanse auf einem Ast ab und sieht sehr erleichtert aus. Ich starre ihn an, er starrt zurück. Mein Atem stockt, als ob ich diesen Moment damit anhalten könnte. Dieser Affe weiß mehr übers Leben als ich jemals wissen werde. »Der lebt einfach und denkt nicht permanent nur darüber nach«, schießt es mir beim Anblick seiner tiefschwarzen Augen durch den Kopf. Braima hat ein breites Lächeln auf den Lippen. »Woher wusstest du, dass sie hier sein werden?«, frage ich unseren Guide leise. »So ein Gefühl«, schmunzelt er zurück. »Wusstet ihr, dass Schimpansen vom Aussterben bedroht sind?«, flüstert Braima plötzlich nachdenklich. »Sich ein Schimpansenbaby zu halten, finden viele bis heute lustig, allerdings müssen sie die gesamte Familie umbringen, um an das Junge zu kommen. Denn sonst würde die Familie kämpfen, um es sich zurückzuholen.«

Braima spielt den ganzen Tag ein und dasselbe Lied auf seinem Handy. Wir schlendern durch den Wald zurück zu Terés. »Es ist von einem einheimischen Sänger«, erklärt er. »Es geht darin um die Abholzung der Wälder durch die Chinesen. Die wüten in unseren Nationalparks, um genug Holz für ihre ganzen Bauprojekte zusammenzuschlagen. Wenigstens für den Nationalpark hat die Regierung das jetzt untersagt.« Was er erzählt, macht mich unfassbar traurig und betroffen. Und ich bin mir ziemlich sicher, die Chinesen sind nicht das einzige Problem. Der Wald um uns herum ist so idyllisch wie in einem Märchen. Einer der Bäume zum Beispiel, den Braima

»Fromager« nennt, also mit meinem mangelnden Französisch-Wortschatz übersetzt »Käsebaum«, hat so große Wurzeln, dass diese an die Wände eines Zimmers erinnern. »Er ist der Einzige seiner Art hier in der Gegend. Manchmal komme ich abends her und schlafe in einem der Wurzelzimmer«, erzählt er.

Ein wenig befremdlich ist, dass in diesem Märchenwald immer wieder Menschen mit Macheten durch die Gegend laufen. Frauen, Männer, Kinder. Keine Ahnung, wo sie herkommen, keine Ahnung, wo sie hingehen, keine Ahnung, wie sie sich orientieren. Aber so langsam gewöhnen wir uns an den verstörenden Anblick der riesigen Metallklingen. In den ersten Tagen haben sie noch ständig Kopfkino von Horrorszenarien mit Völkermorden bei mir ausgelöst. Bilder, die ich durch unsere Medien aus Ländern wie Sierra Leone oder Liberia nicht vergessen kann. Hier rennen sogar die Dreijährigen mit Macheten durch die Gegend, denn ohne kommst du im Dschungel nicht weit. Dann endlich haben wir Terés erreicht. Ich weiß nicht, wie Braima sich die Stelle heute Nacht gemerkt hat. »Kommt, ich stelle euch meine Kinder vor«, grinst er. Das lassen wir uns nicht zweimal sagen und fahren los.

Mitten im Dschungel stehen zwei große Häuser aus Lehm, Stein und Palmenblättern. Braimas Eltern und seine Kinder leben vom Fischfang aus dem angrenzenden Meer und dem, was sie rund ums Haus anbauen. Sein Sohn und seine Tochter gehen am Arsch der Heide zur Schule. Natürlich zu Fuß. Alles hier ist so ursprünglich, so fernab von allem. Denkste. Es bimmelt, ein alter Mann kommt mit einem Fahrrad angeschoben. Darauf Produkte wie Gürtel, Bälle, Ohrringe, Scheren, Socken und Süßigkeiten, ganz vorneweg Lebensmittel von Coca Cola, Nestlé und Maggi. Maggi – das Gewürz Nummer eins in jeder westafrikanischen Küche. Fahrradhändler machen's möglich, auch hier im tiefsten Dschungel.

»Da bist du ja«, ruft Braima und reißt mich aus meinen Gedanken. Seine Tochter Martha hat, wie alle Mädchen in Guinea-Bissau, eine lustige Frisur. In ihrem Fall hat jemand gelbes Kunsthaar in ihre schwarzen Löckchen geflochten. Jetzt stehen bestimmt dreißig gelbe Fühler in jede Himmelsrichtung von ihrem Kopf ab. Schüchtern kaut sie auf einer leeren Keksverpackung und hält in der anderen Hand ihren ausgeleierten Teddy. Als sie Braima sieht, ist sie nicht mehr aufzuhalten. Sie rennt auf ihn zu und herzt und küsst ihn, während er sie lachend über die Schulter wirft und sich mit ihr im Kreis dreht. Ich freue mich unheimlich für die beiden und zugleich bin ich traurig. So hätte ich mir das mit meinem Papa auch gewünscht. Ich stehe eine Weile mitten im Dschungel und beobachte die zwei. Ich kann mich selbst durch Marthas Augen sehen. Froh und stolz auf meinen Papa. Und dankbar über jede Art von Aufmerksamkeit, die von ihm ausgeht. Und wenn es, wie bei mir früher, einfach nur der Moment war, als ich als Sechsjährige durch die Brombeeren im Wald hinter ihm herrannte, während er als Förster irgendwelche Bäume auszeichnete. Auf jeden Kratzer, den die fiesen Beeren in meine Beine geritzt haben und der geblutet hat, war ich stolz. Ich war mit Papa im Wald und jeder konnte das sehen. Noch mindestens eine Woche lang. Braima und er würden sich gut verstehen. Sie beide lieben ihren Job, sie beide lieben den Wald.

Doch anstatt liebevoll miteinander umzugehen, wie diese beiden hier, sind mein Papa und ich voller Berührungsängste. Nachwirkungen des Zweiten Weltkrieges, hat Susanne aus Mauretanien mir erklärt und mir ein Buch darüber geschenkt, damit ich mehr Verständnis darüber gewinne, was der Krieg bis in die heutige Generation für Auswirkungen hat. Das hat mir geholfen zu begreifen. Jeder von uns, mein Opa, mein Papa und auch ich haben uns bis heute nie etwas sehnlicher gewünscht, als einen Vater, der uns lieb hat, der uns ab und zu in den Arm nimmt und sich auch traut, seine Liebe auszusprechen, sie zu zeigen. Und jeder von uns verdurstet an diesem Wunsch und würde sich lieber die Zunge abbeißen, als es vor dem anderen zuzugeben. Weil wir gelernt haben, unsere Gefühle zu verdrängen, sie runterzuschlucken. Das soll sich ändern. Ich werde das ändern. Mir offen Nähe zu wünschen und sie dann auch noch auszuhalten, wird eine der schwersten Herausforderungen meines Lebens.

Gelernte Lebensschlauheit der vergangenen Tage: Jetzt ist das Leben. Nicht gestern, nicht morgen, nicht vorhin oder später, JETZT.

15

Verhaftet

»Wer von euch raucht?« Drogenkontrolle an der Grenze auf dem Weg zurück in den Senegal. Der Chef der Drogenpolizei zieht eine ernste Miene. Er hält zwei uralte, ausgetrocknete Haschsamen in der Hand, die er soeben in unserem Kramsfach zwischen Münzgeld und Bonbons gefunden hat. »Die Samen sind uralt. Noch aus Marokko. Das ist Monate her«, antwortet Ulli verstört. »Wo ist der Rest?«, will der Polizist wissen. »Es gibt keinen Rest, diese zwei uralten Dinger sind alles.« Ulli kriegt kalte Füße, ist unsicher was nun passiert. »Dafür gehst du hier ins Gefängnis«, schimpft der Beamte, während er anfängt das Auto auseinanderzunehmen. »Im Senegal ist das verboten, du wanderst auf jeden Fall in den Knast.« Ulli steht da wie ein Häufchen Elend. Total unsicher, keine Ahnung vom Gesetz und wütend auf sich selbst, den Müll nicht weggeschmissen zu haben.

Es ist Freitag und er soll mit auf die Wache, um Montag einem Richter vorgeführt zu werden. »Das gibt zwischen drei bis sechs Monate Gefängnis«, droht der Polizist. Ich bin sauer auf Ulli. Sein Ding ist gerade zu unserem Ding geworden. All die Unzufriedenheit, der unausgesprochene Ärger, die unterdrückten Gefühle der letzten Zeit kriechen in mir hoch. Schon seit Monaten leben wir auf engstem Raum zusammen, 24 Stunden am Tag, und haben dabei vieles einfach runtergeschluckt, statt es auszusprechen. Ich habe Angst, aber sie fühlt sich wie Wut an. Dazu kommt mein eigenes Gefühl der Unzulänglichkeit, immer der Chaot in Ullis aufgeräumter Welt zu sein, der Elefant im Glashaus. Die, die nichts mehr allein kann und den Kümmerer alles machen lässt. Und nun ist der Kümmerer genau derjenige, der die Reise mit seinem Scheiß gefährdet. Ich male mir Bilder aus, wie Ulli im Knast sitzt und ich am Strand liege und eine Kokosnuss schlürfe. Selbst schuld, ich bin gerade mega emotional. Bis vor Kurzem dachte ich immer, Emotionen seien etwas Gutes. Jetzt glaube ich, das Gegenteil ist der Fall. Sie sind vielmehr unausgesprochene Gefühle, die sich anstauen und jederzeit ausbrechen können. Oft durch Situationen, die nichts mit ihnen zu tun haben. Und wenn sie ausbrechen, fühlt es sich an, als würde der ganze Körper unter Strom stehen. Völlig übermannt von meinen Emotionen koche ich vor Wut, in der Überzeugung, auf jeden Fall im Recht zu sein. Und das macht alles nur noch schlimmer. Ich weiß nicht wohin mit mir und habe überhaupt keine Lust mehr auf Ulli. »So entstehen Kriege«, denke ich unweigerlich.

Wir wissen beide, dass der Kontrolleur nicht mehr finden wird. Es gibt nicht MEHR zu finden. Allerdings steigert sich dieser jetzt so richtig rein. Er MUSS was finden, MUSS hier auf die Kacke hauen, vor diesem Bleichgesicht. Zwei Stunden lang wühlt er jede Schublade durch, fasst in jedes Fach. Als er bei dem Sack mit meiner Unterwäsche angelangt ist, gibt er dankbarer Weise schon beim ersten BH auf. »Du rauchst ja sicher nicht, sondern nur dein Freund«, nickt er mir zu. Dann wendet er sich wieder mit Grabesstimme an Ulli, der hat echt die A-Karte. Der Polizist verschwindet mit Ullis Ausweis in einer Hütte. Ulli sitzt völlig aufgelöst auf dem Bordstein im Schatten des Autos und überlegt, was er für den Knast wohl alles mitnehmen muss. Als ihm die Tränen in die Augen steigen, fällt meine Wut in den Keller und wandelt sich in Mitgefühl. Um ihn in den Arm zu nehmen, ist es noch zu früh, aber wenigstens habe ich wieder einen halbwegs klaren Kopf. »Lass uns Tine anrufen«, sage ich. »Die weiß sicher, was zu tun ist.« Gesagt, getan. Tine und Sven sind aus Hamburg und haben einen Campingplatz im Senegal. Als wir einige Tage dort waren, ist Ulli krank geworden. Aus zwei Nächten wurden eineinhalb Wochen mit den beiden und daraus eine Freundschaft. Tine geht sofort ans Telefon. »Die haben Samen von Hasch bei mir gefunden und wollen mich ins Gefängnis stecken«, erzählt Ulli ihr aufgelöst. Tine ist rotzcool, sie ist zu lange in Afrika, als dass sie solche Dinge aus der Fassung bringen würden. »Hier kannst du dich aus allem rauskaufen«, ist ihre Antwort darauf. Sie hat recht. Wir sind solche Reiseanfänger. Immer wieder vergessen wir, dass das hier nicht Deutschland ist. Das Gesetz ist dehnbar, Auslegungssache, im Sinne des Betrachters. Mir fällt der Spruch eines Freundes ein: »Wir leben in einem Dschungel, du kannst hier alles machen, du musst aber auch allein durch alles durch.« Während Ulli telefoniert, schlendere ich auf die andere Seite der Straße zur Polizeistation. Dort sitzen ein paar Polizisten gemeinsam mit einigen Locals im Schatten auf einer Bank. Sofort machen sie mir ganz selbstverständlich einen Platz zwischen sich frei. »Was ist denn los?«, fragt mich einer der Polizisten und nimmt mich dazu etwas zur Seite. »Was hat mein Kollege denn bei deinem Freund gefunden?« »Ein paar uralte Samen Hasch«, sage ich. »Jetzt sucht er seit Stunden nach mehr, aber da ist nicht mehr.« »Weißt du, dein Freund sollte einfach mal sagen, dass es ihm leidtut«, antwortet er. Mir fällt es wie Schuppen von den Augen. Na klar, das ist es. Einfach mal Entschuldigung sagen für den Scheiß, den ich fabriziert habe. Einfach mal sagen: Es tut mir leid, dass ich eure Gesetze missachtet habe. Einfach mal Respekt zeigen, darum geht's hier. Ich gehe zu Ulli, der hat mittlerweile aufgelegt. »Entschuldige dich bei ihm«, sage ich. »Was?«, fragt Ulli. »Entschuldige dich und frag ihn, wie du es wiedergutmachen kannst.« Es ist das erste Mal, das Ulli in seinem Leben jemanden bestechen muss, und dann auch noch jemanden, der nicht danach gefragt hat. Wie macht man das ordentlich, ohne zu plump zu sein und den anderen bloßzustellen? Er atmet tief ein und geht auf den Kontrolleur zu. Dieser deutet ihm an, gemeinsam in ein stilles Eckchen zu gehen, fern der Blicke der anderen. Die beiden verschwinden hinter den Polizeiautos. Ich setze mich wieder auf die Bank zu meinen neuen Freunden. Die nicken mir freundlich und wissend zu. Einer hat ein Springseil in der Hand und hüpft, was das Zeug hält. Ich zeige ihm, wie man über Kreuz springt, und jetzt will jeder einmal. Alles klar, denen ist langweilig. Entschlossen gehe ich zum Auto und komme kurz darauf mit meinem Hula-Hoop-Reifen wieder. Ungläubig starren mich die Beamten an, als ich ihn auseinanderfalte. Ich schwinge den Reifen wie einen Heiligenschein über meinem Kopf und tanze in einer Drehbewegung in ihn hinein. Lasse ihn meinen Oberkörper hochwandern, wieder runter auf die Hüften, mache ein paar Seitenwechsel und schwupps landet er wieder in meiner rechten ausgestreckten Hand über dem Kopf. Ein riesiger Applaus. »Ich will auch mal.« Der dickste Beamte war auch der ehrgeizigste Hüpfer. Ich bin gerade dabei, ihm erste Tricks zu zeigen, nachdem er den Glitzer-Reifen bereits elegant um seine Hüften kreisen lässt, als Ulli mit dem Chef zurückkommt. Als er uns sieht, möchte er lachen, aber er ist noch viel zu schockiert von dem, was in den letzten zwei Stunden passiert ist. Der Chef der Drogenpolizei gibt mir die Hand und verabschiedet uns. »Gute Reise und auf Wiedersehen.« Meine Turngruppe winkt mir zu, als wir abfahren. Ich abfahre. Ulli zittert und ist völlig ausgebrannt. Tine ruft an. »Ich bin nicht verhaftet«, stammelt Ulli ins Telefon. »Und was hat es gekostet?«, fragt sie. »40 Euro.« »40 Euro?«, höre ich ihre erstaunte Stimme trotz Motorenlärm. »Ich hätte locker mit 200 bis 300 Euro gerechnet.« »Ich auch. Danke noch mal«, sagt Ulli. »Gern, du Glückspilz. Passt auf euch auf und kommt bald wieder«, lacht sie und legt auf. »Tut mir leid«, bricht Ulli nach langer Zeit das Schweigen. »Ich hätte meinen Müll gleich entsorgen sollen, das kommt nicht mehr vor. Ich kümmere mich als Entschuldigung um die nächsten zwei Abendessen, ok?« »Nee, lass mal, danke«, sage ich pampig, obwohl ich finde, dass es angebracht wäre. Aber mein schlechtes Gewissen über meine fiesen Gedanken während der Situation lassen das nicht zu. Oder doch? »Na gut, vielleicht das heutige Abendessen«, grinse ich ihn an, als er gerade eine enttäuschte Miene ziehen will. Ein bisschen Strafe darf sein.

Gelernte Lebensschlauheit der vergangenen Tage: Wenn Menschen einfach menschlich sind ...

MALI

Unser Weg führt uns
weiter nach Mali,
dem Ursprungsland des Blues.
Zerrissen von Konflikten
sehnen sich die Malier nach
Ruhe und kultureller Freiheit.

Tage im Land: 28 | Gefahrene Kilometer: 3027
Pannen: 0 | Kontrollen: 35 | Bestechungsgelder: 0
Lachende Gesichter: 142 | Gegessene Mangos: 72

16

Mali Blues

Der Horizont lodert wie Flammen. Es wird heiß, dann heißer und als unser Blut schon fast zu kochen droht, sind wir da. Mali – schlappe 49 Grad. Ohne Klimaanlage zwischen Hunderten von LKWs im Stau an der Grenze stehen? Wir hatten schon schönere Erlebnisse. Und das alles, weil wir erstens so langsam unterwegs sind, dass wir überall in die schlechtesten Jahreszeiten kommen (jemand hat uns letztens sogar die langsamsten Overlander genannt), und zweitens weil wir »zu deutsch« waren, um uns wie all die anderen PKWs vorzudrängeln. Ayo hängt mit einer Pfote in ihrer Wasserschale. Um sie abzukühlen, habe ich unter ihren nackten Bauch einen der Wasserbeutel gesteckt. Aber der ist innerhalb von fünf Minuten warm. »Versuch dich einfach möglichst wenig zu bewegen«, rate ich ihr und probiere genau das auch zu tun. Trotzdem läuft immer wieder neuer Schweiß meine Stirn, die Wangen, den Hals und Nacken runter, dann in meine Unterhose und sammelt sich ganz wunderbar lecker im Sitz.

Ulli ist unterwegs mit unseren Pässen und versucht irgendwie irgendwo Einreisestempel zu bekommen.
Eine bestimmt 200 Jahre alte und durch die trockene Luft der Wüste gut konservierte Oma kommt an unser Auto gehumpelt und hält die Hand auf. Alten Bedürftigen gebe ich gern etwas. Nur habe ich gerade nichts. Ulli ist mit unserem Geld weg, das Essen ist alle, den Wasserbeutel braucht Ayo und die einzige Trinkflasche kann ich ihr beim besten Willen nicht überlassen. »Pardon, Mama«, zucke ich entschuldigend mit den Schultern. Daraufhin erhebt sie ihren grätigen Zeigefinger mit dem unendlich langen Fingernagel und

zieht ihn sich demonstrativ einmal von links nach rechts über die Kehle. Ihre Augen aufgerissen, starr auf mich gerichtet. Ach du Schreck, ist das jetzt eine Morddrohung, will sie mir sagen, dass sie sonst stirbt? Eine Krawatte will sie sicher nicht. Westafrika ist voller Geisterglaube, Magie, oder auch Juju genannt. Wenn jemand ums Leben kommt, wird das entweder auf Gott alias Allah oder eben Juju geschoben. Was echt praktisch ist, weil dadurch immer alles erklärt werden kann und niemals Eigenverantwortung infrage kommt. Aber jetzt, als mir offensichtlich gedroht wird, habe ich doch ein wenig bis mittelschwer Respekt. Ich suche verzweifelt in unserem Kramsfach. Die Alte ist bereits am Gehen, als ich noch ein paar marokkanische Dirham finde. Ulli wollte die eigentlich als Souvenir behalten, aber ich denke, die paar Münzen gegen mein Leben sind ok.»Mama«, rufe ich sie zurück.»Mais non.« Ich schüttele den Kopf und mache ihre Kehlen-Durchschnitt-Geste von eben nach, damit sie versteht, dass das hier der Deal wird. Voller schlechtem Gewissen reiche ich ihr das Geld. Denn damit wird sie hier nichts anfangen können. Aber die Geste zählt, oder nicht? Sie hat verstanden und grinst zufrieden. Alles klar, mein Leben vorerst gerettet, Inschallah.

Ayos Zunge hängt mittlerweile bis auf den Boden des Fußraums auf der Beifahrerseite, der zu ihrem Eigenheim geworden ist.»Lass uns einen Ausweg suchen. Ulli finden wir danach schon wieder«, sage ich entschieden und atme tief durch. Ich wecke den LKW-Fahrer hinter uns.»Können Sie bitte ein Stück zurückfahren, dass ich raus kann?« Wenn ich jetzt behaupten würde, ich könnte das auf Französisch sagen, wäre es gelogen. Nein, es ist eher so:»Pardon, Monsieur«, sage ich mit riesengroßen Fragezeichen in den Augen und zeige erst auf unser Auto, dann seinen LKW, bewege meine Hände nach hinten wedelnd und zeige dann mit meinem Zeigefinger, dass ich rückwärts raus will und dann zur Seite weg. Drehbewegung im

Unterarm, kurbeln mit dem Finger. Wer sagt's denn! Der LKW-Fahrer grinst verschlafen und macht wie gebeten. Ich manövriere Terés aus dem Stau und fahre frech durch eine Baustelle, auf der gerade eh alle dösen. Richtung? Keine Ahnung, erst mal weg. »Wo willst du hin?«, fragt mich ein alter Mann, der vor seiner Hütte liegt. »Zum Zoll«, rufe ich. »Fahr hinter mir her«, winkt er und springt auf, um zu helfen. Wer sagt's denn! Die goldene Regel funktioniert mal wieder. Erst mal los, der Rest kommt dann schon. Ayo, Terés und ich tuckern durch den Sand dem Mann hinterher. Zwischen einigen Hütten durch, über Müll, Scherben und Nägel. Ups, egal. Über Letztere mache ich mir Sorgen, wenn sie zum Problem werden. Schließlich kommen wir zu kleinen Geschäften und dann auf einen öden Staubplatz. Und dort wie eine Fata Morgana: das vordere Ende des Staus. »Autos dürfen immer drum rum fahren«, lacht der alte Mann und winkt mir zum Abschied. Ich winke dankend zurück. Wieder was dazugelernt. »Dein Freund ist da hinten«, kommt schon ein Polizist auf mich zugelaufen. Kurz frage ich mich, woher er weiß, wer mein Freund ist. Aber natürlich: »Le blanc, der Weiße«, lacht er, meinem fragenden Gesichtsausdruck eine Antwort gebend und zeigt in die Richtung, in der er Ulli gesehen hat. Und aus der kommt er auch schon. Ich stelle fest, dass wir aus näherer Betrachtung gerade weniger weiß als rot sind, aber gut. »Juchhe, das passt ja mal wieder, als hätten wir es verabredet«, lache ich. Ulli fällt ein Stein vom Herzen, alle Probleme gelöst. »Mali, Mali, Mali«, rufe ich und bin so aufgeregt, dieses Land zu erkunden. Wüsten, Dörfer, Städte, Kultur, 1001 Nacht … »Mali kann mich gerade mal«, stöhnt Ulli, er ist fix und alle, »das Klima hier ist gar nichts für mich.«

Gelernte Lebensschlauheit der vergangenen Tage: Wenn ich einfach losgehe, lösen die Dinge sich von allein. Und: no money, no more honey.

17

Joking Cousins

»Wie geht's dir?«

»Gut.«

»Möchtest du mitfahren?«

»Nein, danke.«

»Möchtest du mein Brot?«

Ein typisches Gespräch mit einem Taxifahrer in Bamako, der, Fenster unten, an uns vorbeirollt. »Vorstellung und Erfahrung sind einfach zwei Paar Schuh«, stellt Ulli fest. »Hier ist nichts so, wie ich es mir vorher gedacht habe. Es gibt alles und dann wieder nichts.« Wir stehen staunend vor einem Apple Store, nachdem wir stundenlang vergeblich versucht haben, einen brauchbaren Ventilator für unser Dachzelt zu finden. Die Dächer der Banken und Hotels bilden eine kontrastreiche Skyline am Niger, vor der Fischer mit ihren Holzbooten angeln, in denen permanent eine weitere Person damit beschäftig ist, das Wasser, das von unten reinläuft, mit einer Schale oder einem Eimer wieder hinauszuschöpfen, um nicht abzusaufen. Lebendige Widder fahren in Säcken eingepackt durch die Gegend, manch ein Schaf, das sich aus seinen Fesseln befreien konnte, rast auf dem einen oder anderen Autodach stehend mit über hundert Sachen an uns vorbei. Kühe laufen seelenruhig über die Hauptverkehrsstraßen. Manche dösen inmitten des fünfspurigen Verkehrs. Ich muss unweigerlich an eine Kuh denken, die vor etlichen Jahren in Hannover durch die Innenstadt gelaufen und hinterher an einem Herzinfarkt gestorben ist. Zu viel Stress.

Am Ufer des Niger waschen Hunderte von Menschen Wäsche. Ganze Wagenladungen voll, die auf den Metallzäunen der umliegenden Villen oder im Gras trocknen. 200 Meter weiter eine Rave-Party mit lauter betrunkenen, fröhlich tanzenden Menschen. Manche von ihnen zufrieden in Badesachen, in alten LKW-Reifen, mit einem Getränk in der Hand, auf dem Wasser treibend. »N'tie«, ruft ein Händler uns zu. Das heißt so viel wie »Hallo« auf Mandinka, habe ich gelernt. Die Frauen antworten mit: »N'se« – »Ich habe die Power, dem Tag zu begegnen.« Die Männer sagen »N'ba«, was bedeutet: »Ich danke meiner Mutter, dass ich hier bin.« »N'se«, lache ich ihm zu. Er freut sich: »Du bist Keita.« »Was bin ich?« »Du gehörst ab jetzt zur Familie der Keita.« Ich verstehe nur Bahnhof. Phil, ein Freund, der aus England kommt und mit einer Malierin verheiratet ist, erklärt mir später: »Dein Name ist in Mali alles, denn er ordnet dich deiner Familie zu. Und jeder Fremde bekommt erst mal einen Familiennamen von hier. Du gehörst jetzt zur Familie der Keita. Damit bist du jetzt Teil des Joking-Cousins-Systems. Das ist ein System, das sich ein früherer König ausgedacht hat, um Frieden zwischen all den verschiedenen Ethnien zu halten. Und wie bleiben die Menschen am friedlichsten miteinander? In dem sie Witze machen und alles nicht so ernst nehmen. Der Familie der Keitas wird zum Beispiel nachgesagt, dass sie alle Erdnüsse anbauen. Der Familienname Samake bedeutet so viel wie Elefant. Und so weiter. Das Gemeinste, was du jemandem hier unterstellen kannst, ist, dass er zu viele Bohnen isst. Denn das heißt, dass er furzt.« Ich muss lachen, wie es einfach ein weltweites Phänomen zu sein scheint, dass Pupsen peinlich ist. »In der Praxis läuft das mit den Joking Cousins so«, erklärt Phil. »Wenn es zum Beispiel irgendwo einen Auffahrunfall gibt und rauskommt, einer der Fahrer ist Samake, einer Keita, kannst du hören: ›Hi, du bist Samake, du taugst nichts. Du bist so fett wie ein Elefant‹ ›Was, das sagst du, Keita?! Ihr seid alle dumme Farmer und geht nicht zur Schule. Wärst du mal lieber ein Samake.‹ ›Was, ein Samake, ihr esst doch alle viel zu viele Bohnen.‹ Das geht so lange hin und her, bis sich alle lachend in den Armen liegen.« »Wie großartig ist das denn bitte«, ich fasse es nicht. »Das ist ja die beste Erfindung ever.« Ich stelle mir unweigerlich vor, wie ich in Deutschland mal wieder angeschrien werde, weil ich versehentlich auf der falschen Seite Fahrrad gefahren bin und einfach zurückrufe:»Du alter Bohnenfresser, du!« Richtig gut, das muss ich ausprobieren. Nur glaube ich kaum, dass mich dann jemand lachend dafür umarmt.»Die Leute hier nehmen sich selbst echt nicht so wichtig, was?«»Was glaubst du, warum ich in Mali lebe und nicht mehr in England«, lacht Phil.

Gelernte Lebensschlauheit der vergangenen Tage: Witze für den Frieden.

18

Dicke Freunde

Die Hitze in der Stadt ist unerträglich. Nicht ein erlösendes Lüftchen zieht vorbei. Wir hängen schwitzend in unseren Campingstühlen, nachdem wir gerade die letzte Energie darin investiert haben, unsere Unterlagen für die kommenden Visaanträge aus dem Auto zu kramen. Ayo liegt auf dem Rücken, die Beine nach oben ausgestreckt und wartet wie wir darauf, dass der Tag rumgeht und es endlich kühler wird. Mein letztes bisschen Kraft habe ich eben in der Waschschüssel beim Wäschewaschen ertränkt. Da geht das Tor auf und unser Auto kommt auf den Platz gefahren.»Abgefahren«, ruft Ulli erstaunt. Der gleiche Land Rover, nur in schwarz. Die Türen gehen auf und ein Paar steigt aus, ungefähr in unserem Alter. Hinterher springt ein schwarzer Hund ungefähr in Ayos Alter.»Das gibt es doch nicht«, flüstere ich ungläubig. Cyril und Denise sind aus der Schweiz, ihr Hundewelpe Saida aus Marokko. Wie sich rausstellt kommt Saida von Malika, die sie ohne Mutter gefunden hat und versucht hat sie aufzupäppeln. Ich fasse es nicht. Die Welt ist so klein und dabei so großartig. Wir werden dicke Freunde. Es ist so schön mal wieder Menschen aus einer ähnlichen Kultur zu treffen. Mit denen wir dieses Abenteuer teilen können. Saida, die Schisserin, und Ayo, der Draufgänger, sind sofort unzertrennlich. Cyril spricht im Gegensatz zu Denise ebenfalls kaum Französisch und die Reise nervt ihn dadurch manchmal ähnlich doll wie Ulli. »Es ist bereits unsere zweite große Tour. Beim ersten Mal sind wir eineinhalb Jahre die Länder Ostafrikas runtergefahren, bis das Geld alle war. Dann mussten wir zurück und haben die letzten Jahre quasi nur gearbeitet, um wieder los zu können. Immer mit dem Gedanken, unterwegs irgendeinen Traumort zu finden und dort zu bleiben. Aber diesmal ist alles anders. Ohne die Sprache zu können, macht es mir nicht mehr so viel Spaß und irgendwie hatten wir in Marokko schon das Gefühl, es geht wieder nach Hause«, erzählt er. Zu sechst zu sein, gibt Ulli neuen Antrieb. Gemeinsam sinnieren Cyril und er über Autoprobleme, trinken Bier, machen Witze, genießen das Leben. Ich bin glücklich und freue mich, dass Ulli endlich wieder unbeschwert lachen kann. Schnell ist klar: Wir wollen gemeinsam weiterfahren. Gemeinsam bis Südafrika. »Von den beiden können wir uns eine Menge abgucken.« Ich liege im Dachzelt, meine Nase ans Moskitonetz gedrückt, um irgendwie an Luft zu kommen, und kann nicht einschlafen. Als wir heute früh Brot kaufen gegangen sind, hat Cyril den Händler gefragt, ob er statt den paar Cent Wechselgeld nicht einfach dessen Flip-Flops haben kann. »Klar, kein Problem«, hat der geantwortet. Wir standen fassungslos daneben und mussten laut auflachen, als Cyril mit den neuen alten Schuhen und dem Brot unterm Arm glücklich an uns vorbeigezogen ist. Aus Langeweile vom Warten auf die Visa hat er angefangen, Flechtarmbänder in Massenproduktion herzustellen. »Ich bin ja Bäckermeister und Zöpfe kann ich halt besonders gut«, lacht Cyril, während er die in drei Sekunden zusammengeflochtenen Dinger erfolgreich an diverse Malier verkauft. Statt eines Autos voller Geschenke wie einige Reisende, die uns in Marokko begegnet sind, haben sie zwei Säcke voller Klamotten, die sie tauschen oder verkaufen wollen. »So läuft das doch hier«, erklärt uns Cyril. »Das ist Teil der Kultur, handeln.« Und er hat ja recht. »Ich glaube, es ist mein ›Mir-geht's-besser-und-ich-muss-DESHALB-was-geben-Gefühl‹, was mich so doll blockiert«, sage ich mehr zu mir selbst als zu Ulli. »Cyrils Art ist einfach natürlich, er fällt quasi gar nicht auf«, antwortet er.

»Ich habe gerade einen Griot kennengelernt, komm, den probieren wir aus«, ruft Denise mir begeistert zu, als sie am Morgen nach dem Gassi-Gehen mit Saida zurück auf den Platz kommt. Griots sind Geschichtenerzähler und Wahrsager. »Auf jeden Fall.« Ich glaube nicht an so einen Kram, probiere aber gern Neues aus. Und hey, was für eine Chance, mehr über die Kultur hier zu lernen. Voller Schweiß klebt der Staub der Straße besonders gut an unseren Beinen. Denise spaziert freudig neben mir her. Sie strahlt so eine unglaubliche Ruhe und Zufriedenheit aus. Ganz im Gegensatz zu Cyril, der ist eher wie ein Orkan. So unterschiedlich wie wir, aber dabei sind sie souverän und akzeptieren sich, wie sie sind. Stellen nicht dauernd, so wie ich, alles infrage. »Ich habe Cyril damals kennengelernt«, erzählt Denise, »und es war einfach sofort klar, dass wir zusammengehören.« Oh Mann, was würde ich dafür geben, einmal so überzeugt von uns zu sein. Vielleicht ist mein größtes Problem, dass ich es mit mir selbst nicht aushalte. »Könnte ich vor mir selbst Reißaus nehmen, ich würde es sofort tun«, sage ich frustriert einen dicken Stein vor mir her kickend. Autsch. Mit Flip-Flops keine gute Idee. Mein Zeh fängt sofort an zu bluten. »Wegrennen bringt gar nichts«, sagt Denise. »Entscheide dich und höre dabei auf dein Bauchgefühl.« Das sagt sie so einfach, das schwankt ständig zwischen Liebe und Zuneigung für Ulli und Fluchtreflex.

MALI

Der Griot hat bereits seine Yogamatte am Niger ausgerollt. Mit seinem roten kissenähnlichen Hut mit Muscheln und Bommel dran, gelbem »Marca Pola«-Shirt und weißen Nike-Turnschuhen finde ich, dass er eher wie ein Drogendealer mit Schlafmütze als wie ein Wahrsager aussieht. Aber gut. Anscheinend ist er auch eher so was wie ein Medium, wie er selbst sagt. »Schließ die Augen und überleg dir deine Frage«, sagt er zu Denise, die neben ihm auf der Matte sitzt. Die tut, wie ihr befohlen. »Ok, die Ahnen wollen, dass du 1000 CFA bezahlst«, erzählt er, nachdem er Kontakt aufgenommen hat. Schnäppchenvorhersage. »Ok, dann nimm die Muscheln hier in die Hand und stelle ihnen deine Frage. Dann wirfst du sie vor dir auf die Matte.« Erneut schließt Denise ihre Augen und brabbelt was in die Muscheln. Dann wirft sie sie mit ausgestreckter Hand auf die Sportmatte. Ich starre gespannt auf den Einschlagsort, irgendwie Rauchen oder Zischen erwartend. Jede der drei Muscheln kullert in eine andere Richtung. Und ... mehr passiert nicht. Der Griot hält inne und lässt seine Hand über die Matte kreisen: »Du hast einen Mann, der dich sehr liebt und den du liebst. Du willst Kinder von ihm, aber er ist noch nicht bereit. Du wirst zwei, nein, drei Kinder bekommen.« »Drei Kinder«, stöhnt Denise erstaunt auf. »War das überhaupt deine Frage?«, will ich wissen. »Nein«, lacht sie. »Damit dein Mann sich auf dich einlässt, musst du ein Schaf opfern.« »Ein Schaf? Geht nicht auch was Kleineres?«, sie muss laut loslachen. »Die haben ganz klar Hunger«, dreht sie sich zu mir. »Jetzt du.« Mal wieder schreit mein Fluchtreflex, aber ich bin zu neugierig, was die Geister zu meiner Situation sagen. Ich soll 1500 CFA zahlen, das ist ja fast wie in Deutschland mit den Spritpreisen. Ich zahle, wünsche, würfele und: »Du bist zerrissen«, sagt der Griot. »Du bist gestresst und denkst viel an die Arbeit und deine Zukunft. Du bist die ganze Zeit angespannt. Eine Person auf deiner Arbeit war nicht fair zu dir. Du bist bis heute wütend. Dein Partner und du lebt aneinander vorbei. Es besteht keine Nähe zwischen euch. Du bist unentschlossen und wackelig, was deine Beziehung und auch was deinen Beruf angeht.« Wow, ich bin sprachlos, woher weiß der das?»Und was soll ich dagegen tun?«, frage ich ihn leise. »Wasche dich mit drei Litern frischer Milch in einem Fluss. Die Strömung wird alles Schlechte mitnehmen. Kaufe dir danach zwei Kolanüsse. Mit denen stellst du dich auf eine Straßenkreuzung. Die eine musst du zertreten, die andere essen. Das wird dir die richtige Richtung leiten.« Gesagt, getan … naja, so in etwa. Die Kolanüsse, deren Name, wie ich finde, irgendwie lecker klingt, schmecken so eklig, dass ich sie wieder ausspucken muss, auch wenn das mein Schicksal beeinträchtigt. Auch das mit dem Milchbad überlege ich mir noch mal anders. Aufgrund von Bilharziose, einer unbehandelt bis hin zum Tode führenden Krankheit, die durch Parasiten in Gewässern übertragen werden kann, haben wir bisher überall aufs Schwimmen verzichtet. Irgendwie sind mir meine Zweifel lieber als das. Vielleicht die falsche Entscheidung …? Ich werde es nie erfahren.

Am letzten Abend in Bamako gehen wir mit Phil und seiner Frau Bintou auf ein Blueskonzert von Baba Salah. »Ein Gott an der Gitarre«, hat Phil geschwärmt und damit stark untertrieben. Bintou und ich tanzen ausgelassen die ganze Nacht. Das Publikum: eine bunte Mischung aus Frauen in traditionellen Gewändern mit Trompetenärmeln bis hin zu ausgeflippten Rockerladys mit Zahnspangen, bauchfreien Oberteilen und Glitzerhut. Aber alle haben eins gemeinsam: Keiner will der Erste auf der Tanzfläche sein und niemand der Letzte. Ich weiß nicht, wie mir geschieht, als ich kurz vor Ende des ersten Lieds plötzlich mutterseelenallein auf dem eben noch vollen Rondell zurückbleibe. Alle anderen sitzen wieder. Erst nachdem der von der Band engagierte Vortänzer die ersten Takte des neuen Songs angetanzt hat, kehren sie zurück. Bis kurz vor Ende des nächsten Songs. Diesmal bin ich vorbereitet und hüpfe ebenfalls rechtzeitig an die Seite. Cyril, Ulli und Denise pennen bereits halb auf den roten Kunstledersofas, als Baba Salah sich kurzerhand seine

Gitarre in den Nacken klemmt und rücklings ein Solo hinlegt. Ich tanze wild, lasse alles raus, bis mein Kopf leer und nichts mehr da ist außer Freude und Glück: Mali, ich liebe dich!

Gelernte Lebensschlauheit der vergangenen Tage: Ich bin nicht meine Gedanken.

19

Von Königen und Terroristen

»Fahrt nicht höher als Mopti«, hat Jeff gesagt. Einer der vielen von den UN in Bamako stationierten Soldaten, die grundsätzlich abends in der Bar unseres Camps abgehangen haben. »Die Terroristen liegen weiter oben mit Sprengsätzen an der Straße, lasst das bloß bleiben.« Seine Worte haben wir verdrängt, als wir uns nach Mopti auch noch in Richtung Dogonland aufmachen. Seine Warnungen klingen so unwirklich. Die Menschen sind hier alle so unglaublich großartig. Zu gern hätte ich Timbuktu gesehen, in meiner Vorstellung die geheimnisvollste Stadt der Welt. Jeff will auch dorthin, aber nur weil »es da richtig abgeht«, wie er sagt.
Wir haben uns entschieden, nach Gefühl zu fahren. Und das führt uns auf einen der schönsten Offroad-Trips dieser Reise: durch die Wüste Malis.

Immer wieder werden wir von fröhlich hupenden und winkenden Mopedfahrern überholt und fahren vorbei an schlafenden Menschen, die sich von ihren Eseln auf dem Karren nach Hause ziehen

lassen. Alles ist so langsam, so entspannt. Frauen tragen gemäch-
lich riesige Ladungen Feuerholz nach Hause, dann ist wieder kilo-
meterweit nichts als Felsen und Sand in Sicht. An der Falaise de
Bandiagara, ein riesiges Felsmassiv, vorbei an Dromedaren, durch
ausgetrocknete Flüsse hindurch, passieren wir Felder, die so granit-
trocken sind, dass es mir schwerfällt zu glauben, dass hier jemals
was angebaut werden kann. »Irgendwie haben wir doch genau die
richtige Jahreszeit erwischt«, sagt Ulli und beißt in das Fleisch einer
knallgelben Mango. Der süßklebrige Saft läuft ihm die Hand runter
und von da aufs Steuer. Jahreszeiten werden hier nach Saison benannt und gerade ist mehr als offensichtlich Mango-Zeit. Das ganze Land scheint nichts anderes mehr zu essen. Natürlich nicht ohne
immer wieder mit uns zu teilen. Eine Woche wurden wir bereits in
Manantali am Staudamm von Hirten mit Mangos versorgt, die ihre
Rinder am Fluss getränkt und dabei immer mal wieder ein paar
Früchte von den Bäumen geklaut haben. Als nach ein paar Tagen
der Besitzer vorbeikam, hat er uns ebenfalls einen Sack voll Mangos
geschenkt.

Unser Auto ist vom Fahren mit offenen Fenstern so voller Staub
und Sand in allen Farben, dass ich aufgegeben habe, es wirklich
»sauber« kriegen zu wollen. Um unsere Kleidung steht es nicht
besser, ich wasche längst nicht mehr gegen den Dreck, sondern
lediglich noch gegen den Schweißgeruch an. Ullis T-Shirts sind
unter den Achseln auch nach dem Waschen so steif wie Bretter.
Aber das ist so unwichtig. Das Leben ist schön und könnte sich
mit dem Wind im Gesicht und der Weite vor der Nase gerade nicht
freier anfühlen. Und dann sind wir da. Im Dogonland. Die Dogon
stammen ursprünglich aus Burkina Faso und haben selbst auf der
Flucht die Ureinwohner der Tellem aus ihrer Heimat vertrieben.
Diese haben ursprünglich an der Steilwand der Falaise gewohnt,
in kleinen Hütten, die aussehen wie Vogelhäuser. Der Ältestenrat

hat ganz oben gethront und über Dorfgeschäfte palavert, mit Blick über das niemals zu enden scheinende weite Land. Was für eine krass andere Welt. »Das müssen unglaublich kleine Menschen gewesen sein«, stellt Denise fest, als wir mit Moussa, der hier wohnt und sich als Guide seinen Lebensunterhalt verdient, durch eines der mittlerweile verlassenen Dörfer klettern. »Ja, die Menschen waren sehr klein. Wir Dogon haben auch erst in den Häusern hier oben gelebt, dann aber unten am Fuß der Falaise angefangen zu siedeln. Das ist einfach praktischer wegen der Landwirtschaft. In der Regenzeit ist hier alles grün, überall sind Flüsse. Der Boden wahnsinnig fruchtbar«, erzählt er. Eine Windhose fegt über die staubige Ebene. Frauen stampfen Getreide in der noch immer heißen Abendsonne. Ein Mann reitet auf einer Kuh vorbei und wirbelt dabei eine gigantische Staubspur hinter sich auf. »Grün, Flüsse, hier?« Gerade irgendwie unvorstellbar. Überall sind noch deutlich Malereien aus einer längst vergangenen Zeit zu sehen. Giraffen, Elefanten, Tiere, die hier alle irgendwann mal gelebt haben und durch den Menschen ausgerottet wurden oder wegen der sich verändernden Natur in andere Länder ausgewichen sind. »Wir sind so weit weg von jeglicher Zivilisation, aber genau dadurch haben wir bis heute unsere Kultur erhalten können«, erzählt Moussa. »Maskentänze, Geschichtenerzähler, Zeremonien und Bräuche.« Die Häuser der Dogon sind mindestens ebenso interessant. Sie ähneln der berühmten Lehmmoschee in Djenné, die wir uns auf dem Weg hierher angesehen haben. Rundum gucken Holzpflöcke aus den Häusern wie in einem Taubenschlag. Zahnstocher in einem Quader. Die Dächer sind das Tollste. »An was erinnern die dich?«, fragt mich Ulli. »An die kleinen Schirmchen, die früher immer in der Eisdiele, in der ich mit meiner Oma so gern war, im Spaghettieis gesteckt haben. Nur in krumm und schief.« Ulli lacht. »Ich hatte die immer in meinen Cocktails.« »Haha, fragt sich nur, wer da bei wem abgeguckt hat«, grinst Denise.

Es ist wunder-wunderschön. Alle freuen sich, dass wir da sind. Wir haben nicht ein einziges Mal ein schlechtes Gefühl. Wo auch immer wir anhalten, kommt das halbe Dorf angerannt, um Hallo zu sagen und zu gucken. Ayo und Saida sind das Mega-Highlight. Aber eines, vor dem vor allem die Kinder großen Respekt haben. Ayo muss pinkeln, als ich ihr die Tür aufmache, geht die Traube Menschen, die um unser Auto steht, erschrocken auseinander. Ayo findet das superpraktisch, springt aus dem Auto und marschiert langsam und stolz ihren persönlichen Korridor hinunter. Die Traube schließt sich sofort wieder, als sie vorbei ist, um uns weiter zuzugucken und ganz viele Fragen zu stellen. »Seid ihr Chinesen?«, will Fili wissen. Ich würde am liebsten umfallen vor Lachen. Stattdessen hole ich tief Luft, um es runterzuschlucken und zeige ihm die Weltkarte in einem meiner Bücher. »Hier liegt Deutschland, da liegt China. Und hier sind wir langgefahren, um jetzt bei euch zu sein.« »Sind Deutschland und Frankreich das Gleiche?«, fragt Fatou. Auch die Frage ist schnell geklärt. »Gibt es Italiener in Deutschland?« Ich frage mich langsam, wieso sie sich so was fragen. Als Ayo zurückkommt, geht die Traube sofort wieder wie ein Reisverschluss auf und gewährt ihr Durchlass. Die Königin kehrt anmutig zurück auf ihren Platz im Fußraum. Urkomisch.

Die Nacht verbringen wir oben auf der Falaise und gucken ins Tal. Ich könnte weinen vor Glück. Der Himmel ist sternenklar. Ulli und ich duschen uns gegenseitig mit unserer Cola-Dusche ab. Auch etwas, das wir von Cyril und Denise gelernt haben. Eine 1,5-Liter-Wasserflasche mit kleinen Löchern im Deckel – die geilste Erfindung der Welt bei dieser Hitze und der Wasserknappheit. Zwei Personen können damit locker zwei Tage lang duschen. Es ist 23 Uhr und noch immer sind 39 Grad. Eine warme Brise erbarmt sich und schleicht an meinem feuchten Körper entlang. »Wooooo-aaah«, rufe ich dankbar und starre in die Nacht. Der Mond hängt so tief überm Abgrund, dass es aussieht, als könnte ich einfach rüberlaufen und ihn anfassen. Hätten wir auf Jeff gehört, wären wir nie hier. Und erst mal da, ist die Lage meist so anders als gedacht. »Ich verstehe langsam, dass es nicht darum geht, möglichst viele schöne Orte zu sehen, sondern um die Menschen, die uns begegnen, und um die Zeit, die wir uns schenken«, flüstere ich.

Gelernte Lebensschlauheit der vergangenen Tage: Am Ende zählt das Bauchgefühl.

BURKINA FASO

empfängt uns mit roter Erde
und dem sattesten Grün.
Die Menschen im drittärmsten Land
der Welt sind in Wirklichkeit reich:
reich im Herzen,
reich an Lebensfreude.

Tage im Land: 18 | Gefahrene Kilometer: 1570
Pannen: 0 | Kontrollen: 2
Bestechungsgelder: 0

20

Kackenüsse

Die Grenze nach Burkina Faso ist die erste, an der Fieber gemessen wird und überall Aufklärungsschilder zu Ebola stehen. Denise' Temperatur:»31 Grad!«, alles klar, kein Fieber. Über Ouagadougou fahren wir einige Tage durch das Hinterland Burkina Fasos. Wann immer wir anhalten, kommen Kinder, die betteln. Und ich weiß jetzt auch endlich, was daran das Schlimmste für mich ist. Durchs Betteln stellen die Menschen uns über sich. Eine Position, in der ich nicht sein möchte. Und wenn ich jedem einfach so was gebe, stelle ich mich über sie. Und wer bin ich, dies zu tun?»Gebt mir ein Geschenk«, ruft uns ein kleiner Junge zu, kaum dass wir an der Tankstelle angehalten haben.

Ich grinse über beide Ohren und freue mich auf ein Gespräch mit ihm, denn ich habe endlich eine Lösung gefunden, mit dem Betteln umzugehen.»Du möchtest ein Geschenk? Was hast du denn für mich?«, antworte ich ihm.»Ich für dich?«, wundert er sich.»Ja, ich bin doch hier zu Gast, da müsstest du mir doch was schenken. Wenn du was für mich hast, habe ich auch was für dich. Das wäre doch toll, dann können wir tauschen«, erkläre ich ihm lachend. Der Junge guckt kurz verdutzt, überlegt und greift in die Tasche seiner völlig kaputten Hose.»Bitteschön.« Er zaubert vier getrocknete Kackebällchen hervor. Tja, da muss ich jetzt wohl durch, also Augen zu, Hand auf.»Was ist das?«, frage ich ihn.»Nüsse«, antwortet er und lacht stolz. Ein Glück!»Und hier ist mein Geschenk«, sage ich und drücke ihm einen Apfel in die Hand.»Dankeschön«, grinst er zufrieden, winkt zum Abschied und düst ab. Funktioniert einwandfrei.

Und mal wieder sind es unsere Freunde, von denen ich lerne, denn diese Geschichte, die Denise mir erzählt hat, hat mich sehr nachdenklich gemacht: »Als wir in Ostafrika unterwegs waren, stand einmal dieses kleine Mädchen in einem komplett kaputten, stinkenden Tuch vor mir. Ich habe ihr gesagt, wie toll ich ihr Tuch finde, und sie gefragt, ob sie tauschen und dafür meins haben möchte. Sie hat total erstaunt geguckt, aber ich habe so getan, als ob ich jetzt überglücklich bin, diesen Lappen zu besitzen. Und sie war total glücklich und stolz auf ihr neues Tuch. Das alte Ding musste ich schnellstmöglich im nächsten Ort entsorgen, so hat das gerochen.«

Die Tauschtaktik wende ich seit Kurzem auch bei frechen Frauen auf dem Markt, bei korrupten Polizeikontrollen und wo immer wir noch so angebettelt werden an. Einzige Ausnahme: Alte und Kranke mit Morddrohungen … aber von denen kam bislang auch niemand mehr. Stattdessen bekomme ich nur noch Geschenke. Armbänder, Lebensmittel, Freundschaften und und und … Das Schönste jedoch ist, dass wir durchs Tauschen auf Augenhöhe bleiben. Und jeder hat etwas zu tauschen. Selbst der ärmste kleine Junge kann im Zweifel kreativ werden oder auf eine Palme klettern, um Kokosnüsse runterzuholen.

Ich bin so glücklich über diese Lösung und mindestens genauso glücklich über die Kackenüsse, die wir abends mitten in der Geröllwüste Burkina Fasos mit Steinen aufkloppen und essen. Wer zum Henker hat sich beim Anblick dieser Dinger bloß je gedacht: »Ach was, da steckt bestimmt eine Nuss drin?«

Gelernte Lebensschlauheit der vergangenen Tage: Tauschen statt Schenken schafft Augenhöhe.

21

Abschied

Große Panik auf unserem Einbaum. Die Jungs, die uns noch eben seelenruhig auf den See hinausgerudert haben, sind plötzlich gar nicht mehr so entspannt. In heller Aufregung versuchen sie, das Boot, das schon ein Viertel mit Wasser vollgelaufen ist, irgendwie zu wenden. Das riesige Nilpferdmännchen, das eben noch ein paar Hundert Meter entfernt in der Sonne gebadet hat, ist plötzlich abgetaucht. Von der Natur der Sache her ja nicht schlimm, allerdings kommt es dem Aufsteigen diverser Luftblasen nach scheinbar direkt auf uns zu. »Hier ist noch nie etwas passiert«, hat Astrid, einer der Ruderer eben noch stolz erzählt. Was mich schon schwer gewundert hat, denn die Fischer fischen quasi direkt neben den Flusspferden, die als superaggressiv gelten, zumindest wenn man ihnen zu nahe kommt. Vor allem, wenn sie Junge haben. Diese haben gleich zwei. Denise, Cyril, Ulli und ich halten die Luft an, mehr können wir nicht tun, als das Flusspferdmännchen es sich kurz vor unserem Boot scheinbar noch mal anders überlegt und abdreht. Uff ... »Mir reicht's erst mal mit Nilpferdgucken, das war echt knapp«, atmet Ulli schwer aus. »Ja, aber die haben uns da auch echt verdammt nah rangerudert«, schüttelt Denise den Kopf. »Pas de problem«, lacht Astrid nur. Ja, jetzt hat er wieder gut lachen. Die Abendsonne hängt tief über dem Schilf und taucht den See in weiches oranges Licht. Das unglaubliche Blau des Wassers und darauf die grünen, gelben und roten Blätter lassen die Landschaft aussehen wie ein Gemälde. Eines der Nilpferdbabys taucht noch einmal zum Abschied auf. Als wollte es sagen: »Ey, war doch nur Spaß.« Es streckt den Kopf, so weit es kann, aus dem Wasser, reißt sein Maul auf und macht übermütig laute Knartschgeräusche. »Du mich auch«, lache ich zum Abschied winkend zurück.

So langsam begreife ich, dass wir wirklich unterwegs sind

Die Farben von Marokko

Egal wo, ...

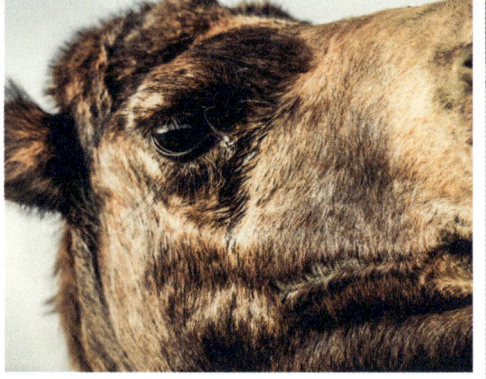

... jemand hat immer
ein Auge auf dich

Aus Fremden werden
Freunde – Mama Malik

Berge, die aussehen als würden Riesen
unter einer Decke schlummern

Gleich sind wir nass , wetten?

Jahrhunderthochwasser in
Marokko, wir mittendrin

Lachen verbindet ... eingeschlossen
sein in der Wüste auch

Wildcampen in der Westsahara

Dieses unglaubliche Gefühl von Freiheit

Wunderschönes Mauretanien

Mame Sy, eine Begegnung, die mein Leben nachhaltig verändert

Freigeist Sheya, geboren in einer Kultur, die das Gegenteil von Frauen verlangt

Sheya zeigt mir den geheimen Abklatsch
der Kinder

Senegal: Tausende Pelikane überwintern
im drittgrößten Vogelreservat der Welt

Schafe waschen

Arbeit verbindet –
Dominique und Ulli

Fischen im Senegal –
der härteste Job der Welt

Für Momente wie diesen
bin ich hier

Ayo bei ihrer Lieblingsbeschäftigung nach Krabben buddeln

Klamotte ist Klamotte

Geht nicht, gibt's nicht

Mit Fatou auf Hundefang-Tour

Beim Karneval der Ethnien sind Kameras verboten

Gut, dass ich
meinen abgelaufenen
Presseausweis
dabei habe

Martha liebt Süßes ...
die Natur den Müll
eher nicht

Wurzeln in Zimmergröße – Gänsehaut
im Dschungel von Guinea-Bissau

Total erleichtert –
Schimpanse nach der
Morgentoilette

Wüste Mali. Wie könnte es schöner sein?

Zwei ganz windelfrei

Freunde fürs Leben! Cyril & Denise posen mit Ayo

49 Grad in Mali

Im Dogonland. Alle
kommen, um Hallo
zu sagen

Was wir gemeinsam alles erleben dürfen, verschlägt mir oft die Sprache

Verliebt in Mohammed und er in unser Auto

Astrid hat eines der schönsten
Lächeln Burkina Fasos

Gefischt wird direkt
neben Nilpferden

Angeblich ist noch
nie was passiert

Was nicht passt,
wird passend gemacht

Artgerechte Land-Rover-Haltung

Karibik-Feeling in
der Elfenbeinküste

Fischer haben gefühlt
niemals frei

Weben ist hier Männerhandwerk

Die Gang: Princess, Ezekiel, Grace, Le[...]
Solo und Radia

Der schönste Ort
der Welt

Beste Freundin, mit
der ich alles teilen kann

Für Yaku ist alles was
schwimmt ein Surfbrett

Liebe ist ...

Ulli genießt die seltene Ruhe

Auf dem Weg
nach Princess Town

Wozu was in
der Hand tragen,
wenn ich einen
Kopf habe

Nur 10 von 100
Schildkrötenbabys
überleben

Im Schutzgehege geschlüpft, in die Freiheit entlassen

Runterkommen –
Reisepause
in Ghana

Fufu-Carlos gehört
ab jetzt dazu

Ohne Worte

Unten ohne – Terés im Togo

Morgende so schön,
ich könnte weinen

Mit Imagefilmen möchte
ich etwas zurück geben

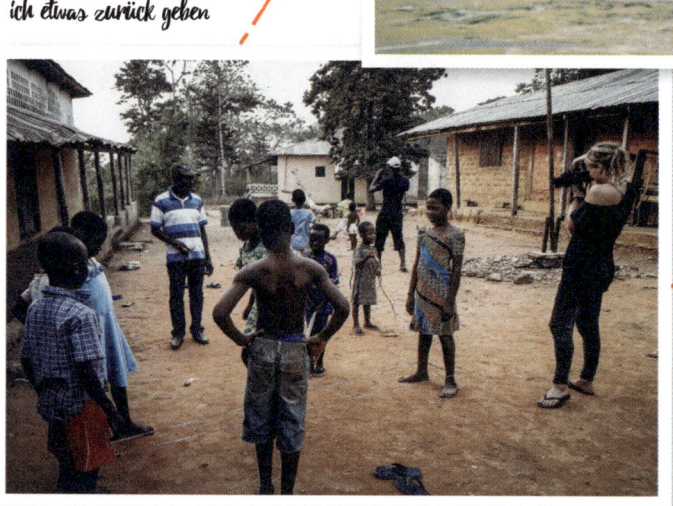

Sondays Geschichte geht
mir tief unter die Haut

Birdwatching ☺

Sonne, barfuß, Hund – was will ich mehr?

Gott hilft auch beim Fischen

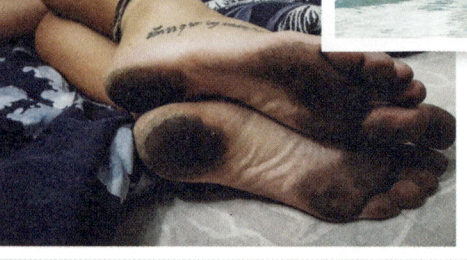

Nach knapp zwei Jahren barfuß: für drinnen ungeeignet

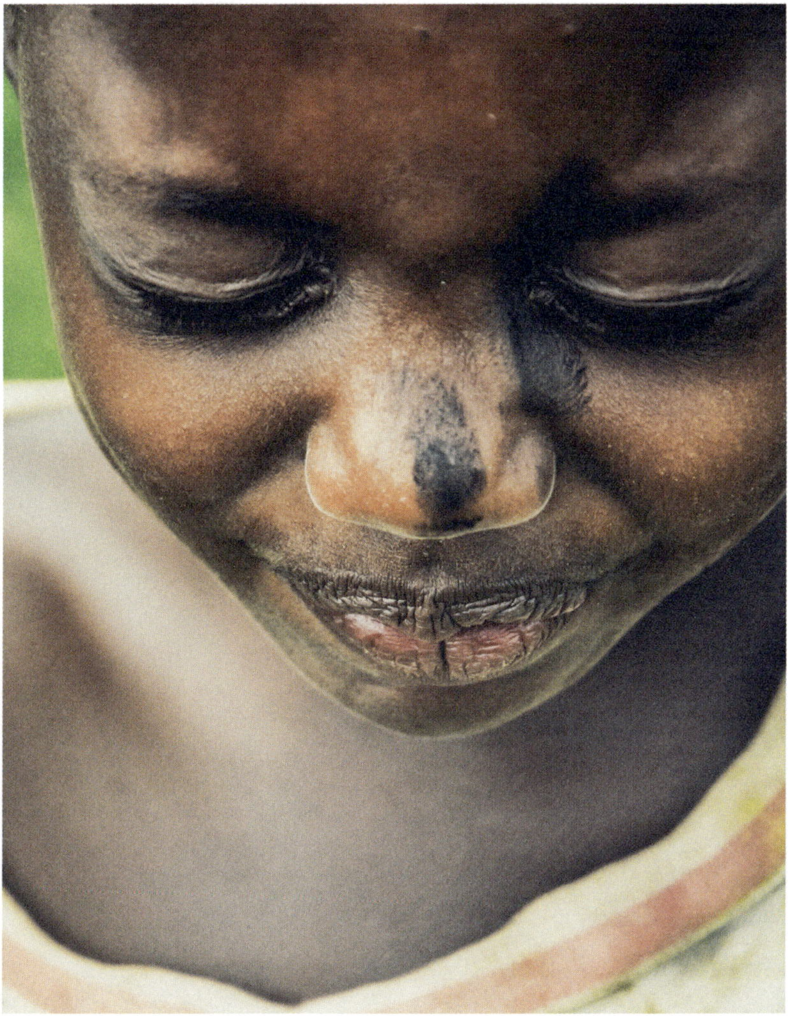

Wenn ich einen Wunsch frei hätte ...

Abdoulay schweißt
immerhin mit
Sonnenbrille

»Gefährliche Piste, in der Regenzeit unbefahrbar«, sagt die Karte ...

Ich wollte immer
nach Sierra Leone –
jetzt weiß ich warum

Die besten Wellen
Westafrikas – Liberia

Mama Afrika – wir kommen
alle von hier

Zwei Jahre, 14 westafrikanische Länder, Namasté

Dreckschweine auf dem Heimweg

Für die Arbeit am Film zurück in Deutschland – Fufu, Odylo, Lena und Ulli

Die Nacht verbringen wir mitten im Wald. Als wir am Morgen aufbrechen, stehen wir plötzlich vor der nächsten Familie. Diesmal eine Elefantenherde mit ihren Jungen. »Das gibt es doch nicht«, flüstert Ulli leise. Ich könnte weinen vor Freude. Das hier ist weder Zoo noch eingezäunter Nationalpark, das hier ist einfach irgendwo. Auge in Auge mit Elefanten. Haben wir ein Glück! Der Matriarchin scheinen wir gar nicht geheuer, sie wedelt heftig mit den Ohren und geht vor den Jungen schützend auf und ab. Wir wollen fahren, kommen nur leider nicht weg. Denn genau vor uns stehen Cyril und Denise mit ihrem Auto und scheinen noch nicht in Aufbruchstimmung. Ulli fährt, so nah es geht, an sie ran. Zum Glück bemerken die beiden unser Gedrängel und fahren schließlich los. Ich gucke der Herde, so lang es geht, nach. Unglaublich, in einem Land zu sein, in dem es solche Wunder gibt. KAAAWUUUUUUUUUUUUUUUUUUUUUUUUUUUUUUUU UUUUUUUUUUUUUMMMMMMM. Wir stehen genau neben einer Reifenwerkstatt und warten auf Cyril und Denise, als ein Reifen in die Luft fliegt. Der Kerl, der auf dem Reifen stand, um ihn aufzupumpen, ist einfach weggeflogen. Zum Glück hat er außer einem Riesenschreck nicht viel abbekommen. Nach ein paar Minuten kann auch er sich dem Gelächter der anderen anschließen. Ich kann kaum fassen, dass das Pferd der Kutsche, die genau neben der Explosion stand, stehen geblieben ist. Unglaublich! Welches in Deutschland lebende Pferd, außer es arbeitet bei der Polizei, bleibt bitte einfach stehen, wenn etwas neben seinem Kopf in die Luft fliegt? Auch die Erdnussfrau, neben deren Kessel das Ganze passiert, scheint Kummer gewöhnt zu sein. Sie zeigt erst mal in einem riesigen Grinsen ihre nicht vorhandenen Zähne und weiter geht das Business. Die nächste Ladung Schulkinder will eine Runde verbrannter Erdnüsse in Zeitungspapier.

»Wo bleiben nur Cyril und Denise?«, will Ulli wissen, nachdem wir uns von dem Schreck erholt haben. Bis eben habe ich sie im Rückspiegel gesehen. Doch auch nach einer halben Ewigkeit Warten, tauchen sie nicht auf. Ulli wendet. Tatsächlich finden wir sie einige Kilometer vor der Stadt am Wegrand. Warnblinker an, professionell die westafrikanische Warndreiecksmethode angewandt: einen Ast einige Meter vor und einen Ast einige Meter hinterm Auto ausgelegt. Cyrils Nerven liegen blank, Denise hat erst mal ihre russische Denkermütze mit Ohrenklappen aufgesetzt, aus gefüttertem Schafsfell versteht sich. »Es ist so heiß«, murrt sie, als wir ankommen. Ihr Auto ist einfach ausgegangen und lässt sich nicht mehr starten. »Da hilft nur Abschleppen«, schlägt Ulli nach einer Stunde erfolgloser Fehlersuche bei über 40 Grad vor. Und so ziehen wir unsere Freunde nach Bobo-Dioulasso, die nächstgelegene Stadt und zugleich zweitgrößte Burkina Fasos. In einem Camp können sich Ayo und Saida im Schatten ausruhen, Cyril und Ulli das Auto zerlegen und Denise parallel mit ihrem Mechaniker in der Schweiz skypen. Cyril ist »huerä hässig« – supersauer. Die Situation nimmt ihn wahnsinnig mit. Ich kann ihn so gut verstehen, unsere Autos sind für uns alle mehr als nur ein Fortbewegungsmittel, sie sind unser Zuhause.

Nach zwei Tagen ein Lichtblick. Ein Elektroniker findet das Problem: das einzige elektronische Teil des Wagens, die Steuerbox, ist kaputt. »Ausgerechnet«, murmelt Ulli, der weiß, dass das richtig Ärger bedeutet. Denn in Afrika kann jeder alles reparieren, außer Elektronik. Das nächste Ersatzteil: in Nigeria, 1500 Kilometer entfernt. »Lass uns lieber eine Steuerbox in Europa bestellen«, schlägt Denise vor. Gesagt, getan, doch das Paket verschwindet erst mal in der Post. Eineinhalb Wochen sind mittlerweile um. Dann halt ich's nicht mehr aus in der Hitze der Großstadt und dem zugekackten kleinen Campingplatz. Ich muss hier raus, so lieb ich die zwei auch habe. Und so machen Ulli und ich uns schweren Herzens auf, mit dem Versprechen, dass sie uns einfach einholen, sobald das Teil da ist. Nach sechs gemeinsamen Wochen sind wir wieder allein. Und irgendwie nicht mehr vollständig.

Gelernte Lebensschlauheit der vergangenen Tage: Es ist nicht die Dauer, die eine Freundschaft ausmacht, sondern die gemeinsam erlebten Geschichten.

22

Gemeinsam einsam

Ich habe das Gefühl, Ulli kann sich über nichts mehr freuen, jeder geht ihm auf die Nerven. Schon wieder ist es viel zu heiß, fahren wir viel zu lange Auto und dieses »keinen Plan haben, wo wir heute Abend schlafen« findet er zu dritt gar nicht mehr so lustig wie zu sechst. »Guck mal«, rufe ich aufgeregt. Vor uns fährt ein altes klappriges Mofa. Hintendrauf eine riesige lebendige Kuh, die an den Beinen zusammengebunden träge vor sich hinstarrt. »Mir kommen da gleich mehrere Fragen in den Sinn, die ich dem Fahrer des Mopeds allzu gern stellen würde«, staune ich, »zum Beispiel: Wie hast du die Kuh da draufgekriegt? Wie bist du losgefahren? Und wie hältst du wieder an?« »Ich glaube, der Fahrer fragt sich das erst gar nicht, der macht einfach«, sagt Ulli. »Ja, vielleicht ist das das Geheimnis.« Ich habe mich noch nicht zu Ende gewundert, da läuft vor uns doch glatt ein Maskierter über die Straße. Es gibt gute und es gibt böse Masken, die oft auftauchen, um die Leute in ihre Schranken zu weisen oder um an etwas zu erinnern. Ein total spannender Brauch. Ich würde gern aussteigen und auch hier den Leuten so viele Fragen stellen. Aber Ullis Gesicht nach ist er gerade nicht in der Laune. Die Sonne geht unter. Wir fahren, fahren, fahren. »Lass uns hier an ... ah, vorbei. Oder hier ... ah.« »Sag doch genauer, wo du meinst«, motzt Ulli. »Fahr doch mal langsamer«, meckere ich zurück. Darin werden

wir einfach nicht besser. Wenn beide schon müde und durch vom
Tag sind, noch vernünftig miteinander zu reden ...»Nach was genau
suchst du denn?«, frag ich ihn nach einer Weile Funkstille. »Ich will
einen Platz zum Schlafen finden, wo uns keiner sieht«, grummelt
er. »Ich habe Kopfschmerzen, bin müde und habe Hunger. Außerdem will ich echt mal meine Ruhe und nicht ständig mit jemandem
reden.« Letzteres ist wirklich schwer zu finden, denn egal wo wir
hinkommen, ist irgendwer. Und der findet es in der Regel super-
spannend, uns kennenzulernen, und kennt so was wie Privatsphäre
auch einfach nicht. Woher auch, wenn du mit sechs Geschwistern
und deinen Eltern und Großeltern in einer Hütte aufwächst. Wie oft
muss ich schmunzeln, wenn Ulli in seinem Stuhl sitzt und liest und
jemand einfach stundenlang neben ihm steht und ihm dabei zusieht.
Einfach nur so. Für Ulli total schwer auszuhalten. »Weißt du, wir
sind hier Gast, wir müssen uns halt anpassen, hier an uns arbeiten,
nicht die anderen«, klugscheiße ich. Ulli rollt mit den Augen.

Dann finden wir doch noch einen wunderschönen Platz genau zwischen den Sindou Peaks, abgefahrene Felsformationen, die aussehen
wie in einem Land vor unserer Zeit. Greifvögel lassen sich mit der
Thermik vor den Bergen aufsteigen und kreischen dabei, dass es mir
nur so ins Mark geht vor Ehrfurcht. Die Grillen zirpen, Ulli sitzt in
seinem Campingstuhl vorm Auto, die Augen geschlossen. Ich hocke
mich mit Ayo hinter ein paar Bäume. Ich muss weg. Tränen laufen
mir die Wangen runter, mit einer Hand streichele ich Ayo den Kopf,
mit der anderen schreibe ich in mein Tagebuch: »Vielleicht wäre ich
besser mit wem anders gefahren. Jemandem, der einen schönen Tag
auch mal genießen kann. Bei dem nicht immer irgendwas fehlt oder
irgendwas ist. In der Gruppe alles kein Problem, da kann er Spaß
haben und aufgehen, aber allein ... Von mir aus kann er auch nach
Hause fahren. Ich will nicht, dass er bloß mitkommt, weil er denkt,
ich kann nicht allein weiter. Oh Mann, das ist so gemein, das kann
ich ihm auf keinen Fall sagen. Ich fühle es zwar, aber ich darf es

nicht fühlen und schon gar nicht aussprechen. Das täte ihm sicher zu sehr weh.

Wären wir ehrlich miteinander, egal wie weh es tut, würden wir wissen, dass wir einfach beide mal wieder in den Arm genommen werden wollen. Aber das sind wir nicht.

Den Rest des Abends verbringen wir schweigend. Beim Zeltaufschlagen stellt Ulli fest, dass hinter ein paar Büschen doch eine Hütte steht. Allerdings ist es bereits zu dunkel, um nach einem anderen Platz zu suchen. Seiner großen Angst, ausgeraubt zu werden, stellt er sich, indem er »Hallo sagen« geht und fragt, ob wir hier stehen dürfen. Wir dürfen. Und nicht nur das. Am nächsten Morgen bekommen wir Besuch. Der Sohn des Mannes hinterm Busch bringt uns Eier. Weil wir ja sicher Hunger haben. Ich bin sprachlos.

Gelernte Lebensschlauheit der vergangenen Tage:

Erstens: Zu zweit sein kann ganz schön einsam machen.

Zweitens: Ich bin so unglaublich dankbar für all diese wunderbaren Begegnungen hier.

ELFENBEINKÜSTE

Nach Monaten im Inland kommen wir das erste Mal wieder ans Meer. Wir sind verzaubert von einsamen Robinson-Crusoe-Stränden, fantastischen Surf-Spots und lernen wunderbare Freunde kennen.

Tage im Land: 95 | Gefahrene Kilometer: 6053
Pannen: 1 | Kontrollen: 57 | Bestechungsgelder: 0
Tage am Meer: 60 | Kontakte mit dem Inlandsgeheimdienst: 4

23

Who cares?

»Boah, was für schöne Palmen«, staunt Ulli. Nach der Trockenheit in Mali und dem Norden Burkina Fasos fühlt es sich wunderbar an, jetzt so richtig in den Tropen zu sein. Die moosigen Palmen mit den Sträuchern roter und orangefarbener Früchte sehen urig aus, wie aus einem Indiana-Jones-Film. Doch schnell stellen wir fest, dass das gesamte Land aus nichts anderem besteht. Ölpalme an Ölpalme, dazwischen Kautschukfelder sowie Kakao. Elefanten gibt es in der Elfenbeinküste kaum noch. Der Dschungel ist bis auf einen klecksgroßen Nationalpark komplett abgeholzt und den Monokulturen gewichen. »Willkommen in der Elfenbeinküste!« Wir machen gerade eine Pinkelpause am Straßenrand, da kommt ein grinsender Mann mit seiner Machete aus dem Busch. »Hier ein Geschenk, schön, dass ihr da seid«, lacht er und drückt mir einen Strauch riesiger Früchte in die Hand, die aussehen wie Orangen. Dann ist er wieder verschwunden. Ich stehe da wie vom Blitz getroffen und muss plötzlich laut lachen vor Freude. »Das gibt es doch gar nicht, ich liebe die Elfenbeinküste jetzt schon!«

Die Hauptstraßen dagegen sind die schlimmsten der ganzen Reise. Die Löcher so tief und breit, dass sie teilweise die ganze Fahrbahn einnehmen. Jeder hier sucht sich seinen Weg in Schlangenlinien drum herum. Als Kontrast dazu steht in der Hauptstadt Yamoussoukro die größte Basilika der Welt, ein Nachbau des Petersdoms in Rom. Und angeblich ein Geschenk des Präsidenten an sein Volk. Die Kontoauszüge möchte ich mal sehen. Ein Freund erzählt, dass der Papst darum gebeten habe, er möchte doch bitte weiterhin den größten Dom haben. Daraufhin wurde der Nachbau zwar etwas kleiner, das Kreuz oben drauf jedoch einen Meter höher gebaut. Busweise kommen die Pilger auf den Parkplatz gefahren. Richtig voll wird's jedoch nicht, denn eigentlich sind die meisten Menschen hier Muslime oder evangelische Christen. Ich verschlucke mich beinahe an der geschenkten Frucht, die wir auf dem Parkplatz löffeln und die sich als eine der besten Früchte herausstellt, die ich jemals gegessen habe … bittersüß. Denn vor uns taucht eine Frau im grünweißen Kleid auf, darauf winzige Abbildungen der heiligen Mutter Maria. Ich fasse es nicht, Batikstoffe in katholischer Optik!

»Ah, ihr seid aus Deutschland, da kommt der und der her«, schwärmen die Leute und werfen mit Namen von Predigern um sich, von denen wir noch nie etwas gehört haben.»Wie könnt ihr den nicht kennen? Der füllt hier ganze Stadien«, ist oft die erstaunte Antwort. All das macht mich unfassbar traurig. Religion ist für mein Empfinden von all dem, was wir bisher gesehen und erlebt haben, ein Fluch statt ein Segen. Für die Welt, aber vor allem auch für Afrika.

Es ist Ullis 30. Geburtstag. Sein Geschenk: eine Machete und eine Art Schokocroissant.»Mit 30 ist es absolut Zeit für ein Messer«, lache ich, als ich die riesige schwere Klinge wie König Artus aus meinem Rucksack ziehe.»Megacool, danke«, freut er sich.»Komm, probier sie gleich mal aus«, sage ich und reiche ihm eine Kokosnuss.»Verdammt«, ruft er nach einer gefühlten Ewigkeit des Darauf-Rumhackens,»das geht nicht.« Ein Junge kann sich das Elend nicht länger mit ansehen, lässt sich die Machete reichen und öffnet die Nuss mit vier Schlägen. Sie springt auf, der Junge reicht sie Ulli zum Trinken, dann öffnet er sie mit einem weiteren Schlag und reicht ihm auch noch das Fleisch zum Essen. Dann lacht er und rennt davon. Er ist höchstens vier Jahre alt. »Wow«, guckt Ulli ihm hinterher. Sein Ehrgeiz ist geweckt.

Wir wollen den Tag in den Bergen verbringen. Der Nordwesten ist eine der schönsten Gegenden der Elfenbeinküste: Schwarze riesige Felsen liegen in der leuchtend grünen hügeligen Landschaft. Wären die Berge bloß nicht alle kahlgerodet! Alle paar Minuten kommen uns LKWs entgegen. Ihre Ladung: so große Baumstämme, dass nie mehr als drei auf einmal auf den Hänger passen. Mir blutet das Herz. Ich muss an meinen Papa denken und daran, wie er daheim im Wald verzweifelt versucht, Wirtschaft und Natur unter einen Hut zu bekommen. Hier würde er in Tränen ausbrechen. Was für ein Land hinterlassen Eltern hier ihren Kindern und wie viel Verantwortung daran müssen wir uns im Westen zuschreiben? Was für eine Welt hinterlassen wir unseren Kindern?

»Guck mal, was da steht«, sagt Ulli und zeigt auf ein Verkehrsschild, auf das wir zusteuern. »Nicht Gott, sondern ihr selbst seid verantwortlich, wenn ihr einen Unfall baut«, steht da geschrieben. »Supergeil«, ruft er. An fast jedem Motorroller, LKW oder öffentlichen Bus steht dick geschrieben: »Papa Gott«, »Ich vertraue dir mein Leben an, Gott«, »Gott fährt mit«, was oft wie ein Freifahrtschein zum Gasgeben scheint und einfach so plakativ zeigt, an wen die Eigenverantwortung fürs Leben hier von vielen nur allzu gern abgegeben wird. »Vielleicht sollte vor dem Präsidentenpalast eine abgewandelte Tafel stehen mit: Nicht der Westen, nicht der Osten und nein, auch nicht Gott, ihr selbst seid für euer Land verantwortlich«, antworte ich. Soll lustig sein, ist es aber nicht.

Den Aufstieg auf den höchsten Berg geben wir auf, nachdem wir von riesigen Killerameisen blutig gebissen und in die Flucht geschlagen werden. Stattdessen fahren wir offroad hinauf, durch Bambuswälder hindurch und klettern oben angekommen auf den

Fernsehturm. Der Wind pfeift uns um die Ohren, graue Wolken verschleiern die Sicht. Eine Gottesanbeterin spaziert trotz Böen seelenruhig am Metall entlang, hält inne und starrt uns an. »Was die wohl hier oben macht?«, staunt Ulli. »Ich glaube, die denkt sich gerade das Gleiche«, lache ich und nehme ihn fest in den Arm. Wie gut das tut. »So ein schöner Tag«, flüstere ich. »Ja, das ist er. Aber ein bisschen traurig bin ich schon, meinen 30. nicht mit meinen Freunden feiern zu können«, sagt er leise. Ich drücke ihn fester. »Das kannst du doch nachholen, wenn wir wieder da sind. Dann feierst du vielleicht nicht deinen 30., sondern einfach das Leben.« Der Himmel reißt auf und gibt doch noch den Blick ins Tal und auf die winzigen Dörfer darin frei. Phänomenal!

Gelernte Lebensschlauheit des Tages: An Glauben kann ich glauben, an Religion nicht, vor allem, wenn Gott als Ausrede benutzt wird.

24

Weber im Wald

»Klock, klock, klock, klock, klock«, werden wir am nächsten Morgen geweckt. »Was ist das?«, flüstere ich Ulli zu. Der zuckt mit den Schultern und reibt sich nur müde die Augen, das Auto wackelt. Gemeinsam drücken wir unsere Nasen gegen das Fenster des Innenzelts, um rauszuschauen. Die Morgensonne hat die Wiese vor uns in warmes Licht getaucht. Die letzten Nebelschwaden der kühlen, feuchten Nacht lichten sich langsam. Unzählige blaue und weiße Fäden sind um große Steine gespannt, die vor unserer Leiter liegen. Die Fäden führen den Hügel rauf bis in den kleinen Wald. Das Ganze sieht so mystisch aus, dass mir eine afrikanische Sage in den Kopf kommt, von der Dominique im Senegal uns erzählt hat: Die Nacht gehört den Feen und Geistern. Damit sie nicht von Menschen überrascht werden, spinnen sie Netze vor Türen und Fenster. Wenn ein Mensch die Fäden durchbricht, verschwinden alle ganz schnell. »Ich glaube, wir sind umwoben«, flüstere ich. Ein Junge kommt aus dem Wald, zwei riesige blaue und weiße Wollknäule auf dem Kopf. »Lass uns aufstehen und das genauer angucken«, platzt es aus mir raus. Ich bin total aufgeregt, ein Bein schon auf der Leiter, vor der einer der Steine jetzt mit einem »chhhhhh« sicher einen Meter nach vorn rückt – wie von Geisterhand! »Ups, jetzt habe ich sie aufgeweckt«, lache ich. »Wen hast du aufgeweckt?«, nuschelt Ulli noch völlig verpennt. »Egal«, sage ich und springe die restlichen Stufen runter. »Ich bleibe beim Auto und gucke mir Terés' neue Öllecks genauer an«, ruft er mir nach.

Ich traue meinen Augen nicht, vor mir tut sich die Kulisse eines afrikanischen Märchens auf. Ein Wald voller Weber. Tausende von Fäden enden jeweils an einem von vielen Webstühlen oben am Hang. Zwischen den Fäden Kinder und Jugendliche, die sie entwirren. An ihren Enden Männer zwischen Holzrahmen, konzentriert bei der Arbeit. »Bonjour«, kommt es leise und schüchtern von rechts hinterm Auto. Da hockt Basch und versucht neugierig mit Ayo Kontakt aufzunehmen, die so aussieht, als ob sie zu wenig geschlafen hat. Wir werden Freunde und er stellt mich allen vor. »Das ist mein Onkel, das mein Vater, das mein Cousin«, alles Männer, alles eine Familie. Leider sprechen sie noch weniger Französisch als ich. Basch kann wenigstens ein paar Brocken. »Probier mal«, schmunzelt er und zeigt auf einen der Webstühle. Sein Cousin reagiert sofort und klettert raus, um mir Platz zu machen. Unbeholfen steige ich ein, setze mich auf das schmale Brett und stelle meine Füße auf die zwei Holzstücke

davor. Im Schneckentempo ziehe ich die Wolle, die auf ein flaches
Brett gewickelt ist, um die gespannten Fäden des Rahmens. Meine
Kunst-AG-Lehrerin wäre schwer enttäuscht. Meine Kruckelreihe
dauert gefühlte fünf Minuten. Wenig effizient, links und rechts von
mir klockt es derweil sicher 20-mal. Was ich genau mit meinen Füßen
anstellen soll, ist mir auch nicht klar. »Mach du lieber weiter«, deute
ich dem Cousin verlegen an. Ich habe Angst, sein Kunstwerk kaputt
zu machen. Der lacht unbesorgt, aber entlässt mich dann doch. Ich
frage mich, wie lange ich hier täglich sitzen müsste, um irgendwann
so schnell wie er zu sein. Bei meinem Talent sicher lang. Es ist das
erste Mal, dass wir sehen, dass Stoffe noch selbst hergestellt werden.
Die Märkte sind so überflutet mit unseren Kleiderspenden und der
Billigware aus China, dass die lokale Kleiderindustrie der Länder dafür beinahe komplett kaputtgegangen ist. Einzig und allein bei der
Produktion von Batikstoffen konnte sich Guinea neben China bislang halten. Chinesische Batikstoffe, für mich immer noch so absurd
wie chinesisches Wiener Schnitzel.

Der Abendhimmel ist verhangen, als Basch zu uns ans Auto
kommt. »Darf ich bei euch schlafen?«, fragt er schüchtern. Mega-
niedlich. Ich habe ein total schlechtes Gewissen, ihn wegschicken
zu müssen, aber wir haben einfach keinen Platz. »Darf ich mit
euch mitfahren? Mein Papa hat gesagt, ich soll mal fragen.« Jetzt
bin ich schockiert. Es ist nicht das erste Mal, dass jemand mit uns
mitmöchte, weil jeder davon ausgeht, dass wir ihn im Auto ganz
einfach mit nach Europa nehmen können. Aber dass ein Vater zu
seinem Sohn sagt, geh mal fragen, ob du mitkannst, finde ich krass.
Ich liege die halbe Nacht wach, tief in Gedanken und emotional
zerrissen. Zu Hause haben wir unsere alten Klamotten und Stoff-
tiere früher immer gespendet. Sie gingen ganz selbstverständlich
in den Altkleidersack oder zum Roten Kreuz. Heute denke ich:
Wie sollen Eltern ihre Kinder durchbringen, wenn wir die Märkte

kaputt machen und alle Ressourcen und Rohstoffe klauen? Der letzte Gedanke bevor ich einschlafe: »Ich wünsche mir, wir würden Afrika einfach in Ruhe lassen.«

Gelernte Lebensschlauheit der vergangenen Tage: Vielleicht ist ohne Einmischung manchmal mehr geholfen.

25

Abgesoffen

Es gießt, als gäbe es kein Morgen mehr. Der Boden kann all das Wasser nicht aufnehmen. Im Nu rauschen Schlammbäche die Berge runter. Die Staubpiste war eben noch voller Löcher, jetzt ist sie voller Seen. Erst tanzen wir noch vor Freude über die Abkühlung. Nach Monaten in staubtrockener Hitze – was für ein Geschenk. Dann merken wir, dieses Geschenk hört einfach nicht mehr auf. Und das für die nächsten zwei Monate! »Nie wieder schimpfe ich über Regen in Hamburg! Ich habe so die Schnauze voll«, schimpft Ulli. Wir kommen kaum noch aus dem Zelt. »Mir tun die Knochen weh vom ganzen Rumliegen«, flucht er. Die ersten Tage haben wir noch gemütlich mit Lesen zugebracht. Da es jedoch keinen einzigen trockenen Ort, wo wir mal aufrecht stehen können, gibt, ist die Gemütlichkeit längst der Verzweiflung gewichen. »Kann es nicht wenigstens tagsüber schön sein? Bitte, bitte, bitte.« Ich versuch's zur Abwechslung wie die meisten hier mit Beten. Als hätte ich's damit heraufbeschworen, kommt eine Gruppe Menschen an unserem Zelt vorbei durch die Pfützen gestapft. Sie steuert direkt aufs Meer zu.

Wir beobachten wie zwei neugierige Kinder aus unserem Dachzelt hinaus, was passiert. Alle tragen Plastiktüten auf dem Kopf und Gummistiefel. Eine weiße Frau, allen voran, trägt dazu einen Reisigbesen in der einen Hand, eine Bibel in der anderen. Immer wieder bleibt sie kurz stehen, taucht den Reisigbesen in eine Schale, die einer ihrer Anhänger hinter ihr herträgt, dann schwingt sie diesen wild gegen alle möglichen Gegenstände, Bäume, Boote, ein Mofa ...
»Was machen die da?«, frage ich Ulli.»Ich glaube, so was wie eine Messe abhalten«, flüstert der verdutzt. Nach einer halben Stunde drehen sie um und gehen wieder genau an unserem Zelt vorbei. Da klatscht die Frau nun ihren blöden Besen doch tatsächlich noch gegen Terés, unsere Stühle und unsere Leiter.»Ich glaube, wir wurden geweiht oder so«, ruft Ulli lachend.»Frechheit«, rufe ich wütend. Es tropft durchs Zelt genau auf Ullis Kopf.»Mann, wir müssen echt hier weg, der Regen in Marokko war ein Scheiß gegen das hier«, flucht er.

Diese Nacht bleiben wir noch, versuchen die nassen Zeltwände oder die feuchte Mitte unserer Matratze nicht zu berühren. Dann haben wir endgültig die Schnauze voll.

Als uns der Himmel am nächsten Morgen eine Stunde regenfrei schenkt und der Wind auch noch so nett ist, unser Zelt halbwegs durchzutrocknen, packen wir schleunigst zusammen und machen uns auf Richtung Süden. 200 Kilometer Küstenstraße nach Abidjan, acht Stunden Fahrt. Dort angekommen steht die ganze Stadt unter Wasser. Über die Fahrbahnen fließen Sturzbäche, eine Ampelanlage ist ausgefallen, wir stecken fest. Aus der zweispurigen Straße werden innerhalb kürzester Zeit sechs Spuren. Einige Menschen lassen einfach ihre Autos stehen und gehen zu Fuß weiter. Es gießt in Strömen, Mama Maggi lächelt auf ihrem Reklameschild in Hochhausgröße sanft über das Unglück ihrer Stadt.»Wenn es richtig schlimm ist, kannst du auf den Hauptstraßen Jetski fahren«, erzählen uns zwei, die seelenruhig unter einem Regenschirm auf der offenen Ladefläche eines Pickups sitzen, der neben uns steht. »Leider ertrinken auch jedes Jahr viele Menschen. Das Problem ist all der Müll, der die Abwasserkanäle verstopft.« Vier Stunden Stau, Ulli bricht vor Erschöpfung am Steuer zusammen. Der Schweiß läuft ihm den nackten Oberkörper runter. Ich muss unglaublich dringend pinkeln. Der auf unser Auto donnernde Regen macht es nicht besser. »Hock dich doch einfach nebens Auto, es ist doch dunkel«, schlägt Ulli vor. »Machst du Witze? Hier sind überall Menschen und mein Hintern leuchtet im Dunkeln«, antworte ich ungläubig. Wittere aber im nächsten Moment meine Chance. Der Sicherheitsmann vom Autohaus rechts neben uns ist gerade endlich einmal kurz verschwunden, ich nutze die Gunst der Stunde, renne zu den Neuwagen und pinkle erleichtert neben einen Porsche. Kaum habe ich meine Hose wieder oben, rufen schon die ersten Passanten: »Hallo Weiße, na, wie geht's?« Sag ich's doch. Lächeln und winken.

Nach vier Stunden ist die Polizei da, um den Verkehr zu regeln. Nach fünf Stunden löst der Stau sich endlich auf. Völlig fertig und mit den Nerven am Ende finden wir nach zwölf Stunden Fahrt ein Restaurant, auf dessen Parkplatz wir campen dürfen. »Oberabfuck«, ruft Ulli, während er im Dunkeln auf dem Dachgepäckträger herumbalanciert und das Zelt aufschlägt. Es ist kurz nach Mitternacht, ich leuchte ihm mit der Taschenlampe und kann nicht sehen, wovon er spricht. Aber eines weiß ich: Oberabfuck können wir beide heute echt nicht mehr gebrauchen. »Unser komplettes Zelt steht unter Wasser«.

Wir haben mal wieder Glück im Unglück und bekommen Mitleidsrabatt im Nachbarhotel. Für 35 anstatt 120 Dollar pro Nacht und Zimmer können wir unsere Sachen mit der Klimaanlage trocknen.

Den kommenden Tag verbringen wir damit, das gesamte Auto leer-
zuräumen und jeden Winkel zu putzen. Die Luft ist so feucht und
warm, dass alles schimmelt. In Ayos Hundefutter haben sich Ma-
den gebildet, ganze Käferfamilien kultivieren in unserem Reis und
den Nudeln. Das Matschwasser der Pfützen ist von unten in unser
Geheimfach gelaufen und hat alle Unterlagen durchtränkt. Durch
die undichten Gummidichtungen um Terés' Scheiben ist Wasser
in unsere Schränke gelaufen. Ulli liegt erschöpft und unglücklich
auf dem aufgeweichten Holzboden des aufgeschlagenen Zelts.
Eine Blaskapelle marschiert vorbei, auf ihren uralten, teilweise
schiefen Instrumenten geben sie einen Marsch zum Besten. Ich
stehe in einer braunen Brühe barfuß in der Dusche und versuche
unser riesiges modriges Innenzelt mit der Hand zu waschen. »Guck
mal, jetzt weiß ich auch, warum unser Zelt unter Wasser stand«,
ruft Ulli mich plötzlich raus. »Die Hitze in Mali hat Mikrolöcher
in die Zeltabdeckung gemacht.« »Verdammt, und nun? So ist bei
der nächsten Fahrt gleich wieder alles nass«, stöhne ich verzweifelt. »Ich habe eine Idee«, ruft Ulli plötzlich motiviert. Und zieht
ab. Mit Gaffa-Tape klebt er die Löcher der Plane, mit Dichtmasse
schließt er die Fenster. Ich bekämpfe mit Chlor den Schimmel, Ayo
schläft. »Wir sind das A-Team«, lache ich. Ulli will mit Terés in eine
Werkstatt, Bremsen checken und die Öllecks abdichten. Sobald ich
erschöpft zur Ruhe komme, kriege ich Fieber und die Kotzerei. Als
Ulli zurückkommt, hat er Zwieback dabei. »Danke, dass es dich
gibt und danke für all das Kümmern.« Ich habe einen ganz schön
tollen Freund. Halb liegend vor Erschöpfung und Kopfschmerzen streichle ich ihm den Nacken. »Ich habe keine Ahnung, was
die Jungs in der Werkstatt gesagt haben, aber das läuft«, grinst er
müde. Von den kommenden Regentagen bekomme ich nichts mit.
Aber sie müssen schlimm sein. Ayo will gar nicht mehr vor die Tür.
Ulli erzählt, wie die Leute in der Nachbarschaft nachts nicht mehr
schlafen können, weil ihnen das Wasser bis unters Bett steht. Als er

Terés nach drei Tagen abholen will, ist unsere Werkstatt die einzige, die bei dem Regen nicht abgesoffen ist. Bei allen anderen steht den Autos das Wasser bis unter die Motorhaube.

Gelernte Lebensschlauheit der vergangenen Tage: Manchmal braucht es eine Menge Regen, um die Sonne wieder zu schätzen.

26

Verliebt

Die Sonne hängt tief über den Palmen und taucht alles in ein goldenes Licht. Den Strand, den Dschungel, die Wasseroberfläche. Die Fischer singen im Chor, als sie ihre bunt bemalten Boote aus dem Wasser ziehen. Ihr Gesang macht mir eine Gänsehaut. Eine warme Brise weht mir über die nasse Haut, als ich beobachte, wie am Ufer das halbe Dorf mit riesigen Schalen und Eimern angelaufen kommt, um sich etwas vom Fang zu ergattern. Eine Schildkröte streckt ihren Kopf aus dem Wasser und guckt mich an. »Na du?« Sie ist keinen Meter von mir entfernt. »Guten Abend«, lächele ich ihr zu und drehe mich mit meinem Surfbrett in ihre Richtung. Wir kennen uns, die letzten vier Wochen haben wir hier gemeinsam gesurft. »Morgen fahren wir«, flüstere ich und Tränen laufen meine Wangen runter. Dieser Ort hier ist für mich wie Magie. Die Farben, die Menschen, die Natur … Ich fühle mich so geerdet, so verwurzelt, so glücklich, so ruhig. »Bis ganz bald, versprochen«, flüstere ich der Schildkröte zu. Denn nichts auf der Welt fühlt sich gerade so klar an wie meine Rückkehr hierher. Ich weiß nicht wie, ich weiß nicht wann, aber das ist auch egal. Diese Gewissheit wiederzukommen ist das Einzige, was mir gerade beim Abschied hilft, dabei, alles ein letztes Mal zu machen.

»Das sind ganz klar Parasiten«, sagt der Arzt zu Ulli, der in einer Woche hier laut Waage bereits fünf Kilo verloren hat. »Aber kein Problem, ich verschreibe dir Antibiotika und du versuchst, auch wenn du keinen Appetit hast, bitte zu essen. Dein Körper braucht Kraft.« Wir waren jetzt schon so oft in diesem kleinen Dorfkrankenhaus, dass wir nicht mal was bezahlen sollen. Es ist Sonntag und der Doc wurde extra von Jules geholt, um Ulli zu untersuchen, der dieses Mal vor Schwindel bald aus seinem Stuhl gefallen wäre. »Wo haben sie eigentlich Arzt gelernt?«, frage ich neugierig, als der Doc Ullis Rezept schreibt. »Ich habe das nicht gelernt, die Regierung hat einfach gesagt, du bist jetzt Arzt, das ist dein Krankenhaus.« Fassungslos gucke ich zu Ulli, der allerdings mit anderen Dingen zu kämpfen hat als mit Smalltalk. »Wenn es was Ernstes ist, dann schicke ich die Leute in die nächstgrößere Stadt, das traue ich mir nicht zu. Aber so die Standarddinge wie Malaria, Parasiten oder eine Macheten-Verletzung, das ist täglich Brot«, schmunzelt er, meinen Gesichtsausdruck lesend. Ulli untergehakt laufen wir im Schneckentempo zurück zum Auto. Der fällt bei unserem Platz angekommen direkt wieder in den weißen, mit Band zusammengeflickten Plastikstuhl, um weiter zu lesen.

Ich verkrieche mich in die Hängematte und schreibe in mein Tagebuch. In mir ist so viel los. Ohne Freundin oder meinen besten Freud zum Reden ist Aufschreiben für mich mittlerweile der Weg, um meine Gedanken zu sortieren:

»Irgendwas ist immer, das ist echt die goldene Regel. Wir haben den für mich schönsten Ort der Reise gefunden, nach all den Strapazen der letzten Wochen.

Und was ist, wir können es mal wieder nicht gemeinsam genießen. Es ist wie verhext, als seien wir Yin und Yang. Wenn ich müde bin, ist Ulli wach, wenn ich gute Laune habe, hat er schlechte und umgekehrt. Wenn ich Lust auf Abenteuer habe, möchte er sich ausruhen, wenn die Kinder kommen, will er seine Ruhe und wenn alles andere stimmt, wird er krank. Ich verstehe seinen Humor nicht und er nicht meinen. Ich weiß, dass das alles nicht so richtig neue Erkenntnisse sind, aber bisher ›wollte‹ ich einfach immer glauben, dass wir es hinkriegen. Das ist jetzt anders. Wenn ich gerade einen Wunsch frei hätte, wäre es der, allein hier zu sein.«

Princess kommt angelaufen und springt zu mir in die Hängematte. »Komm, wir gehen baden«, Princess ist eine der Töchter von Jules, bei dem wir gerade campen. Der Rest der Familie besteht aus Tochter Grace, Sohn Ange, Frau Emma, Cisko, Erik und Tomar, die Jules als seine Brüder bezeichnet. Was hier oft heißt, gleicher Vater, aber andere Mutter oder nicht verwandt, aber zusammen aufgewachsen. Die Kinder im Ort haben Schulferien und die verbringen sie vor allem bei uns am Auto, wo wir zusammen Hula-Hoop-Reifen basteln, Armbänder flechten, häkeln lernen oder spielen. Durch die Kids fühle ich mich so wohl hier, als gehörte ich dazu. »On y va, ok los«, lache ich und springe auf. »Ich brauche noch kurz Papier«, sagt Princess unschuldig und hält die Hand auf. Sie muss aufs Klo und hat sich bei Ulli und mir abgeguckt, wie wir immer Papier dazu mitnehmen. Nach fünf Minuten kommt sie wieder, das Papier noch immer in der Hand, nicht wissend, wozu sie es brauchen könnte, und ruft:»Wasser und Seife bitte«, und hält die Hände unter unseren Wassersack. Ich schmeiß mich weg vor Lachen.

Die Kinder haben so viel Spaß, obwohl sie nichts besitzen. Alles wird zu Spielzeug. Jede Palme, jeder Stock und jeder Stein. Ich muss an meine Kindheit denken, wie ich den ganzen Tag im Wald war, Bäume bis in die höchsten Wipfel erklettert, Buden gebaut, Pfeil und

Bogen geschnitzt oder mit Erde so was wie getöpfert habe. Meine Fantasie kannte keine Grenzen. Heute spielen Vierjährige daheim an ipads, während Mama am Handy beschäftigt ist. Mir macht das Angst. Ich frage mich, ob ich in dieser Welt noch ein Kind möchte. In der World-Wide-Welt, in der wir alle online so connected sind und im real life so fremd wie nie. Vor allem uns selbst. Allerdings muss ich mir nichts vormachen, Dominique hatte recht, beinahe jeder in Westafrika ist bei Facebook, das ist smarterweise auf jedem neuen Handy schon drauf. Was diese echt einseitige Sicht auf die Welt langfristig hier anrichtet, keine Ahnung. Hier im Dorf gibt es weder Handynetz noch Strom. Dafür eine Gemeinschaft.

Mein Blick streift über die Felsen in der Bucht. Irgendwo hier ist Tomar. Ich kann ihn nicht sehen, aber plötzlich spüren. Mein Herz klopft vor Aufregung. Denn wenn ich ehrlich bin, liebe ich diesen Ort auch wegen ihm. Seit er vor ein paar Tagen zu mir rausgepaddelt kam und mich verschmitzt angegrinst hat, ist irgendwas in mir passiert. Als ob ich ihn zum ersten Mal richtig gesehen hätte. Sein trainierter Körper, die nassen kurzen Rastas, das breite Grinsen, die schüchterne, zurückhaltende Art. Seitdem bringt das Gefühl, ihn einfach küssen zu wollen, mich komplett um den Verstand. Vielleicht gut, vielleicht schlecht, dass Jules und Cisko uns gestern Abend entdeckt haben, bevor es passiert ist. Aber wie kann ich fahren und ihn je wieder vergessen, wenn ich es nicht ausprobiere? Im besten Fall küsst er richtig schlecht und ich kann ihn einfach wieder aus dem Gedächtnis löschen.

Der letzte Morgen, ich habe die Nacht kein Auge zugetan. Noch bevor die Sonne aufgeht, schäle ich mich aus dem Zelt, ohne Ulli aufzuwecken, um noch ein letztes Mal surfen zu gehen. Ich verabschiede mich von meiner Schildkröte. Die Setpause ist vorbei, die nächste Welle kommt, meine letzte. Sie bricht perfekt am Felsen, kommt auf mich zugerollt, ich paddele an, sie greift mein Brett, schiebt mich nach vorn. Ich springe auf und juchze vor Glück. Voller Adrenalin lande ich wieder am Strand. Mein Atem stockt. Ich weiß, dass er da ist. Ich kann spüren, dass er da ist. Dann sehe ich ihn auf einem Felsen sitzen. Den Blick auf die aufgehende Sonne gerichtet. In Gedanken versunken. Als er mich entdeckt, geht ein breites verschmitztes Grinsen durch sein Gesicht. »Bonjour Lena«, sagt er leise. Und mir wird klar, es ist kein Zufall, dass er hier ist. »Lass uns spazieren gehen«, flüstere ich und gehe zügig vorweg, damit uns diesmal bloß keiner sieht. Es ist die letzte Chance. »Wo willst du hin?«, fragt er. »Keine Ahnung, einfach weg von hier.« Ich grinse schüchtern, als ich mich zu ihm umdrehe. Wir sind kaum aus dem Dorf raus, da nehme ich seine Hand. Sie ist groß, rau und warm. Seine langen Finger umschließen meine. Ich traue mich nicht, ihn anzusehen, und renne beinahe, immer geradeaus. Es ist keine Menschenseele weit und breit zu sehen, der ewig lange weiße Sandstrand bietet jedoch keinen Schutz vor Blicken. Ich habe Angst, dass wir wieder verfolgt werden, als Tomar abrupt stehen bleibt. Ich drehe mich zu ihm, stehe zehn Zentimeter von ihm entfernt. Seine Hand fasst sanft mein Kinn, ich sehe zu ihm auf und im nächsten Augenblick versinke ich in seinen Lippen, in seinen Armen um meinen Körper. Ich kann spüren, wie erregt ich bin, wie erregt er ist. Die Welt steht still. Wenigstens für ein paar Sekunden.

Tränen laufen mir über die Wangen, als ich mich von all meinen Kids verabschiede, Princess verschluckt sich fast an dem Hähnchenknochen, den sie gerade kaut, als sie sieht, dass wir wirklich ernst machen und fahren. »Ich hab dich lieb, kleine Schwester. Bis bald«, sage ich und nehme sie fest in den Arm. Ihre Augen sind riesengroß. Die sonst so laute, freche Princess ist still. Ulli steuert Terés den Matschweg hoch, im Rückspiegel sehe ich, wie ihr die Tränen laufen.

Kein Tag vergeht mehr auf dieser Reise, an dem ich nicht an diesen Ort denke, an die Menschen hier, kein Tag vergeht mehr, an dem ich nicht an Tomar denke und an diesen Kuss, der alles nur noch schlimmer gemacht hat.

Gelernte Lebensschlauheit der vergangenen Tage: Ich gehe für Ulli. Denn mit ihm kann ich nicht bleiben.

GHANA

begrüßt uns mit Krankheit
und Anstrengung. Dann kommen
wir doch an. Und bleiben:
am schönsten Strand im Land,
der uns jedoch die schrecklichste Seite
der Natur offenbart.

Tage im Land: 207 | Gefahrene Kilometer: 11253
Pannen: 2 | Kontrollen: 56 | Anzahl Verhaftungen: 2
Tage am Meer: 178 | Gerittene Wellen: 435 | Begräbnisse: 1

27

Zurück ist keine Richtung

Dicke schwarze Wolken hängen bedrohlich tief über dem Meer. Der Wind weht durch die vom Wolkenschatten fast schwarz aussehenden Palmenblätter. Jeden Tag regnet es. Ich liege komplett erschlagen in der Hängematte. Mir ist kalt, ich habe null Appetit und irgendwie geht's mir einfach rundum nicht gut. Ich weiß nicht, ob es an Ghana liegt, meinem Heimweh nach der Elfenbeinküste oder den heftigen Antibiotika gegen nun auch meine Parasiten, die mich so depressiv machen. Unser ganzes Auto schimmelt, mal wieder. Tropische Biosauna. All unsere Kleidung, die Kopfkissen, die Bettdecke, das Zelt, alles ist durchsetzt von schwarzen Punkten. Das macht Ulli mehr als zu schaffen. »Was machen wir denn jetzt?«, ruft er verzweifelt. Ich bin genervt, was soll ich darauf schon antworten. »Ich will nicht mehr in diesem Zelt schlafen«, flucht er. »Stell dich nicht so an, du hast Parasiten, was soll dir denn Schimmel anhaben.« So ein verdammtes Weichei, denke ich. »Ich will umdrehen«, schluchzt er. »Das Klima hier tut mir einfach nicht gut und weiter im Süden wird es nur noch schlimmer.«

Mein Bauch krampft sich zusammen, hat er das grad wirklich gesagt? »Bitte was? Ich kann nicht umdrehen. Ich kann nicht zurück.« Zurück. Mir wird richtig übel, wenn ich daran denke. Zurückfahren hieße ins alte Leben zurück, dabei hat sich in mir noch gar nicht wirklich was verändert. »Ich bin nicht bereit, ich habe noch nicht gefunden, was ich auf dieser Reise suche.« »Was suchst du denn?« »Mich selbst. Wenn ich jetzt umdrehe, verliere ich mich wieder völlig. Du bist noch nie von einer langen Reise zurückgekommen, du weißt nicht, wie das ist. Du kommst zurück und nach nicht mal zwei Tagen ist es für alle, als wärst du nie weg gewesen. Du wirst einfach in deine alte Lücke zurückgedrückt. Und irgendwann fügst du dich wieder ein, weil es das Einfachste ist. Weil es Gewohnheit ist und alle guten Vorsätze bald wieder vergessen sind. Wieder verloren in der Masse.« Ich höre mich reden und weiß gleichzeitig genau, dass Ulli erst begreift, was ich meine, wenn er selbst diese Erfahrung macht. »Dann war's das jetzt?«, schluchzt er. »Scheiße, ich weiß es doch auch nicht«, heule ich verletzt zurück. Ich kann grad nichts Schönes mehr an uns sehen. Seit neun Monaten fahren wir gemeinsam durch Afrika. Neun Monate, 24 Stunden aufeinander und immer wieder meine Zweifel. Seit ich Tomar kennengelernt habe erst recht. Auch etwas, worüber wir sicher reden müssten, aber das ist mir so heilig, dass ich es einfach nicht mit ihm teilen kann. Ich glaube, ich habe wirklich den falschen Mann mit auf diese Reise genommen.

Eine der vielen Tausend roten Ameisen krabbelt vom Baum zur Hängematte und jetzt an meinem Bein hoch. Ich bin wütend und verstört und schnipse sie weg. Ich fühle mich verraten. Soll er doch allein nach Hause fahren. »Ich drehe nicht um, im Zweifel fahre ich allein weiter«, sage ich stur. Oh Mann, jetzt ist es raus. »Nicht dass du Ulli allein in der Wüste stehen lässt«, haben ein paar Freunde schon kurz vor unserer Abfahrt gesagt. Ein Satz, der sich insgeheim eingebrannt hat und irgendwie meine heimliche Notlösung war. Ayo liegt unter der Hängematte und macht keinen Mucks. Ayo. Seit wir sie im Senegal mitgenommen haben, hat sie uns in immer wieder aufkommenden Streitsituationen zusammengehalten. Aber dieses Mal ist es anders.

»Aber du liebst Ulli doch. Das ist die beste Beziehung, die du haben kannst. Du musst nur endlich das Beste daraus machen. Wer bitte macht so eine Reise mit dir mit, lässt sich durch die letzten Ecken

Afrikas schleppen und erträgt dabei deine ganzen Launen? Ohne Ulli wärst du nie bis hierher gekommen«, sagt mein Kopf.

»Du kannst gar nicht allein weiter, alle Autopapiere sind auf meinen Namen ausgestellt, damit kommst du über keine Grenze.« Ullis Worte schlagen ein wie eine Bombe. Er hat recht, alles läuft auf seinen Namen. Darüber habe ich bisher überhaupt nicht nachgedacht. Ulli hat so ziemlich alles vor der Abreise organisiert und geplant. So wie eben immer. Er übernimmt alle Verantwortung und ich nehme das bequem an. Etwas, das wir uns eigentlich in Marokko vorgenommen haben zu ändern und dennoch bisher nicht getan haben. Jetzt habe ich den Salat. »Nicht dein Ernst«, sage ich und Tränen schießen mir in die Augen. Ulli nickt wissend, ich tue ihm leid. Es ist langsam angekommen, dass diese Reise mir alles bedeutet. Dass wir beide mit unterschiedlichen Vorstellungen, unterschiedlichen Voraussetzungen und unterschiedlichen Bedürfnissen losgefahren sind. Und dass es für mich eben nicht nur irgendeine Auszeit mit »Endstation altes Leben« ist. Liebevoll nimmt er mich in den Arm. Wir weinen, schluchzen und wissen auch nicht weiter. Jeder Kompromiss wäre für den jeweils anderen ein fauler. Dann habe ich plötzlich eine Idee: »Warum müssen wir das Ganze denn jetzt entscheiden? Warum nicht einfach eine Weile genau da bleiben, wo wir sind? Alle Sorgen und Ängste beiseiteschieben und mal wieder einen richtigen Alltag leben? Vielleicht fällt die eine oder andere Entscheidung dann von ganz allein?«

Gelernte Lebensschlauheit der vergangenen Tage: Es ist vermessen, mit jemandem zusammen zu sein und zu hoffen, dass er sich verändert. Veränderung fängt bei mir selbst an, bei niemand anderem.

28

Die beste Freundin verlieren

Drei Wochen wollen wir hier in der Ecolodge an einem der sicher schönsten Strände Ghanas arbeiten und surfen. Mal wieder Teil einer Gemeinschaft sein, Neues lernen. Daraus werden sechs Monate. Der Kontrast zwischen Lodgeleben und Dorfleben könnte nicht größer sein. Wir sitzen auf unseren Brettern, der morgendliche Surf vor Arbeitsbeginn, als es plötzlich einen dumpfen Knall gibt. Mein Brett hebt sich, dann senkt es sich wieder. Am Ufer, keine 200 Meter entfernt, springen zig Fischer ins Wasser. »Haben die eben eine Bombe gezündet?« Ich kann es kaum fassen und gucke ungläubig zu Ulli, der gerade in der Sekunde vor dem Knall wieder aufgetaucht ist. »What the fuck«, ruft der, »spinnen die?« Ich winke aus Angst vor einer weiteren Explosion zu den jetzt wieder am Ufer stehenden Jungs. »Könnt ihr bitte Bescheid sagen, bevor ihr eine Bombe zündet? Dann können wir vorher aus dem Wasser raus, das wäre super.« »No problem«, rufen die Fischer nur lachend im Chor. Alles ist immer kein Problem. Bis was passiert. Etwas Kacke kommt an uns vorbeigeschwommen. Das morgendliche Geschäft wird hier direkt am Strand verrichtet, da holen es die Wellen. Die Alternativtoilette ist der Mangrovenwald. Der Strand ist jedoch die hygienischere Variante. Denn seit Tagen regnet es und der Wald steht unter Wasser. Die Dorfbewohner sind pragmatisch. Einige waschen ihre Wäsche in dem Wasser, während ihre Kids darin schwimmen. »No problem.« Mr Robert, unser Koch, lacht, als ich ihn frage, ob den Menschen bewusst ist, wie krank sie das machen kann. »Das ist halt Dorfleben, schert euch nicht drum«, zuckt er amüsiert mit den Schultern. In der Lodge selbst – eine andere Welt. Die Gäste sind hauptsächlich deutsche Volontäre, die über diverse Hilfsorganisationen hier in Ghana sind. Gutes gegen Geld scheint die Devise. Tausende von Euro, erzählen sie uns, haben sie daheim gezahlt, um vor Ort bei einer Familie zu wohnen und in einer Schule, einem Waisenhaus oder einem Krankenhaus mitarbeiten zu dürfen. Keine Ahnung, wo all das Geld hingeht, aber bei den Familien landet es nicht. »Die zahlen Geld, um arbeiten zu dürfen«, sagt Mr Robert und schüttelt den Kopf. Das geht über seine Vorstellungskraft. Am krassesten ist für mich eine Amerikanerin, die über das Peace Corps hier ist. Über sich selbst sagt sie: »Ich habe Angst vor Menschen.« Sie ist 19 und lebt für zwei Jahre in einem Dorf am Arsch der Welt, um dort den Bauern zu zeigen, wie die ihren Job besser machen. Hilfe, helfen – Dinge, über die ich immer öfter nachdenke. Wem wird hier eigentlich geholfen, den Menschen vor Ort oder denen, die als Helfer kommen? Nach so vielen Ländern, die wir durchquert haben, habe ich hier an der Küste Ghanas das erste Mal einen Kulturschock, und der konfrontiert mich mit meiner eigenen Kultur.

Unser Job besteht darin, gemeinsam mit Jimmy, Carlos und Paul ein Haus und Möbel dafür zu bauen, aus Bambus, Raffia und Beton. Die Arbeit ist knallhart, da wir den Beton selbst herstellen. Mit Schaufeln rühren wir die Masse aus Sand, Wasser, Steinen und Zement zusammen und verteilen sie mit der Schubkarre. Als Kind habe ich immer mit der verrosteten Säge in unserem Schuppen gespielt. Hier lerne ich mit genauso einem Teil das härteste Holz der Welt mit der Hand durchzusägen. Das macht so viel Spaß! Die körperliche Arbeit, das Erfolgserlebnis, wenn etwas fertig ist, das Teamwork. Ulli und ich gehen total darin auf. Auch wenn für ihn schwer auszuhalten ist, dass es keinen Plan gibt und schon gar keine rechten Winkel. Jimmy, quasi so was wie der Bauleiter, tut sich erst schwer, dass ich als Frau und dann auch noch als Weiße hier auf dem Bau mitarbeiten soll. Aber mit der Zeit verfliegen seine Vorurteile und er zeigt mir stolz, wie er Komposttoiletten baut. »Weißt du, ich würde so gern mal nach Europa, ich habe gehört, da haben sie Maschinen. Hier muss ich immer alles mit der Hand machen, ich würde so gern mal eine Maschine benutzen. Mit der könnte ich alles viel besser machen«, erzählt er mir.

Völlig fertig sitzen Ulli und ich abends vor unserem Auto und gucken in die Sterne. »Weißt du, manchmal wünsche ich mir, dass alle so frei sein können wie wir gerade. Dahin zu gehen, wohin sie wollen und sich ihr eigenes Bild machen«, denke ich laut. Ich habe es kaum ausgesprochen, da kommt ein schwarzes Auto um die Ecke gebogen. »Ich fasse es nicht«, ruft Ulli aufgeregt, »die Schweizer sind wieder da.« Endlich wieder vereint! Die Freude ist riesig, wir fallen uns überglücklich in die Arme. Ayo und Saida begrüßen sich, als hätten sie sich hundert Jahre nicht mehr gesehen und quietschen vor Freude. Wahnsinn, wie sehr wir sechs auf dieser Reise bereits zusammengewachsen sind. Wir kennen uns nicht lang, dafür aber intensiv. So viel Zeit wie mit Cyril, Denise und Saida habe ich selbst auf die Jahre gerechnet mit keinem meiner Hamburger Freunde verbracht. Wie auch, was wir hier gerade leben, ist einfach ein Geschenk.

In dieser Konstellation bleiben wir jedoch nicht mehr lang. Sechs Wochen Autochaos, dazu erst Staphylokokken und dann auch noch Malaria für Cyril waren einfach zu viel. Ihre Entscheidung ist gefallen: Nach Ghana geht es für sie über Togo und Benin wieder nach Hause in die Schweiz. »Ein altes Bauernhaus, in dem ich als Kind immer wohnen wollte, steht leer. Und irgendwie ist es Zeit für etwas anderes im Leben. Familie, Kinder«, erzählt Denise.

»Hatte der Griot also recht!«, lache ich. »Und Cyril ist auch ohne Opferschaf weich geworden.« Es macht mich traurig, dass unsere Reise nicht gemeinsam weitergehen wird, und zugleich freue ich mich für sie. Mal wieder entscheiden sie gemeinsam und ziehen das zusammen durch.

Es ist Sonntagabend, als Ayo nicht heimkommt. Alle anderen Hunde der Lodge und auch Saida sind wieder da. Ich habe plötzlich unglaubliche Angst. »Das ist nicht normal.« Ulli läuft mit der einzigen Taschenlampe los, um sie zu suchen. Nichts. Ich lege ihre Decke unters Auto, falls sie nachts wiederkommt. Jede Stunde stehe ich auf, um nachzusehen. Nichts. Ich wälze mich hin und her und plötzlich ist da dieser furchtbare Gedanke: Ein Krokodil hat Ayo geholt. Ich habe keine Ahnung, wo er herkommt, aber er fühlt sich real an. Ich schaudere vor Angst und Panik. Um halb sechs dämmert es endlich. Genug Licht, um etwas zu sehen. Ich muss los. Ich muss meinen Hund finden. Ich laufe an den Strand und sehe zwei von Ayos Hundefreunden rechts von mir Richtung Fluss. Ein dunkelgrünes, von Dschungel umwachsenes Rinnsal, das in den Strand mündet. Da es Süßwasser ist, liebt Ayo es, in ihn reinzuspringen und beim Schwimmen aus ihm zu trinken. Erst vor ein paar Tagen habe ich sie darin fotografiert, im weichen Licht der Abendsonne. Mit ihren Segelohren, die immer noch nicht wussten, ob sie nun Steh- oder Hängeohren werden wollten, immer eines in unsere Richtung und eines in Richtung Abenteuer. Mir schnürt sich die Kehle zu. Ich gehe ein wenig auf das Wasser zu und drehe dann panisch in die entgegengesetzte Richtung ab. Verzweifelt pfeife ich, rufe »Ayyyyooo«, aber nichts. Ich laufe über das gesamte Grundstück der Lodge, Hauptsache weg vom Fluss. Sicher hat sie irgendwer versehentlich irgendwo eingesperrt, das muss es sein. Tränen laufen über mein Gesicht. Ich habe solche Angst, nein, ich habe solche Panik! »Ayo, Ayo, Ayo!«, winsele ich mittlerweile.

Das Meer und der Himmel sind grau in grau. Die Wellen schlagen bedrohlich hoch gegen die schwarzen Felsen am Strand. Ich gehe einen riesigen Bogen und lande dann doch wieder beim Fluss. Die zwei Hunde schnuppern am Wasser. Dann sehe ich Ulli. Er ist kreidebleich und kommt mit einem langen Stock in meine Richtung. NEIN! Nein, nein, nein, nein ... Das ist alles, was ich denken kann. Ich schüttle den Kopf, wütend, entschlossen: NEIN, NEIN, NEIN!!! Jimmy und Mr Robert folgen Ulli. Carlos guckt mich betroffen an, als er langsam an mir vorbeigeht. »Ich habe etwas Weißes im Fluss gesehen«, sagt Ulli beklommen. Ich breche zusammen. Wie ein nasser, schwerer Sack. Ich kann's nicht glauben. Ich erlebe die nächsten Stunden wie durch eine Blase. Ich höre mich selbst schreien, weinen, ich liege im Sand und kann vor Schmerz und Trauer nicht mehr sagen als »Ulli, Ayo, Ulli, Ayo!!!!!«.

Mein Hund ist tot. Unser Hund ist tot. Meine Kleine ist tot. Ich habe nicht richtig aufgepasst. Nein, nein, nein, das darf nicht sein. Ulli bringt mich zum Auto, während die anderen Ayo bergen. Vom Auto aus sehe ich, wie sie sie am Strand entlang hinter die Lodge tragen. Sie ist es. Sie bewegt sich nicht mehr. Sie ist tot. Sie ist ein lebloser weißbrauner Körper. Ich sehe ihre goldbraunen Augen vor mir, spüre ihren dicken weichen Bauch in meinen Händen, den ich gestern Morgen noch gekrault habe. Ich sehe sie vor mir, wie sie am Abend noch zum Sonnenuntergang den Strand entlanggerannt ist, zusammen mit Saida. Als würde es immer so weitergehen.

Cyril und Denise werden wach von meinem elenden Geschrei. Noch völlig schlaftrunken klettern sie aus ihrem Zelt. Denise bleibt geschockt stehen, als sie mich sieht. »Denise, Ayo, Denise, Ayoooo!!!«, ich kann nicht aufhören zu zittern, mein ganzer Körper bebt vor

Schmerz. Als die beiden verstehen, was passiert ist, kommen auch ihnen die Tränen. Ich brauche den gesamten Vormittag, um mich halbwegs zu beruhigen. Ulli schafft es irgendwie, sich darum zu kümmern, dass Ayo begraben wird. Er, Denise und Cyril verabschieden sich zuerst und legen dann Palmenblätter über ihren Körper, um mich zu schonen. Ich möchte sie so in Erinnerung behalten, wie sie war. Alle Mitarbeiter sind gekommen, um bei uns zu sein. Ich lege ihr ihren Stoffhund und ihr Kissen ins Grab. Mr Robert hat eine kleine Palme besorgt, die er nun über ihr einpflanzt. Um diese herum legen wir ihr Halsband mit ihrer Muschel aus dem Senegal, die wir ihr umgebunden haben, als wir sie mit neun Wochen kennenlernten. Ulli hat den Ort für das Grab neben einem alten Autoreifen ausgesucht. Sie ist halt ein echter Reisehund. Keine Sekunde haben wir in den letzten neun Monaten ohne sie verbracht. Jedes Abenteuer zusammen durchgestanden. Sie hat unsere Reise erst lebhaft gemacht, uns so oft zum Lachen gebracht, uns so viel Liebe gegeben, uns zusammengehalten, wenn wir nicht mehr zusammen sein wollten, alles Schwere so viel leichter gemacht. Jetzt ist sie tot und eine Weiterreise ohne sie scheint völlig absurd.

Gelernte Lebensschlauheit der vergangenen Tage: Schätze in jeder Sekunde die, die du um dich hast, denn unser aller Leben ist zeitlich begrenzt. Und diese Zeit kann schon morgen zu Ende sein.

29

Leben und Überleben

In Ghana haben die Menschen entschieden, dass sie nicht mehr weinen wollen, wenn jemand stirbt. »Dann kommen wir aus dem Weinen ja gar nicht mehr raus«, erklärt Carlos, der sich wie alle um uns sorgt. »Stattdessen feiern wir den Tod mit einer drei Tage andauernden Party.« Ich fühle mich schlecht, um einen Hund zu weinen, wenn andere um ihre Kinder weinen, kann mir aber nicht helfen. Ayos Tod bringt Ulli und mich wieder näher zusammen, nur zu zweit stehen wir das alles gerade irgendwie durch. Cyril, Denise und Saida sind abgefahren. Für sie ist es Zeit. Und für uns? Nichts macht mehr Sinn: weiterfahren nicht, hier bleiben nicht, arbeiten nicht, nicht arbeiten nicht. Wochenlang werkeln wir so vor uns hin. Sitze ich unter Tränen auf der Baustelle und sehe Ayo in jeder Ecke. Mache mir schwere Vorwürfe und vermisse sie einfach nur so unendlich. Alles würde ich dafür geben, wenn sie wieder da wäre, alles.

Wir sitzen am Lagerfeuer und schauen den blutroten Mond an, als Jimmy plötzlich aufgeregt angelaufen kommt. »Am Strand legt eine Schildkröte Eier.« Das lassen wir uns nicht zweimal sagen und stürzen an die Stelle, auf die er zeigt. »Schildkröten fallen in eine Art Trance, wenn sie Eier legen«, erzählt Mr Robert, »dann kann man ruhig näher an sie ran.« Ich bin völlig beeindruckt. Diese Schildkröte ist wahrscheinlich so alt wie ich. Tränen laufen ihr Gesicht hinunter, als sie die Eier über Stunden legt und dann sorgfältig hinter sich einbuddelt. Auf dem Weg zurück ins Meer verwischt sie, so gut es geht, ihre Spur. Jimmy hat bereits einen Eimer geholt, gemeinsam mit Mr Robert buddelt er die Eier wieder aus und bringt sie in ein

GHANA

Schutzgehege, das die Lodge gebaut hat. Hier buddelt er sie wieder ein und legt einen Kasten mit Gitter darüber. »So schützen wir sie vor Dorfbewohnern, die die Eier essen«, sagt er.

Am nächsten Morgen weiß ich, was er meint. Auf dem Weg zum Surfen kommen wir an einem Loch nach dem anderen vorbei. Daneben Plastikreste von Schalen, die zum Ausbuddeln verwendet wurden. Ich zähle sechs Löcher. Das macht je nach Anzahl der Eier im Nest grob um die 1200 geräuberte Eier, in nur einer Nacht und das nur an diesem Strandabschnitt. Das noch nicht verdaut, raschelt plötzlich etwas oben am Strand im Schilf. Wir gehen nachsehen und finden ein Bild des Grauens. Eine riesige Schildkröte, sicher so groß wie ein Sessel, liegt auf dem Rücken. Aus ihrem Kopf strömt dick ihr Blut. Sie atmet schwer. Als sie uns kommen hört, schlägt sie verzweifelt mit den Flossen. Ulli rennt Hilfe holen und kommt mit Mr Robert, Jimmy und Carlos zurück. Mit einem Bambusrohr schaffen sie es, das Tier auf den Bauch zu drehen. Dann wird das ganze Ausmaß dessen, was hier passiert ist, klar. »Oh mein Gott«, sage ich und halte mir vor Schreck den Mund zu. Tränen schießen mir in die Augen. »Jemand hat ihr den Kopf mit einer Machete eingeschlagen«, sagt Mr Robert. Ihr schwerer Atem klingt wie röcheln. Ich kann ihre Angst so deutlich spüren, als wäre es meine eigene. »Diese verdammten Arschlöcher«, winsele ich. »Wenn sie sie umbringen wollten, warum haben sie es nicht richtig gemacht?« »Vielleicht haben wir sie aufgeschreckt«, antwortet Ulli, ebenfalls kreidebleich. »Wir müssen sie erlösen«, flehe ich die Jungs an. Doch keiner von uns hat den Mumm dazu. »Es besteht immer noch die Chance, dass sie überlebt.« Der Lodgebesitzer ist mittlerweile auch da. »Ich will, dass der Chef des Dorfes das hier sieht. Ich will, dass das endlich aufhört«, ruft er. Zu viert hieven die Männer das Tier auf einen Laster und rasen ins Dorf. Ulli und ich heben derweil ein Loch im

162

Sand aus, worin wir eine Plane legen, die wir mit Wasser füllen. Eine weitere Plane dient als Schutz vor der Sonne. Ein Rescue Center in der Türkei, mit dem wir Kontakt aufnehmen, sagt, wir sollen ihr den Kopf nähen lassen. Allerdings ist kein Tierarzt in der Nähe, dem wir das zutrauen. Der Dorfchief zeigt sich wenig beeindruckt und fragt lediglich, ob die Schildkröte jetzt im Ort gelassen wird zum Essen. »Ob hier je mehr Bewusstsein geschaffen werden kann für eine Art, die vom Aussterben bedroht ist?«, frage ich Ulli. »Hier geht es halt darum, dass die Menschen was zu essen auf den Teller kriegen«, antwortet der.

Ich bin völlig zerrissen. Die Tiere sind ja nicht wegen der Locals vom Aussterben bedroht. Trotzdem, ich bin wütend und unendlich traurig. Wir pflegen die Schildkröte über Nacht. Sie will weder Seegras fressen, das ich ihr vom Surfen mitbringe, noch will sie trinken. Dafür aber ganz klar zurück ins Meer. Immer wieder dreht sie sich in die Richtung. Legt sich, so gut sie kann, an den Rand des Beckens. Das Blut ihrer Wunden ist getrocknet. Ein Auge hat sie verloren. Mein Herz brennt, ich kann nicht aufhören zu weinen. »Wir lassen dich ziehen, ich wünsche dir von Herzen alles Gute«, flüstere ich. Wir hieven sie an den Strand. Sie schaut aufs Meer, als ob sie sich noch einmal sammelt. Die erste Welle schlägt sie zurück ans Ufer. Ich halte die Luft an. Sie atmet tief durch, dreht sich entschlossen wieder zum Meer und verschwindet mit der nächsten Welle. Noch lange schauen wir ihr gedankenverloren nach. Ins Becken hat sie ein Ei gelegt. Ich nehme es vorsichtig und buddele es ein. Einige Wochen später schlüpft eine Babyschildkröte daraus.

Gelernte Lebensschlauheit der vergangenen Tage: Erst wenn mein eigenes Leben gesichert ist, kann ich mich um Naturschutz kümmern. Und: Wir sind alle eins.

30

Heim

Ich kritzle in mein Tagebuch, will dringend meine Gedanken sortieren: 14 Monate Westafrika. Schon krass, eine lange Zeit und doch so kurz. Eine Zeit voller Achterbahngefühle, schönster und schlimmster Momente. Seit Ulli in Deutschland ist, habe ich das Gefühl, endlich einmal mit mehr Abstand auf das zu blicken, was uns ausmacht, was diese Reise ausmacht. Seine Auszeit vom Reisen, sechs Wochen daheim, sind so wichtig für ihn, so wichtig für mich, so wichtig für uns. Endlich kann ich mal wieder ich sein, muss ich Eigenverantwortung übernehmen, werde mal wieder als Einzelperson gesehen, nicht als wir. Etwas, das mir so gefehlt hat. Ist schon krass, wie doll wir einfach festgefahren sind. Ulli, der verantwortungsvolle Kümmerer, der mir immer alles abnehmen will, aus Fürsorge, aber auch Angst, dass ich es für seine Ansprüche nicht ordentlich genug mache. Ich, die Chaotin, die sich bequem alles abnehmen lässt, sich dadurch aber immer unsicherer fühlt. Ich traue mir nichts mehr selbst zu und Ulli ist permanent überfordert. Schon verrückt. Ich meine, ich habe ganz Ost- und Südafrika, Australien, Neuseeland, Asien, Mittelamerika allein mit meinem Rucksack bereist, habe immer wieder meine Grenzen gesucht, um an ihnen zu wachsen. Und jetzt zu zweit auf dieser Reise habe ich immer das Gefühl, zu dumm für alles zu sein. Krass, wie wir uns gegenseitig und vor allem auch selbst im Weg stehen. Zu zweit sein ist manchmal schwieriger als allein.

»Ich habe so die Schnauze voll, die gehen mir alle einfach nur noch auf den Sack.« Ulli sitzt auf dem Holzstuhl vor unserer Hütte. Wir arbeiten seit vier Monaten in der Lodge und dürfen immer, wenn mal eine Hütte frei ist, dort ein paar Nächte wohnen. Es ist gut, mal aus dem Auto rauszukommen, Tapetenwechsel. Und auch einen Rückzugsort zu haben, an dem wir abends abgeschirmt von den anderen sitzen und einfach sein können. Fufu liegt auf dem kalten Fußboden. Der kaffeetassengroße Hundewelpe ist ein Geschenk von unserem Freund Carlos. Er sieht aus wie ein explodiertes Wollknäuel und denkt, er sei Napoleon. Nach fast zwei Monaten ohne Ayo haben wir nachgegeben. Carlos hat einfach nicht aufgehört, uns von seinen Welpen zu erzählen. Aus »Wir gucken sie uns nur mal an« ist »Wir müssen sie einfach mitnehmen« geworden. Fufu hat die Sache für uns entschieden, indem er auf uns zugelaufen kam und uns frech in den Finger gezwickt hat. Fufu ist ein Nationalgericht in Ghana und die Kinder aus dem Dorf haben sich schlappgelacht, als wir ihn spontan so genannt haben. Fufu Carlos. Carlos ist stolz wie Bolle. Mit Fufu ist wenigstens für eine Weile mehr Freude zurückgekommen. Aber seit einer Woche hängt Ulli immer mehr durch, ist nur noch genervt von allen, kommt nicht mal mehr mit mir surfen. Es ist Anfang Dezember, mein 30. Geburtstag und Weihnachten stehen vor der Tür. »Weißt du was, ich finde du solltest nach Hause fahren. Deine Familie über Weihnachten besuchen und deine Freunde sehen«, schlage ich ihm vor. Er guckt mich mit großen Augen an. »Meinst du?« »Auf jeden Fall.« »Ich würde wirklich gern Weihnachten bei meiner Familie sein, vielleicht kriege ich sogar noch einen Platz auf der Snowboardtour mit den Jungs über Silvester.« Plötzlich strahlt er übers ganze Gesicht. »Ich glaube, es ist das Beste. Allein wie du dich schon bei dem Gedanken freust. Fahr heim und finde raus, was du weiter von dieser Reise möchtest. Ob du sie überhaupt noch möchtest. Den Rest sehen wir dann.« Meinen Geburtstag verbringen wir noch gemeinsam. An einem Wasserfall in den Bergen und abends mit Freunden tanzen, bis der Arzt kommt. Besser hätte ich es mir nicht wünschen können. Dann ist es so weit und ich bringe Ulli zum Flughafen. Ein komisches Gefühl, immer wenn ein Abschied naht, wenn eine große Veränderung ansteht, neige ich dazu, mich am Alten festzukrallen. Plötzlich sind wir wieder ganz harmonisch miteinander, habe ich ein unglaubliches Nähebedürfnis, das Gefühl, wieder neu verliebt zu sein, ihn zu verstehen. »Ich wünsche dir, dass du Klarheit für dich findest. Keine halben Sachen mehr«, flüstere ich. Dann ist er weg. Fufu und ich treffen uns noch mit einem Freund. Ein irgendwie auch echt befreiendes Gefühl. »Ich treffe mich«, nicht »Wir treffen uns«, außerdem eine prima Ablenkung, um nicht erst mal in ein Loch zu fallen. Dann heißt es neun Stunden Fahrt zurück zur Lodge. Dreimal drehe ich im Stadttrubel Accras wieder um, weil ich nicht gleichzeitig dieses blöde GPS lesen und mich auf den Verkehr konzentrieren kann. Aber dann schaffe ich es endlich raus aus der Stadt. Völlig durchgeschwitzt, aber stolz. »Bin ich froh, dass Ulli das nicht gesehen hat, der hätte die Hände über dem Kopf zusammengeschlagen und eingegriffen. Aber ich hab's geschafft und zwar auf meine Art und ganz allein«, denke ich und schmeiße Musik an, zu der ich die nächsten Stunden laut mitgröle. Fufu pennt. Das nächste Problem: die Mautstationen. Unser Steuer ist auf der rechten Seite, bezahlen muss man links. Aber auch das löst sich von ganz allein, als tatsächlich Gemüseverkäuferinnen angelaufen kommen, um mir zu helfen. Mein Geld einfach dem Kassenwart geben, mir winken und eine gute Fahrt wünschen. Habe ich das vermisst, mal wieder auf mich allein gestellt zu sein.

Gelernte Lebensschlauheit der vergangenen Tage:

Erstens: Ulli und ich haben das, was wir mit anderen so sehr suchen, nämlich die Augenhöhe miteinander, komplett verloren.

Zweitens: Wenn jemand anderes die Verantwortung übernimmt, werde ich bequem und lehne mich zurück. Auf lange Sicht verliere ich jedoch genau dadurch mein Selbstbewusstsein, das Vertrauen, auch allein zu funktionieren.

31

Allein

Wieder daheim. Alle freuen sich. Millie, meine Freundin, die hier die Bar schmeißt, drückt mich so fest, dass ich spüre, dass es ok ist, noch länger hier zu sein. Dass es vielleicht sogar wichtig ist, hier zu sein, dass ich daran wachsen werde. Auch wenn mich die Sehnsucht innerlich zerreißt ... So gern möchte ich Tomar wiedersehen, aber komme ja mit dem Auto nicht über die Grenze ... Ich surfe täglich, so viel ich kann, lerne Möbel zu bauen, nehme Trommelstunden bei Robert und Simon, zwei Jungs aus dem Dorf, von denen ich mehr über das Leben lerne als über das Trommeln. Die beiden sind in ziemlich ärmlichen Verhältnissen aufgewachsen. Dennoch ist das richtige Styling für sie alles. Ghana ist halt einfach cool, da zwinkern mir schon Dreijährige zu wie Gigolos. Robert und Simon werden für mich wie kleine Brüder. »Weißt du, meine Familie ist schon stolz auf mich, sie kann mich nicht unterstützen, aber wenn ich bei Festen spiele, kommen sie zum Gucken. Trommeln ist in Afrika nichts wert, jeder kann trommeln, weißt du?«, erzählt mir Robert, als wir gemeinsam den Strand entlangspazieren. »Keiner sieht, dass das etwas Besonderes ist. Aber Trommeln ist mein Leben, ich habe nur das. Ich würde alles dafür geben, wirklich als Lehrer unterrichten zu können.« Arbeit gibt es hier außer Fischerei oder Feldarbeit nicht. Die paar Touristen, die ab und zu bei den beiden Unterricht nehmen, reichen nicht aus, um davon zu leben. Was mich wiederum sehr wütend macht, ist die Einstellung der zwei. Dadurch dass sie viel mit Europäern zu tun haben und mit jedem über Facebook in Kontakt bleiben, finden sie immer wen, der ihnen finanziell aus der Patsche hilft. »Was ist das für ein Gefühl, immer auf Kosten anderer zu leben?«, frage ich Simon eines

Tages. Ich weiß, die Frage ist provokant, aber ich weiß auch, dass wir mittlerweile wirklich gute Freunde sind, und ich finde, Freunde sind dazu da, die unangenehmen Fragen zu stellen, um sich weiterzuentwickeln. »Hm«, murmelt Simon und schweigt, fünf Minuten ist Stille, dann sagt er: »Weißt du, wir haben ja keine andere Wahl. Wir wollen es ja ändern, aber es gibt einfach keine Arbeit.« »Und alles, was ihr bisher mit dem Unterricht an mir verdient habt, habt ihr in neue Klamotten und Alkohol investiert, und jetzt ist es alle.« Wieder Schweigen. »Das ist einfach Afrika, das ist halt so«, murmelt er. Das Nicht-an-morgen-Denken, was ich hier bei vielen so bewundere, hat eben auch seine Schattenseiten. »Weißt du, ihr habt eine Menge auf dem Kasten. Und ich sage das bloß, weil mir auch gerade bewusst geworden ist, dass ich irgendwo entlang der Strecke meine Eigenverantwortung abgegeben habe. Und das hat mir mein Selbstbewusstsein genommen. Aber ich weiß auch, wie gut es sich anfühlt, aus eigener Kraft heraus was zu schaffen.« Simon schaut mir tief in die Augen und nickt. Ich weiß, er hat verstanden, was ich sagen will, und ich kann auch sehen, dass ich damit einen Nerv getroffen habe.

Die Wochen vergehen wie im Flug. Weihnachten, Silvester, ich tanze, lache, weine, herze. Millie und ich sitzen in der Bar und quatschen über Liebe, über Männer. Sie ist absoluter Fan von Ulli. »Lena, du und Ulli ihr solltet heiraten und Kinder kriegen«, sagt sie immer wieder. Ich kann es nicht mehr hören und erzähle ihr von meinen Zweifeln, und als Allererster auch von Tomar. »Weißt du, wenn du in Ghana als Frau fremdgehst, dann stirbst du«, sagt sie fest überzeugt. »Wie bitte?« Ich kann nicht glauben, was sie da sagt. »Ja, ein Mann darf das. Wenn der eine Frau sieht, die ihm gefällt, muss er nur seine Ehefrau darüber informieren, dass er fremdgehen wird. Die hat allerdings keine Wahl und muss Ja sagen. Aber wenn du das als Frau machst, war's das.«

»Das glaubst du? Das hat sich doch zu 100 Prozent ein Mann ausgedacht.« Ich bin so wütend auf diese verdammten Prediger hier, ich könnte ausrasten. Die erzählen jeglichen Mist im Namen Gottes. Machen Gehirnwäsche auf den Straßen, in öffentlichen Transportmitteln, in Kirchen und das alles mit Gutgläubigen, die oft selbst nie gelernt haben, Dinge infrage zu stellen. In den Schulen wird noch immer zum Teil mit Rohrstock unterrichtet, da gibt es nur richtig oder falsch. Selbst mal den Kopf anmachen – Fehlanzeige. »Selbst nicht den Kopf anmachen, hm, ähnlich wie bei uns«, meldet sich mein Kopf. Millie schaut mich an mit ihren großen Rehaugen. »Weißt du, Ulli ist ein guter Mann, einer, der immer für dich da ist. Der sich um dich kümmert, der dich liebt. Und du bist alt, du musst langsam mal loslegen und Kinder machen. Ich sage dir eine Sache, Lena, etwas, was ich für mich verstanden habe: Wenn du von deinem Partner etwas willst, dann fange selbst an, es zu geben.« Ich nehme Millie fest in den Arm. Meine liebe schlaue Freundin Millie. »Weißt du, ich habe dich ganz schön doll lieb.«

Dann ist es Zeit zu gehen. Ich sitze am Strand und beobachte das Meer. So viel ist hier in den letzten sechs Monaten passiert, so viel Verrücktes, Schönes, Absurdes. Dieser Ort ist *straight in your face.* Das Leben hier ist knallhart, intensiv und unberechenbar. Ich bin irgendwie unglaublich froh zu gehen. Ghana ist ein Land, an dem ich sehr gewachsen bin, ein Land, in dem ich sehr viel zurücklassen werde, vor allem ein Stück von meinem Herzen. Ich ritze ein Herz in einen Stein und lege ihn zum Abschied auf Ayos Grab. Alle sind gekommen, um mich noch mal zum Abschied zu drücken. Millie weint. »Weißt du, was eben rauskam?«, fragt mich Jimmy aufgeregt. »Nein, was denn?« »Einer unserer Gäste, der über Weihnachten hier war, wird in Kanada wegen Mordes gesucht.« Ich kriege die Krise. Schnell steigen Fufu und ich in Terés ein und fahren wild winkend und hupend davon. Dieser Ort ist einfach zu viel für mich. Auch wenn ich weiß, dass ich wiederkommen werde. Zurück zu Ayo.

Gelernte Lebensschlauheit der vergangenen Tage: Schön und schlimm, hart und weich, Yin und Yang, das eine kann ohne das andere nicht sein. Wenn ich Kälte nicht kenne, wie soll ich wissen, was Hitze ist? Wenn ich Unglück nicht kenne, wie soll ich wissen, wie sich Glück anfühlt?

TOGO

Dass Togo ehemals deutsche Kolonie war, erkennt man schnell: Alles ist aufgeräumt, sogar der berühmte Fetischmarkt.
Und – die Leute, die uns begegnen, haben einen Plan ☺

Tage im Land: 22 | Tage ohne Reifen: 10
Gefahrene Kilometer: 1455 | Pannen: 1 | Kontrollen: 4
Bestechungsgelder: 0 | Anzahl Ananas für 1 Euro: 7

32

Betrogen

Meine Beine zittern, die gesamte Energie weicht aus meinem Körper. Ich habe das Gefühl, ich werde gleich ohnmächtig. Das hat sie nicht gesagt, nein, das kann sie nicht gesagt haben. »Sieht so aus, als wären sie schwanger.« Die deutsche Frauenärztin ist nicht gerade für ihren Humor bekannt. Aber heute muss sie Witze machen. Das kann doch nur ein Witz sein! Scheiße! Bitte lieber Gott, auch wenn ich nicht an dich glaube, du bist doch eh überall hier in Westafrika, mach, dass das nicht stimmt!

Ohne zu wissen, wie ich dorthin gekommen bin, stehe ich mit zwei Proben und einem Pinkelbecher in der Hand vorm Arztzimmer. Die Tür fällt hinter mir zu. »Der Nächste bitte«, ruft die Schwester. Wie ein Roboter reiche ich Angela, der Sprechstundenhilfe, die grüne Mappe mit meinen Patientendaten. Meine Knie kippen nach links weg. Ich kann mich gerade noch so fangen. Besorgt sieht Angela erst mich an, dann die Anweisungen in meiner Mappe. »Mach dir keinen Kopf, alles wird gut. Du bist alt genug, um Mama zu werden«, lächelt sie sanft, um mich zu beruhigen. Angela und ich haben uns bei meinem ersten Besuch hier angefreundet. Ihre Tochter lebt in Deutschland und ihr Mann liebt Land Rover. Daraufhin hat sie gleich erst mal ein Foto von uns dreien vor unserem Auto gemacht, um ihn zu beeindrucken. Ich gucke sie an, in ihre tiefschwarzen, freundlichen Augen. Die Augen einer afrikanischen Mama, die nichts im Leben umhauen und der ich alles anvertrauen kann. Da platzt es aus mir raus: »I cheated Angela, I cheated«, flüstere ich. Kaum ausgesprochen, werden meine Augen ganz feucht. Im Nu laufen Tränen meine Wangen runter. Ich habe

Ulli betrogen. Ich habe meinen Freund betrogen. Seltsam, das scheint mir jetzt erst wirklich bewusst zu werden. Mein Herz fühlt sich an, als ob es gleich zerspringt. Ich habe mit Simon geschlafen, weil ich mich so sehr nach Tomar sehne. Weil, seit wir sein Dorf verlassen haben, kein Tag vergeht, an dem ich nicht an ihn denke. Weil ich ausbrechen wollte, Nähe, Zuneigung, Liebe spüren. All das, was in meiner Beziehung so selten geworden ist. Und weil Simon lustig ist und liebevoll sowie offensichtlich frech genug, um mit mir was anzufangen, und mir das alles so unglaublich gut getan hat. Angelas Augen werden groß. Geschockt fasst sie sich mit der Hand vor den Mund. Sie hat mich gern, das weiß ich. Aber in ihrem Gesichtsausdruck kann ich lesen, dass sie das Gleiche denkt wie ich: »Ich sitze tief in der ...«

Ulli und Fufu warten im Auto vor der Tür. Ulli weiß von nichts. Er ist gestern erst gelandet. »Ich habe endlich verstanden, was für ein Geschenk diese Reise ist«, hat er gesagt. »Du hattest recht. Zu Hause hat sich nichts verändert, aber ich habe mich verändert. Es war gut und wichtig heimzufliegen, aber nach zwei Tagen hat es eigentlich auch schon wieder gereicht. Meine Familie, meine Freunde, die Menschen um mich herum, jeder ist gefangen in seinem Alltag. Beschäftigt mit Problemen, die meist gar keine sind. Und ich wurde sofort wieder an meinen alten Platz gestellt. Aber ich habe mich verändert, da passe ich nicht mehr rein. Ich habe daheim einiges für mich verstanden. Ich will auf jeden Fall unsere Beziehung und ich will auf jeden Fall mit dir weiterfahren.« Ich bin skeptisch. Wir hatten wenig Kontakt zwischendurch. Zum einen wegen der schlechten Internetverbindung im Dschungel, zum anderen weil ich einfach wenig motiviert und abgelenkt war. Die Zeit allein tat mir unglaublich gut. Das Freisein, unbelastet von all unseren Beziehungsproblemen, von Ullis Ängsten, die mich so aufreiben und verunsichern, der Depression, die immer irgendwie mitfährt, auch frei vom ewigen Spiegel, den er mir vorhält. Seit er sich entschieden hat wiederzukommen, habe ich Angst. Angst, dass wir einfach weitermachen wie immer. Wieder in unsere alten Gewohnheiten zurückfallen.

Ich sitze allein gegen die Mauer der Klinik gelehnt und zittere am ganzen Körper. 40 Minuten bis zum Ergebnis. »Bitte, bitte, bitte, lass es negativ sein«, flüstere ich.

Was auch immer jetzt passiert, es wird einen riesigen Knall geben, Ausgang unbekannt.

Gelernte Lebensschlauheit der vergangenen Tage: Alles, was ich tue, hat Konsequenzen. Auch das, was ich nicht tue.

33

Kinder

»Happy happy happy day«, singen die Kinds, tanzen und drehen sich im Kreis. Die Stimmung ist ausgelassen. Noel hält das Seil in die Höhe, wir tanzen Limbo drunter durch, spielen, gucken der Nounou beim Kochen zu und essen gemeinsam. Sechs Kinder betreut der togolesische Sozialarbeiter hier im Heim, mithilfe der Nounou, die für die Kids wie eine Mama ist. »Jedes der Kinder hat beide Eltern verloren. Die meisten sind an Juju gestorben, das passiert hier häufig. Es gibt viele Waisen, aber mehr als sechs nehmen wir nicht auf. Denn wir wollen eine möglichst gute Betreuung und Ausbildung garantieren«, erzählt Noel uns, während wir im Dunkeln durchs Dorf spazieren, um Essen einzukaufen. Wir sind im Norden Togos. Es heißt, in Afrika stehe die Zeit still – hier

scheint sie sogar rückwärts zu laufen. »So stelle ich mir das Mittelalter vor«, flüstere ich zu Ulli, als wir an klapprigen Holzständen
vorbeikommen, auf denen das einzige Licht der Schein einer Ker-
ze ist. Die Auswahl an Ware ist limitiert. Eine Marktfrau verkauft
drei Tomaten, sechs Chilis und zwei Gurken. Eine andere hat eine
Handvoll bereits angegammelter Matschtomaten, dafür zum Son-
derpreis, und ebenfalls Chilis. Ab und an verkauft jemand kleine
Päckchen Waschmittel und noch kleinere Päckchen Instantkaffee.
Zwei Nächte verbringen wir hier, Terés geparkt vor dem Bambus-
zaun des Heims. Während wir frühstücken, fegen zwei Frauen
auf dem Platz vor der Kirche den Dreck zusammen. Der Staub
weht durch die Morgensonne. Noel beeindruckt mich unglaublich.
Er ist wahnsinnig aufgeschlossen und sehr reflektiert. »Weißt du,
Lena, wir alle haben eines gemeinsam. Wir sind Menschen. Es gibt
Dinge, die jeder von uns jeden Tag macht. Essen, schlafen und so
weiter. Aber in unserer Kultur sind wir komplett verschieden. Und
dadurch haben wir eine von Grund auf andere Wahrnehmung der
Welt, Wahrnehmung der Dinge. Immer mehr Menschen hier wollen
so leben wie die Europäer. So sein wie ihr. Dadurch riskieren wir,
alles zu verlieren.« Ich finde es wahnsinnig spannend, dass wir so
ähnlich denken. So oft habe ich schon Gespräche darüber geführt,
dass bei uns in Europa nicht alles Gold ist, was glänzt, dass wir
mittlerweile auf eine Art und Weise leben, die viele von uns und
vor allem auch unsere Welt kaputt macht. Und dass wir uns eher
mal wieder eine Scheibe von den Menschen hier abschneiden sollten. Aber wie soll das jemand verstehen, der unsere Welt nie selbst
erlebt hat? Der sie nicht erleben kann, denn selbst wenn er das
Geld dafür zusammenbekommen würde, sehr unwahrscheinlich ein
Visum bekäme. Noel beeindruckt mich unglaublich, er ist einfach
reflektiert. Ich bin dankbar, dass mein permanentes Französisch-
lernen so sehr geholfen hat, dass ich mittlerweile solche Gespräche
führen kann und dadurch ein viel breiteres Bild bekomme. »Die

Kinder lernen hier, stolz auf sich zu sein, stolz auf ihre Kultur, stolz auf ihre Herkunft. Sie sollen in Liebe aufwachsen und einmal jemand Großes sein, das wünsche ich mir von Herzen«, lächelt die Nounou. Wir flechten Armbänder. Monami ist der Kleinste. »Mein Freund«, ein großartiger Name. Die Togolesen haben echt Humor. Konzentriert knüpft er vor sich hin, krumm und schief, aber unermüdlich. »Wow, superschön«, bewundere ich sein Kunstwerk. Er lächelt mich mit einem breiten Grinsen an.

Ich habe die Kids total lieb gewonnen. Vielleicht wäre ich wirklich gern Mama. Am liebsten würde ich sie alle adoptieren. Und dennoch bin ich unglaublich froh, dass ich nicht schwanger bin. Ulli und ich haben die vergangenen Tage ziemlich die Hosen voreinander runtergelassen. Alles ausgesprochen, was es auszusprechen gab. Ich bin so erleichtert, ihm all meine Gedanken gesagt zu haben. Wie oft unterdrücke ich meine Gefühle, um andere nicht zu verletzen. Um Ulli nicht zu verletzen. Und wie oft staut sich dadurch bei mir so großer Frust an, bis ich krank werde. So wie jetzt schon wieder dieses Myom in meiner Gebärmutter wächst, was die Ärztin auf dem Ultraschall mit einem Kind verwechselt hat. Immer wieder ist meine verfluchte Gebärmutter ein Thema für mich. Diese Ablehnung gegen sie, das sollte mir wirklich mal ernsthaft zu denken geben. Ulli spielt mit den Jungs draußen Murmeln. Ich beobachte die Gruppe. Er ist wirklich anders drauf als vor seiner Heimreise. Viel entspannter, lässt sich mal auf den Moment ein. Es tut mir leid, dass er so enthusiastisch wiederkam und so viel Mist auf ihn gewartet hat. Aber vielleicht musste diese Explosion sein. Das Ergebnis vieler schmerzhafter Wahrheiten, lange überfälliger Offenheit: Wir wollen die Beziehung und wir wollen diese Reise und zwar beide. Ich hole meine Trommel aus dem Auto und damit ist niemand mehr zu bremsen. Den gesamten letzten Abend tanzen wir alle gemeinsam ausgelassen auf dem Hof des Heims. Über unseren

Köpfen eine sternenklare Nacht. Monami steckt mit dem Kopf in der Trommeltasche, in der er fast verschwindet und dreht sich ausgelassen im Kreis. Die Mädels gönnen mir auch nach Stunden keine Pause. Ich tanze zu Ulli und nehme ihn fest in den Arm. »Danke, dass du du bist, danke, dass es dich gibt, danke, danke, danke«, flüstere ich. »Dito«, lacht er und drückt mich fest.

Gelernte Lebensschlauheit der vergangenen Tage: Es gibt keine falschen Gefühle. Und: Alles, was ich unterdrücke, sucht sich seinen Weg, um sich auszudrücken.

BENIN

Ohne Stempel im Pass
sind wir plötzlich im Land.
Ob wir wieder rauskommen?
Wir machen einen Kurztrip
in den Nationalpark, plötzlich
wird Ulli ernsthaft krank. Malaria?

**Tage im Land: 8 | Gefahrene Kilometer: 1212 | Pannen: 1
Kontrollen: 16 | Bestechungsgelder: 0 | Elefanten gesehen: 2
Von 36,5 Grad auf 40 Grad Fieber: in 90 Minuten**

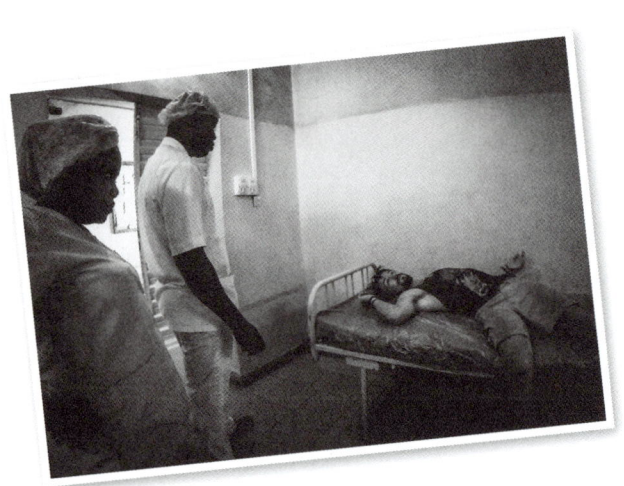

34

Sonday

Es geht offroad über staubige rote Pisten, durch wunderschöne Berglandschaften hindurch, bis nach Benin. Leider können wir aufgrund von Harmattan, feinem Sand, der von der Sahara jedes Jahr herübergeweht wird und den Himmel über Wochen bedeckt, kaum was davon sehen. Dafür entdecken wir kleine, wunderschöne Dörfer und Moscheen. Die alten traditionellen Häuser sehen aus wie kleine Lehmschlösser. Oder besser gesagt, wie ein Hauptschloss mit Kuppel und kleinen Türmchen, die außen drangesetzt sind. »Wunderschön«, staunt Ulli. Überall zuckeln endlich wieder die Eselskarren durch die Gegend, etwas, das wir seit Mali und Burkina Faso nicht mehr gesehen haben. Die Menschen winken fröhlich, wenn wir vorbeifahren. Alles ist voller Kaffeeplantagen. Auch so ein »Witz«: Die Kaffeebohnen werden zu uns exportiert, hier können sich die Menschen lediglich den Instant-Abfall leisten, hat Noel erzählt. Es lebe die Globalisierung! Und dann sind wir plötzlich in Benin, ohne auch nur einen Grenzposten zu überqueren. Völlig verdutzt brauchen wir eine halbe Ewigkeit, um in der nächsten Stadt jemanden zu finden, der unsere Pässe abstempelt. So macht Grenzen überqueren Spaß.

Nach erfolgreicher Mission gönnen wir uns erst mal ein leckeres Mittagessen bei Mama Fatou. Zu unserer großen Überraschung und unglaublichen Freude gibt es in Benin tatsächlich selbstgemachten Kuhkäse. »Wow!«, ruft Ulli begeistert. »Seit eineinhalb Jahren der erste Käse«, quietsche ich vor Freude. In den großen Supermärkten hätten wir jederzeit welchen kaufen können, haben aber dankend verzichtet. Käse, Butter und Milch, die es hier gibt, sind zum Großteil Überschussware unserer in Europa subventionierten Lebensmittel. Preiswerter als jeder lokale Bauer sie anbieten könnte, machen sie mal eben den Markt kaputt. »Käse, Fleisch oder Fisch?«, fragt Mama Fatou mit ihrem riesigen Kochlöffel vorm Alupott stehend. Ich muss grinsen: »Sie sieht aus wie Miraculix«, flüstere ich Ulli zu. »Käse natürlich«, ruft er aufgeregt. Praktischerweise kocht hier alles im gleichen Topf. Vegetarier-Empfindlichkeiten habe ich mir lange abgewöhnt. Ich glaube, spätestens als Mr Robert in Ghana mir immer Hähnchen serviert hat, weil er meinte, das sei kein Fleisch. Ich habe sogar kurz überlegt, es zu essen, weil die Hühner hier alle frei rumlaufen und nur geschlachtet werden, wenn jemand sie auch isst. Und zwar bis auf die Knochen. Gut, dass ich jedoch vorher noch mal nachgefragt habe, wo er sie her hat. »Aus Europa«, hat er stolz erzählt. »Da ist mehr dran als an unseren zähen Viechern.« Mit dickem Käse-Erdnussbauch machen wir uns zufrieden auf in Richtung Nationalpark. Vorbei an einer Radarkontrolle, bei der wir zahlen sollen, weil wir angeblich 120 gefahren sind. Aus der lachen wir uns jedoch lauthals heraus, denn unser Auto fährt nicht schneller als 100 Kilometer pro Stunde.

Kaum angekommen und das Zelt aufgeschlagen, lernen wir Sonday kennen. Er beobachtet uns gemeinsam mit ein paar Kindern. Ich gehe zu ihnen, um mich vorzustellen. »Hallo, ich bin Lena«, sage ich lachend und gebe jedem meine Hand. »Ich heiße Sonday, wie Dimanche«, sagt er schüchtern und schlägt ein. Ich frage mich, ob da jemand das O und das U verwechselt hat, traue mich aber nicht, dass laut zu tun. Sonday will unser Guide im Park sein. Ulli hat sich informiert und gelesen, dass es in Benin klassifizierte Guides in der Kategorie A und B geben soll. Ein A-Guide kostet 10.000 CFA, ein B-Guide 8000 CFA pro Tag. »Endlich mal was mit System«, freut er sich. Aber natürlich ist vor Ort alles anders. Sonday ist der einzige Guide weit und breit und einer, der seinen Ausweis nicht findet.

»Den habe ich irgendwie verlegt«, stammelt er – ist klar. Wir machen einen Deal. »Wir finden dich sehr sympathisch. Du bekommst 5000 CFA fix und 3000 CFA am Ende on top, wenn wir sehr zufrieden sind«, schlagen wir ihm vor. »Abgemacht?« Er fragt vorsichtig nach: »Was genau macht euch denn zufrieden?« Ich gucke Ulli an, überlege kurz und sage: »Wenn du engagiert bist, uns viele Infos vermittelst und wir Elefanten sehen.« Jetzt grinst er über beide Ohren. »Abgemacht.«

Sonday kennt jedes Schlagloch, jede Brücke, jede Unebenheit im Boden und lotst uns durch die Morgendämmerung. Es ist arschkalt, wir sind bei offenem Fenster unterwegs, damit wir ja nichts verpassen. Ulli hat nur eine kurze Hose und ein T-Shirt an. Das wird er schon morgen bereuen. Es ist so unfassbar schön, im Dämmerlicht über die rote Erde zwischen gelb leuchtenden Gräsern hindurch zu fahren. Alle zwei Meter die Chance, vielleicht ein Tier zu sehen. Aufregend! Ich liebe Safaris! Hinter jeder Ecke, hinter jedem Busch könnte etwas sein. »Schakal«, ruft Sonday und zeigt nach vorn auf den Weg. Weit weg und sofort wieder verschwunden, aber hey, er war da. Wie aus dem Nichts zieht plötzlich eine Herde Büffel durchs Gebüsch. Fünf riesige Tiere, wir fahren in weitem Abstand hinter ihnen her, bis zu einem Wasserloch. Langsam ziehen sie durch das dichte gelbe Schilf und verschaffen sich Abkühlung in der braunen Pampe. Große weiße Vögel auf dem Rücken. Ein Nilpferd steckt immer mal wieder die Augen aus dem Wasser, ein Krokodil zieht wie ein Stock an der Oberfläche vorüber. Jetzt kommen auch Antilopen und mordsgroße Enten, Störche und zwei Adler zum Trinken vorbei. Die Atmosphäre ist der Wahnsinn. Kein Geräusch, außer das der Tiere und des Windes. Ein hellblau leuchtender Vogel landet neben uns auf einem Ast, als wir wieder ins Auto klettern. Er sieht fast aus wie ein Eisvogel. Fufu pennt die gesamte Zeit, wenn der wüsste, was er gerade alles verpasst. Dabei sollte er sich geehrt fühlen, dass die am Eingang ein Auge zugedrückt haben und er als Hund überhaupt im Park sein darf. Als wir nach einer Stunde weiterfahren, wird eine Wagenladung Touristen angekarrt. Alle ab zum Wasserloch. Mann, hatten wir ein Glück, das alles eben für uns zu haben. Ulli und ich müssen laut losprusten, als wir zwei Touris mit Angelhut und Fernglas um den Hals sehen. Sie werden auf selbstmontierten Stühlen auf dem Dach eines Kombis durch die Gegend gefahren. »Ich frage mich, was passiert, wenn denen ein Elefant oder Löwe zu nahe kommt«, grinst Ulli. »Auf dem Konstrukt kannst du dich sicher nicht festhalten, wenn du schnell mal weg musst. Oder es bricht ab, wenn das Auto Gas gibt und die Menschen auf ihrem Metallthron ins Schwingen geraten«, lache ich los. »Nein, nein«, sagt Sonday, »es ist noch nie jemand zu Schaden gekommen.« Er klärt uns auf, dass der Park von Deutschland finanziert wird. »Außerdem machen sie hier viel Umsatz mit Jagdtourismus«, erzählt er. »Jagdtourismus?«, frage ich erstaunt. »Ja, alle Tiere dürfen hier geschossen werden, Löwen sind besonders beliebt. Nur Elefantenjagd ist verboten.« Ich fasse es nicht. Wir kommen an noblen Lodges für offenbar eher reiche Menschen vorbei. »Haben die Kinder aus dem Dorf den Park schon mal gesehen?«, frage ich. »Nein, dafür haben sie keine Mittel«, antwortet Sonday. »Was meinst du damit?« »Für uns ist der Eintritt nicht teuer, aber keiner hat ein Auto, um damit durch den Park fahren zu können.« »Und es ist noch niemand auf die Idee gekommen, das den Kindern aus den Dörfern mal zu ermöglichen? Die wohnen alle eine Handbreit vom Eingangstor entfernt und haben noch nie einen Elefanten gesehen?«, rufe ich fassungslos. Sonday zuckt mit den Schultern, was soll er machen.

Die Sonne steigt immer höher. Rechts und links von uns grasen Antilopen. Das rote Fell leuchtet im wunderschönen Kontrast zum gelben Gras. Ich habe schon ein bisschen die Hoffnung aufgegeben, noch einen Elefanten zu sehen. Doch dann entdecken wir plötzlich seine Spuren. Ulli ist in seinem Element. Wie Sherlock Holmes nimmt er mit dem Wagen die Fährte auf und starrt gebannt rechts und links ins Gebüsch. Im Schritttempo bewegen wir uns vorwärts. Es ist unfassbar heiß im Auto ohne Fahrtwind. Fufu pennt wie immer, als Sonday plötzlich ruft:»Elefant.« Und tatsächlich, da steht er. Ein gewaltiger, vom Sand rot gefärbter Riese. Ganz allein badet und trinkt er an einem Wasserloch. Ich bin selig! Was für ein schöner Tag! Der Elefant füllt seinen Rüssel mit Wasser, das er sich genüsslich über den Kopf und Rücken gießt. Die rote Farbe läuft an seiner faltigen Haut entlang nach unten. Dann dreht er sich auf seinen dicken, runden Füßen um und wandert los in Richtung Berge. Ich betrachte das schöne Tier mit dem hohen Rücken, der eingefallenen Hüfte und den starken Beinen, die den Körper so elegant in Schwingung bringen. Der lange Rüssel wiegt sich im Takt der Schritte hin und her. Aufmerksam wandern seine Ohren von vorn nach hinten, als er langsam zwischen den Felsen verschwindet. Wir wollen ihn wiedersehen und versuchen, auf der anderen Seite auf ihn zu warten. Doch nichts passiert. Nach zwanzig Minuten drehen wir um. Als wir auf dem Rückweg wieder an seinem Wasserloch ankommen, steht er erneut da. Er war gar nicht weg, er hat sich einfach nur hinter ein paar Bäumen versteckt. So ein Fuchs. Ich könnte schwören, er grinst. Aber ok, akzeptiert, er will allein sein.»Ich bade auch lieber ohne Publikum«, sage ich lachend und winke ihm zu, als wir davonfahren.»Und, wie zufrieden wart ihr?«, fragt Sonday nervös. Wir sind unterwegs in Richtung Parkausgang. Die Frage brennt ihm auf der Seele. Ich sage ihm, dass er ein super Guide war. Auch jetzt nach dem ganzen Tag im Auto ist er noch mega motiviert. Ulli und ich dagegen sind fix und fertig.

»Du hättest gestern Abend einfach gleich sagen können, dass du keinen Ausweis hast«, das brennt mir einfach auf der Seele. Mir ist Ehrlichkeit am liebsten, auch wenn ich ihn verstehen kann. Sonday nickt und guckt dabei schüchtern zu Fufu in den Fußraum. »Habt ihr eigentlich Kinder?«, lenkt er ab. Ich zeige auf Fufu: »Eins.« Er lacht. »Und du?« »Ich habe keine Kinder«, sagt er. »Wie alt bist du?«, erwidere ich, während ich in sein Babyface schaue und versuche, sein Alter zu schätzen. Es ist schwierig, denn so jung er auch aussieht, so sagen seine müden, aber freundlichen Augen doch, dass ich mich irre. Auch die eine oder andere Narbe zeichnet sein Gesicht. »35«, grinst er. »Bitte was? 35 und du hast keine Kinder?«, hake ich nach. Sein Blick wandert zu seinen Händen, die ruhig gefaltet in seinem Schoß liegen. »Sie sind alle tot.« »Oh Mann, das tut mir leid! Wieso denn das?« »Das erste Kind, William, ist mit zwei Monaten gestorben. Das zweite, ein Mädchen namens Valentine, mit sieben Monaten und der dritte, Francis, mit neun Monaten. Immer ging es damit los, dass sie sich übergeben haben. Und wenn ich dann mit der Mutter und dem Baby im eineinhalb Stunden entfernten Krankenhaus ankam, war es jedes Mal zu spät. Das Problem ist, dass keiner weiß, was die Ursache war«, sagt er verzweifelt. »Die Behandlungskosten haben mich wirtschaftlich völlig ruiniert und doch hat keines meiner Kinder es geschafft.« Eine Frage beschäftigt mich, die ich mich einfach nicht traue zu stellen: Wie kann jemand etwas derartig Schlimmes überhaupt wegstecken? Ich glaube, ich würde das Leben komplett infrage stellen! Aber wir sind hier in Westafrika. Für viele Menschen ist das grausamer Alltag. Babys sterben, Freunde sterben, Familienmitglieder sterben. Ständig. »In zwei Monaten bekommt meine Frau das vierte Kind«, sagt er jetzt hoffnungsvoll. »Ich wünsche dir von Herzen, dass alles gut wird!« Ich kann mir kaum vorstellen, wie seine Zukunft aussieht, wenn er keine Kinder hat und alt wird. Kinder sind hier deine Altersvorsorge. Vor allem in einem Dorf wie diesem, in dem es nichts gibt! Nichts! Außer viele, viele Kinder mit dicken Bäuchen, die irgendwie groß werden, weil sie stark genug sind, das harte Leben zu überstehen. »Du solltest auch Kinder kriegen«, sagt Sonday. Natürlich kommt so ein Spruch, ich bin 30 und habe nicht mal angefangen damit. Die meisten gehen eher davon aus, dass meine Kinder für die Reise bei meinen Eltern geblieben sind. Dafür hätten hier alle Verständnis. Aber keine Kinder haben? Das geht nicht.

Ich denke an das Ding, das da in mir wächst, an die immer gleichen Themen, über die ich mir fast täglich Gedanken mache, meine »Luxus-Sorgen«. All das ist nichts im Vergleich zu solch einem Verlust. Was sind die meisten »Probleme« in Europa doch nichtig! Wären diese drei Babys nach westlichen Standards versorgt worden und vor allem hätte Sonday die Chance gehabt, das Krankenhaus schneller zu erreichen, wären sie vielleicht noch am Leben.

Gelernte Lebensschlauheit der vergangenen Tage: Ich habe keine Probleme.

35

Ausgeknockt

»40 Grad«, stöhnt Ulli mit Blick auf das Fieberthermometer in seiner Hand. Die Außentemperatur ist geringfügig niedriger. Wir stehen an einer Straße mitten im Inland von Benin. Um uns herum, alles abgebrannt. Aber nicht durch die Sonne, sondern durch Menschen, die die Landschaft abgefackelt haben, um besser jagen zu können. »Das muss Malaria sein. Lass uns ins nächste Krankenhaus fahren«, bittet er. Doch der Schnelltest und auch der Bluttest im Krankenhaus sind negativ. Der Arzt gibt ihm eine Infusion und verschreibt wie immer, wenn keiner weiß, was es ist, eine

Wundertüte aus: Schmerztabletten, Wurmkur, fiebersenkenden Mitteln und Vitamintabletten. Irgendwas wird schon helfen. Ulli will weiterfahren. Hier im Ort gibt es keine vernünftige Ecke, um zu campen. Dazu ist es noch viel zu heiß, um irgendwo vorm Auto rumzuhängen. Ich manövriere Terés im Zickzack um die Schlaglöcher der Hauptstraße Richtung Küste, als Ulli will, dass ich anhalte. »Wir haben irgendwie Schlagseite und etwas klappert.« Sein Blick ist finster. Noch ein Problem mehr. Der Schnellcheck ergibt: »Unsere vordere Feder ist gerissen und der Stoßdämpfer kracht lose im Motorraum herum«, flucht er. Seine Arme sind noch voller Pflaster von der Infusion und der Blutabnahme. Ulli versucht alles mit Gaffa-Tape so festzukleben, dass wir erst mal weiter können. »Fahr bitte ganz vorsichtig«, guckt er mich mahnend an. Ich weiß, was er meint, mein »vorsichtig« entspricht seinem »unvorsichtig«. Und dann auch noch ein »ganz« davor. Ich kann mir schwer vorstellen, dass Klebeband an rostigem Metall irgendetwas bewirkt, vertraue aber seinen Künsten.

Schon witzig, wie er vor eineinhalb Jahren nicht mal einen Reifen wechseln konnte und plötzlich jedes Geräusch am Auto sofort wahrnimmt. »Du bist mega über dich hinausgewachsen«, sage ich, als wir wieder ins Auto steigen. »Ich bin echt beeindruckt.« Ein paar Ortschaften weiter finden wir einen Schweißer, der das Ganze wieder so festbrutzelt, dass wir vorerst weiterfahren und in Ruhe einen Mechaniker suchen können. Dass der Schweißer überhaupt noch sieht, was er tut, wundert mich enorm, denn er trägt keine Brille und kneift stattdessen bei jedem Blitzen einfach fest die Augen zusammen. Mir steigen Tränen in die Augen von der Helligkeit, obwohl ich bewusst nur seitlich daran vorbeiblicke. »Oh Mann, die Schweißer im Senegal hatten wenigstens Sonnenbrillen dabei auf«, sagt Ulli, der es ebenfalls kaum mit ansehen kann. Ein Freund des Schweißers wird angerufen. Wie sich rausstellt, ist er Land-Rover-Mechaniker. Supergut. Nur hat er keine Mittel, um unser Auto zu warten. Nicht gut. »Durch den Schwarzmarktsprit aus Nigeria gibt es keine Tank-stellen mehr und somit auch keine Öle«, erzählt er hilflos. Für uns heißt das, geschlagene zwei Stunden die 15 Kilometer zurück nach Togo kriechen. Dort angekommen bockt Ulli Terés am Strand auf. Mithilfe des Wagenhebers, Steinen und einem Schild, das wir im Sand finden. Er nimmt die Vorderreifen ab, dann ist es dunkel. Ich bin derweil mit Fufu beschäftigt. Die arme Socke ist voller Mango-würmer. Mittlerweile weiß ich, was zu tun ist, und »verarzte« ihn, so gut es geht. Gott sei Dank habe ich bei Micha und Fatou ordentlich aufgepasst. »Die Viecher muss er dadurch bekommen haben, dass er nachts angeleint immer an der gleichen Stelle im Sand geschlafen hat und die wussten, wo er zu finden ist«, grüble ich.

Am nächsten Morgen sind Ulli und ich dran. Ulli kann nicht ein-mal mehr Wasser bei sich behalten. Alle 30 Minuten kommt alles wieder raus. Mir ist schwindlig und übel. Terés noch immer ohne Reifen auf der Impro-Hebebühne thronend, alles außer fahrbereit. Keine Ahnung, wie ich Ulli in einem Taxi ins Krankenhaus krie-gen soll, ohne dass es im Innenraum ein Unglück gibt. Ich habe den Gedanken nicht mal zu Ende gedacht, als Rettung naht. Ein riesiger grauer Monstertruck mit Münchener Kennzeichen fährt an den Strand. Eine Mischung aus MacGyver und dem A-Team: Micha, ein Superheld auf riesigen Rädern. Es ist und bleibt ein un-geschriebenes Gesetz, sobald ich richtig in der Patsche sitze und loslasse, kommt Hilfe. Wie moderne Helden das so machen, ruft Micha sofort eine Freundin an. Sie ist ehemalige Krankenschwester und kommt direkt vorbei. Als Estelle Ulli sieht, lädt sie ihn sofort in ihr Auto. Gemeinsam schaffen wir es ins Krankenhaus. Mir fällt ein Stein vom Herzen, ich drücke sie dankbar. Ich habe mir echt Sorgen um Ulli gemacht. Der Arzt gibt uns beiden als Erstes eine Infusion aus Traubenzucker. Ich fühle mich elend, falle fast in Ohnmacht und habe das Gefühl, ich muss mich übergeben. So stelle ich mir einen epileptischen Anfall vor. In Strömen läuft mir der Schweiß, dann wird mir plötzlich kalt – und dann wird es besser und besser. Zehn Minuten liege ich völlig fertig auf der Liege, um mich von dem zu erholen, was gerade passiert ist. Ulli geht es genauso. »Kaum gibt man einem Weißen die Hand, ist er krank«, sagt der Arzt lachend, als wir wie zwei Schulkinder vor seinem großen Schreibtisch sitzen und auf unsere Untersuchungsergebnisse warten. »Du hast Parasiten«, sagt er zu Ulli. »Schon wieder!« Ich kann es mir einfach nicht verkneifen. »Und du eine Infektion.« Wir bekommen jeder ein Rezept und sind wieder frei. »Ich will ein Eis«, grinst Ulli, dessen Gesicht endlich wieder etwas Farbe angenommen hat. »Das kriegst du«, sage ich und lache. Estelle laden wir auch auf eins ein.

Die Sonne hängt tief über dem Meer und taucht den Himmel in die schönsten Farben aus Orange und Lila. Wir sitzen am Strand und starren auf unser noch immer aufgebocktes, reifenloses Auto. Wir brauchen neue Federn, doch zwei gleiche zu finden, scheint unmöglich. Seit einer Woche gibt Micha, der hier wirklich jeden kennt, bereits sein Bestes. »Im Zweifel überbrücke ich den Teil, der abgerissen ist, mit einer Platte«, kündigt er an. »Ich habe genug Werkzeug dabei.« Wir vertrauen ihm blind. Wer sich selbst ein Auto baut, der kennt sich aus. »Wir haben echt immer so ein Glück«, stellt Ulli fest, »aber mir reicht's. Ich bin müde. Das macht mir alles keinen Spaß mehr. Wir sind einfach nicht bereit für all das, was jetzt noch kommt. Die Länder ab Nigeria sind noch schwieriger zu befahren. Außerdem haben wir auch Verpflichtungen. Unsere Auslandskrankenversicherung läuft aus, wir müssen endlich mal unseren Zwischenmieter von unserer Wohnung befreien, uns um Dinge kümmern, die liegen geblieben sind.« Er hat ja recht. Weiterfahren macht unter diesen Umständen einfach keinen Sinn, alles fällt auseinander, das Auto, Fufu, wir. Ulli atmet tief ein, nimmt allen Mut zusammen: »Lass uns umdrehen.« Sein Blick ruht erst am Boden und wandert dann vorsichtig zu mir. Ein bisschen ist es gerade wie ein Déjà-vu.

Es fällt mir unglaublich schwer, meinen Traum an dieser Stelle aufzugeben. Ich muss an den Kongo denken, an Angola, an all die Länder, die ich noch so gern sehen, noch erleben möchte. Jetzt ist es an mir, tief durchzuatmen. Ich habe die letzten Tage selbst viel darüber nachgedacht, was wir machen sollen. Bin in mich gegangen und habe tatsächlich einen Kompromiss gefunden, mit dem ich erst mal leben könnte. »Ok, wir drehen um, aber nur, wenn wir durch Guinea, Liberia und Sierra Leone fahren, Ebola scheint vorbei.« Ulli rollt mit den Augen, dann grinst er. Wir schlagen ein.

Gelernte Lebensschlauheit der vergangenen Tage: Mit dem Kopf durch die Wand ist keine Lösung.

GUINEA

Dieses Land wirkt wie die Wiege des Lebens:
bombastisches Grün, unglaubliche Natur.
Wir verbringen unsere Zeit mit
Wanderungen in grünen Canyons
und auf der abgefahrensten
Offroad-Piste der ganzen Reise.

Tage im Land: 10 | Gefahrene Kilometer: 1361 | Pannen: 1
Kontrollen: 17 | Bestechungsgelder: 0 | Höhenmeter im Canyon: 1400
Gebrochene Federn: 2 | Gebrochene Stoßdämpfer: 1 | Helfende Hände: 40

36

Am Anschlag
(Über Ghana, die Elfenbeinküste und Mali nach Guinea)

Nervös hält er seine Hand am Abzug des entsicherten Maschinengewehrs: »In Grand-Bassam hat es soeben einen Anschlag gegeben. Fahrt nicht dort lang, nehmt lieber hier ein Hotel und wartet bis morgen«, erzählt der aufgeregte Soldat. Wir stehen am ersten Kontrollposten gleich hinter der Grenze zur Elfenbeinküste. »Was ist los?«, frage ich fassungslos. »Vermummte sind mit Gewehren an den Strand gelaufen und haben einfach auf alles geschossen, was sich bewegt hat. Wie es aussieht, war es ein islamistischer Anschlag.« »Verdammt, hätten wir gerade nicht ewig auf den Zollchef und den blöden Einreisestempel gewartet, wären wir genau zur Anschlagszeit dort gewesen.« Ulli ist mega aufgewühlt. Er hat ganz offensichtlich große Angst. »Als die in Frankreich nach dem Attentat abgehauen sind, haben sie noch ordentlich Unheil angerichtet«, mahnt er. »Wir fragen am nächsten Kontrollposten«, schlage ich vor. Der ist wesentlich entspannter. Sein Maschinengewehr noch gesichert. »Die sind auf der Flucht, aber das gesamte Militär und die Polizei sind im Einsatz. Fahrt ruhig weiter.« Ulli ist wenig begeistert, hat dem aber nichts entgegenzusetzen. Er denkt noch drüber nach, als in einer Mordsgeschwindigkeit eine Kolonne Pick-ups voller uniformierter, schwer bewaffneter Soldaten auf der offenen Ladefläche an uns vorbeirauscht. Wir hören die Sirenen schon von Weitem. Als wir in Grand-Bassam ankommen, stoppt der Verkehr. Dann brettern erneut schwarze Geländewagen mit verdunkelten Scheiben und mit Blaulicht an uns vorüber. Die Straßenränder und Brücken sind gesäumt von schaulustigen Menschen. »Lass uns zusehen, dass wir hier wegkommen«, sagt Ulli. Wir fahren nach Abidjan, wo wir ein paar Einkäufe machen müssen, um uns direkt weiter aufzumachen in Richtung liberianische Grenze. Alarmstufe Rot auch bei den Supermärkten. Stau in der Einfahrt des Parkplatzes. Alle Autos werden durchsucht. Die Passanten sind aufgeregt und ängstlich. Es ist das erste Mal, dass wir so nah an einem Anschlag sind. Ich hoffe auch, das letzte Mal. Es ist einfach unglaublich, dass eine Handvoll Idioten im Namen Gottes Angst und Schrecken verbreiten, Leute abknallen und dabei denken, der würde das gut finden. »Was ist nur nicht ok mit uns Menschen, warum haben wir uns so wenig lieb?«, frage ich mich laut, einen riesigen Stein im Magen.

Wir fahren heute noch so weit in Richtung Norden, wie es halbwegs hell ist, und campen in einer wunderschönen Bucht. Ein Junge spaziert in der Abenddämmerung den Strand entlang, das Fischernetz in der Hand, jederzeit bereit zum Auswerfen. Ich sitze im Sand, meine Füße tief in den noch warmen Boden gegraben und schaue aufs Wasser. Die mir so vertrauten Farben der Bucht, die magischen Farben der Elfenbeinküste. Die Fischer kehren heim. Das halbe Dorf hilft, die riesigen schweren Boote im Rhythmus des Vorsängers aus dem Wasser zu ziehen. Ein kleiner Junge döst seelenruhig neben dem Trubel im Sand. Er bringt mich zum Grinsen, obwohl mir gerade viel mehr nach Weinen ist. Meine Gefühle fahren Achterbahn. Heute ist schon wieder so viel passiert, dass ich komplett verdrängt habe, dass wir jetzt auf dem Rückweg sind. Ayo fehlt mir unendlich. Es tut so weh, ohne sie wieder hier zu sein. Ohne sie Richtung Heimat zu fahren. Ich vermisse sie jeden einzelnen Tag. Fufu ist toll, aber er ist kein Ersatz. Ayo und ich waren uns einfach ähnlich. Sie war ganz klar mein Hund. Fufu ist mehr wie Ulli. Dazu wächst mit jedem Kilometer, den wir gerade weiter in den Norden fahren, meine Sehnsucht, ihn wiederzusehen. Tomar ist plötzlich wieder so nah. Ich spaziere den Strand entlang, in seine Richtung, die Bucht, in der er wohnt, höchstens noch eine Autostunde entfernt. Was er wohl gerade macht? Verdammt. Ich schnappe mir entschlossen den größten Stein, den ich finden kann und werfe ihn mit aller Kraft, so weit es geht, ins Meer. Ich muss diese Gedanken einfach versenken, für mich, für Ulli, für uns. Entschieden drehe ich ab und laufe zurück zum Auto. Dabei sammle ich alles an Holz ein, was ich finden kann. Bis über die Ohren beladen und komplett zerkratzt komme ich bei Ulli an. »Komm, wir machen ein Feuer«, schlage ich aufgeregt vor. »Wir haben noch nicht ein einziges Mal gemeinsam ein Feuer gemacht, immer nur zusammen mit den Schweizern, aber noch nie nur für uns.« »Morgen«, sagt Ulli. »Heute bin ich zu k.o.« Enttäuscht schmeiße ich das Holz an die Seite und krieche ins Bett. Am nächsten Morgen regnet es wie aus Kübeln. Noch so ein ungeschriebenes Gesetz in Westafrika: Wenn ich etwas machen möchte oder etwas brauche, sollte ich die Gelegenheit nutzen, wenn sie da ist. Eine zweite kommt vielleicht nicht wieder.

Zwei Tage sitzen wir mal wieder nur im Zelt fest, bis es trocken genug ist, wir einpacken und weiterfahren können. Déjà-vu. Doch weit kommen wir nicht. Kurz vor der Grenze zu Liberia werden wir gestoppt. »Hier ist alles dicht«, klärt uns ein Polizist auf. Absurderweise nur auf der Seite der Elfenbeinküste. Die liberianische Seite ist offen. »Ich fasse es nicht!«, stöhne ich laut, fix und fertig mit der Welt. Ich sehe gerade all das, wofür ich umgedreht bin, vor meinen Augen verpuffen. Die Alternative: ein 2500 Kilometer langer Umweg über Guinea nach Liberia. Doch ob das klappt, ist fragwürdig. In Guinea gab es einen neuen Ebola-Verdachtsfall. Auch dort ist die Grenze mal wieder dicht. »Es gibt keine Chance rüberzukommen?«, frage ich den Beamten verzweifelt. »Fliegen«, sagt er und lacht. »Oder ihr fahrt zurück nach Abidjan und versucht, beim Innenministerium ein Schreiben zu bekommen, das eure Ausreise genehmigt«, schlägt er vor. Gesagt, getan. Elf Stunden später sind wir wieder in Abidjan. Zum Glück können wir dort mal wieder bei Freunden schlafen, die uns helfen, ein Schreiben zu formulieren. Die Wohngemeinschaft aus Karim, Yassin und Hichem haben wir letztes Jahr zufällig kennengelernt und auf dem Weg in den Süden ein paar Tage hier verbracht. Durch das viele gemeinsame Kochen und Quatschen wird Gwladyce, ihre Haushaltshilfe, zu einer meiner liebsten Freundinnen. Ganz selbstverständlich räumt Karim auch dieses Mal sein Zimmer für uns und schläft selbst auf der Couch. Die Gastfreundschaft der Jungs: unendlich groß. Wir werden mit allem und mehr versorgt, sie zeigen uns die ganze Stadt. Im Nu sind wir Teil der Familie, ihres Freundeskreises. Eine bunte Mischung aus verschiedensten Ländern und Kulturen. Einige von ihnen sind hier geboren, andere kommen aus Marokko, dem Libanon und Algerien, um hier zu arbeiten, Firmen aufzubauen, Kontakte zu knüpfen, eben Geschäfte zu machen. Ein weiterer Freund, der hier bei der deutschen Botschaft arbeitet, hilft uns ebenfalls, indem er ein Schreiben mit offiziellem Stempel für unser Anliegen formuliert. Nach zwei Wochen und täglichen Anrufen im Innenministerium werden wir vorgeladen. Die Adresse, ein unscheinbares Haus mitten in einem Villenviertel. Seltsam. »Wer seid ihr und was ist euer Anliegen?«, will eine Frau an einem riesigen Holzschreibtisch wissen. »Wir sind deutsche Touristen und wollen gern nach Liberia reisen«, erklären wir ihr. »Warum fliegt ihr nicht?«, lautet ihre Frage. »Weil wir mit dem Auto hier sind.« Nach fünf Minuten sind wir wieder draußen, aber keinen Schritt weiter. »Wartet auf unsere Antwort«, heißt es. Als wir Hichem und Karim am Abend davon erzählen, fallen ihnen bald die Augen aus dem Kopf. »Bitte wo wart ihr heute?« Wir gucken nur dumm aus der Wäsche. »Warum staunt ihr so darüber?«, will Ulli wissen. »Das ist der Inlandsgeheimdienst, die euch da vorgeladen haben«, gluckst Karim. »Ups«, lache ich. »Ich denke wir sollten hier demnächst mal die Biege machen«, sagt Ulli, »auf deren Antwort will ich lieber nicht warten.« »Aber nur, wenn wir probieren über

Guinea nach Liberia zu fahren«, unterbreche ich ihn. »Es ist bereits einige Zeit vergangen, die Grenze mittlerweile sicher wieder auf.« Und so ist es entschieden. In fünf Tagen wollen wir die 2500 Kilometer zurücklegen. In den Norden der Elfenbeinküste, nach Mali, von dort durch Guinea und dann wieder runter nach Liberia. Quasi ein riesiges umgedrehtes Hufeisen auf der Karte. Und es heißt keinen Tag mehr vergeuden, denn unser Visum für Liberia läuft bereits. Schnell besorgen wir die Visa für die anderen Länder und dann ist mal wieder Abschied angesagt. Schweren Herzens. »Wir sehen uns wieder, auf jeden Fall.« Wir drücken alle fest. Gwladyce schenkt mir ein Kleid zum Abschied und hat uns riesige Lunchpakete geschnürt. Mit Tränen in den Augen winken wir uns, bis wir uns nicht mehr sehen. Schon verrückt, ohne den ganzen Ärger und diese Extrazeit hier, hätten wir unsere Freundschaften nie so intensiviert.

Gelernte Lebensschlauheit der vergangenen Tage: Wofür etwas gut ist, erkenne ich oft erst hinterher.

37

Ebola

Wir sind in Guinea. Wie werden uns die Menschen hier wohl nach so einer schlimmen Epidemie begegnen? Die Straßen sind leer, kein Streetfood weit und breit. Kaum zu glauben. Unser Hunger unendlich groß. Drei Tage fahren wir bereits täglich zwölf Stunden. Das Camp in Mali, in dem wir vor einem Jahr geschlafen haben, war kaum wiederzuerkennen. Eine neue, doppelt gesicherte, schusssichere Eingangstür, in deren Schleuse jeder, der rein will, erst mal durch ein Fenster kontrolliert wird. Sicherheitsmaßnahmen gegen den Terror. Ich muss an Jeff denken, der sich unglaublich gefreut hat, uns wiederzusehen. Dessen positive und vielleicht manchmal auch etwas naive Art sich mit den Umständen in den vergangenen zwölf Monaten jedoch drastisch verändert hat. »Wenn ihr morgen weiterfahrt, dann bitte direkt. Haltet hier nirgendwo groß an und geht schon gar nicht in einen Supermarkt. Das ist eine gefährliche Zielscheibe, da gehen hauptsächlich Weiße hin. Einige Terrororganisationen haben angefangen, wie wild Leute zu rekrutieren. Sie versprechen ihnen 20 Euro, eine Waffe und dass sie sich im Falle eines Ablebens um die Familien kümmern. Das zieht. Die ballern auf alle Weißen. Erst letzte Woche aufs UN-Camp. Ein Glück, dass die Kugeln zwischen den Leuten durchgeflogen sind.« Jeff ist wie ausgewechselt, er scheint komplett desillusioniert in Bezug auf seinen Job. »Keine Ahnung, was wir hier tun. Das macht einfach alles keinen Sinn.« »Eine Bäckerei«, reißt Ulli mich aus meinen Gedanken. Ich steige aus, total überrascht von meiner Freude über die Aussicht auf trockenes, aber frisches Baguette. Mein Hunger muss riesig sein, ich hasse Baguette. Der Verkäufer bittet mich, mir selbst die Brote zu nehmen und das Geld vor ihm auf den Tisch zu legen. Er will mich nicht berühren. An der Grenze mussten wir bereits die Hände waschen, sie danach desinfizieren und mal wieder Fieber messen. Auf großen Warnschildern stand geschrieben: *Das Anfassen anderer Menschen und Kontakt mit deren Schweiß sind zu vermeiden.* »Meinst du, wir haben hier gerade wirklich was zu suchen?«, frage ich Ulli, als ich zurück ins Auto klettere. »Keine Ahnung«, murmelt der. Seit gestern nimmt er das erste Mal auf der Reise Malariaprophylaxe. Aus Angst, bei Fieber in Quarantäne zu kommen. Etwas, das ich beinahe belächelt hätte, mich dann aber doch noch daran erinnert habe, dass ich ja gerade daran arbeite, ihn stattdessen zu nehmen wie er ist. Er hält mich seinerseits wahrscheinlich für ähnlich bekloppt, es nicht zu tun, und akzeptiert es dennoch. Meine Zweifel, ob wir wirklich hier sein sollten, sind schon bei der nächsten Polizeikontrolle wie weggeblasen. »Unser Land braucht euch«, ruft der Polizist, völlig aus dem Häuschen, uns zu sehen. »Willkommen«, er schenkt uns eine riesige Staude Bananen. »Wenn ihr Richtung Liberia fahrt, müsst ihr unbedingt bei meinem Bruder schlafen.« Ich mag Guinea jetzt schon. Die Landschaft ist unfassbar grün, sie leuchtet so saftig, wie ich es sonst nur aus Asien kenne. Wir fahren durch unglaubliche Bergpässe und über sandige, rote Pisten. Als die Sonne untergeht, halten wir abseits der Straße an und schlagen in einer Baugrube unser Zelt auf. »Schon verrückt, wie anders diese Reise verlaufen ist, als gedacht«, sagt Ulli auf der Motorhaube sitzend, mit seinem kalten Bier in der Hand. »Ohne dich wäre ich nie losgefahren.« »Und ohne dich wäre ich nie so weit gekommen«, sage ich lachend. Gemeinsam stoßen wir an – auf all das, was wir bereits erlebt haben, und auf all das, was noch kommt.

Gelernte Lebensschlauheit der vergangenen Tage: Schon krass, wie viele Vorurteile über manche Länder in mir vorherrschen. Hauptsächlich durch Medien geprägt. Und wie sie alle der Erfahrung weichen, dass vor Ort immer alles anders ist und in jedem Land ganz normale Menschen ihr ganz normales Leben leben.

LIBERIA

Es beginnt recht anstrengend mit Checkpoints inklusive Desinfektion und Fiebermessen alle 50 Kilometer. Wir lernen einen Surfprofessor kennen und erleben viele Abenteuer in Monrovia.

Tage im Land: 29 | Gefahrene Kilometer: 780 | Pannen: 1
Kontrollen: 32 | Bestechungsgelder: 0 | Planet-der-Affen-Inseln: 1
Höchste Welle: 6 Meter | Längste Welle: 1 Kilometer

38

»Wir Liberianer vergessen schnell«

Überall Kontrollstationen. »Ebola must go«, heißt uns ein Transparent an der Grenze zu Liberia willkommen. Langsam fahren wir an Quarantänezelten vorbei. Mir schnürt es die Kehle zu. Bilder, die ich bisher nur aus den Nachrichten vor unserer Abfahrt kannte. Allerdings scheint nichts mehr los zu sein. Statt gegen Akutfälle wird hier mit den Nachwirkungen gekämpft. Unsere Temperatur variiert bei jedem Mal Fiebermessen. Was vielleicht daran liegen mag, dass durch eine Scheibe hindurch gemessen wird. Egal. Solange die Geräte kein Fieber anzeigen ... »Ihr kommt aus Deutschland?«, fragt ein Kontrolleur. »Habt ihr im Hitlerkrieg gekämpft?« Seine Frage haut uns fast aus den Flip-Flops, aber seine knallernste Miene verrät, besser nicht zu lachen. »Wir nennen uns hier kleines Amerika«, erzählt er mir stolz. Eine Beschreibung, die wirklich nicht treffender sein könnte. Das Land ist unglaublich trubelig, bunt, witzig und die Menschen sind freundlich. Zu unserer großen Verwunderung gibt es an jeder Ecke Streetfood. Sogar Wildfleisch, das sogenannte Bushmeat, ist bereits wieder erhältlich. »Wollt ihr was kaufen?«, fragt ein Junge und hält mir eine verängstigte, kleine Antilope unter die Augen. »Was kostet die?«, frage ich ihn und fühle mich zerrissen. Ob ich das Tier vielleicht retten sollte? Oder ist es besser, die Dinge so zu lassen, wie sie eben sind? »20 Dollar«, grinst er. Verdammt, mitnehmen können wir sie nicht. »Habt ihr keine Angst, das Bushmeat zu essen, wegen Ebola?«, frage ich ihn in der Hoffnung, er lässt sie vielleicht selbst wieder frei. »Ebola? Das kam doch aus Guinea, warum sollten wir Angst haben?«, erwidert der Junge lachend und verschwindet, um seine Ware dem Nächsten anzubieten.

»Wir Liberianer vergessen schnell«, zwinkert mir der Taxifahrer zu, der unser Gespräch beobachtet hat. Oh Mann, so viele neue Eindrücke, so viel zu verdauen. Nach fünf Tagen und 58 Stunden Fahrt kommen wir völlig erschöpft an dem Ziel an, das wir seit Wochen versucht haben zu erreichen. Mein Hintern brennt, mein Herz ist glücklich. Robertsport. Vor uns die angeblich beste Welle Westafrikas.

Gelernte Lebensschlauheit der vergangenen Tage: Immer auf mein Bauchgefühl hören.

39

Ein Schiff zum Frühstück

»Ein Schiff, ein Schiff, dahinten liegt ein Schiff!«, ruft Braima, einer der Jungs aus dem Dorf, am nächsten Morgen. Wir sind noch am Frühstücken, als er aufgeregt angesprintet kommt. Wir lassen alles stehen und liegen und laufen hinter ihm her zum Strand. Morgens um halb acht, bereits geschmeidige 35 Grad. Ich habe meine Flip-Flops vergessen, Mist. Ab halb zehn wird der Sand so heiß, dass er aus Fußsohlen Briketts macht. Die Strände rund um Robertsport sind der Wahnsinn. Eine Bucht nach der anderen, durchzogen von schwarzen Felsen, dahinter der leuchtend grüne Dschungel. Das Wasser ist türkisblau. So stelle ich mir die Karibik vor. Wir durchqueren vier Buchten, klettern über scharfe Steine, marschieren ein Stück durch den Wald und dann sehen wir es bereits von Weitem.

»Das gibt es doch nicht«, ruft Ulli. Das Heck eines riesigen Schiffes lugt hinter der nächsten Felswand hervor. Auf dem Weg liegen Feuerlöscher, Taue, Gummischläuche, das Logbuch, alles, was nicht niet- und nagelfest ist, wurde bereits von denen, die zuerst hier waren, geborgen. »Was wollen die Leute mit dem ganzen Kram?«, frage ich Braima. Der zuckt nur mit den Schultern. Völlig ungläubig stehen wir am Strand und starren auf den riesigen Metallkoloss, der einfach mal eben hier zurückgelassen wurde. Eine große Welle schlägt gegen den Bug, es knatscht, das Schiff lehnt sich so stark auf eine Seite, dass es aussieht, als ob es gleich umkippt. »Und mein Papa ärgert sich darüber, was die Leute in Deutschland alles im Wald entsorgen«, schmunzele ich, immer noch fassungslos, angesichts der absurden Situation.

Wir haben genug gesehen, hüpfen durch den heißen Sand zurück, um unsere Boards zu schnappen und surfen zu gehen. Genau dafür sind wir hier. Braima scheint die Hitze unter seinen Fußsohlen nichts auszumachen. Oder er lässt es sich nur nicht anmerken. »Ich muss mich beeilen, ich muss zur Schule«, sagt Braima. »Ich darf nichts verpassen, in zwei Wochen habe ich Abschlussprüfung, da will ich auf gar keinen Fall durchfallen. Wisst ihr, während der Ebola-Epidemie waren unsere Schulen fast zwei Jahre geschlossen, das heißt, ich bin eh schon viel zu alt, wenn ich endlich mal fertig bin.« »Eure Schulen waren zwei Jahre geschlossen?«, staune ich. Die Ebola-Berichterstattung daheim bestand gefühlt einzig aus Schlagzeilen über Tote. Wie es den Menschen in ihrem Land während der Epidemie in ihrem Alltag erging, habe ich nirgendwo gehört. »Ja, das war richtig schlimm. Und nicht nur das, all die Restriktionen waren furchtbar.« Er schaut betroffen zu Boden, als seine Augen feucht werden. Er bleibt stehen und zieht nervös mit seinem Fuß einen Kreis in den Sand. »Wir wussten ja nichts über Ebola. Die Regierung hat plötzlich einfach Ausgangssperren verhängt. Wir durften abends nicht mehr vor die Tür und keinem Menschen mehr zu nahekommen. Gespräche mit Freunden nur noch auf drei Meter Abstand führen, keine öffentlichen Transportmittel benutzen, kein Fußball mehr spielen – etwas, das wir abends immer gemacht haben. Es ging darum, Schwitzen zu vermeiden und vor allem andere mit dem eigenen Schweiß nicht zu berühren. Wenn du Fieber hattest und dein Malariatest negativ war, kam sofort das Quarantäne-Auto und hat dich abgeholt. Eine Frau aus dem Dorf nebenan haben wir nie wiedergesehen. Angeblich hatte sie kein Ebola, hat es dann aber dort bekommen.« Ich würde ihn gern fest in den Arm nehmen. Aber vielleicht wäre das, bei seinem Trauma, genau das Falsche. Ich kann mir nicht mal annähernd vorstellen, was die Angst während dieser Zeit mit den Menschen gemacht hat. Was die Restriktionen bedeutet haben müssen – auf einem Kontinent, auf dem jeder jeden immer irgendwie berührt. Wo Familien zu neunt in einem Zimmer aufwachsen, wo hundert Leute in einem Kastenwagen gemeinsam ins nächste Dorf fahren. Und dann auch noch zwei Jahre lang nicht zur Schule gehen zu können ... für mich alles unvorstellbar.

Wir verschlingen unser restliches Frühstück, das aus Brot und Ei besteht, während Braima seinen Rucksack packt. »Was machen wir eigentlich ab morgen?«, fragt Ulli, auf die spärlichen Reste unserer Vorratskammer zeigend. »Keine Ahnung«, sage ich. Außer Chilis, Wasser, Bier und Maggi gibt es im Ort nicht viel zu kaufen, wie wir bereits erschrocken festgestellt haben. Unfassbar. »Was esst ihr denn den ganzen Tag?«, frage ich Braima, als wir uns zum Strand aufmachen. »Meist Reis und Fisch«, antwortet er. Gemüse? Fehlanzeige. »Ihr habt so viel brachliegendes Land, warum baut ihr nichts an?« »Das gehört alles jemandem. Die Eigentümer sind während des Krieges abgehauen und bisher nicht wiedergekommen. Ich muss los, bis später«, ruft Braima und sprintet die Straße runter. Ich stehe nachdenklich mit meinem Surfbrett unterm Arm auf dem heißen Weg und starre ihm gedankenverloren hinterher. »Ab ins Wasser!«, ruft Ulli.

Gelernte Lebensschlauheit der vergangenen Tage: Manche Dinge sind einfach unvorstellbar, auch wenn ich sie selbst erlebe.

40

Chris

Wir rasen durch Pfützen. Der Schlamm der Vorderreifen spritzt mir durchs offene Fenster ins Gesicht. Chris gibt Vollgas. Er hat sichtlich Spaß, seinen Geländewagen mit den extra breiten Reifen hier durch den Dschungel zu quälen. »Ich will euch Banana Bay zeigen«, hat er heute früh angekündigt, als wir um fünf Uhr zu diesem Abenteuer aufgebrochen sind. Chris stammt aus Leipzig und leitet hier das Casino eines der größten Luxushotels in Monrovia, auf dessen Parkplatz wir, dank ihm, seit Tagen stehen. Wie Campingkönige dürfen wir im Hotel frühstücken und an den Pool. Was für ein Kontrast zu unserem Alltag sonst. Wie sehr ich auch drüber nachdenke, ich glaube, ich kenne keinen verrückteren Kerl als Chris. »Wo soll die Bay denn sein?«, fragt Ulli, nachdem wir bereits vier Stunden unterwegs sind. »Wir sind gleich da. Dann müssen wir nur noch mit dem Kanu eine Stunde den Fluss hinunter.« Adolphos grinst über beide Ohren. Der kleinwüchsige 18-jährige Gehilfe von Chris sieht aus wie zwölf. Er ist eine Seele von Mensch und ich habe nicht nur Chris, sondern auch ihn bereits richtig lieb gewonnen. Bis jetzt. »Achtung«, ruft er mir zu. Und wirft seine leere Wasserflasche ganz selbstverständlich an mir vorbei aus dem Fenster. »Was sollte das denn?«, frage ich ihn empört. Vom Ernst meiner Stimme und meiner düsteren Miene erschrocken, weiß der Arme gar nicht, was er antworten soll. »Hast du eine Ahnung, was das mit der Umwelt macht?«, frage ich ihn, noch immer sauer. Er schüttelt nur verstört den Kopf. Dieser echt sensible kleine Kerl hat ganz offensichtlich keinen blassen Schimmer. »Plastik verschwindet nicht, das bleibt und vergiftet die Natur. Vieles landet im Meer und wird da von Fischen gefressen«, seine Augen sind riesengroß, »und du isst dann wiederum die Fische und somit das Plastik.« Das hat gesessen. »Tut mir leid, das wusste ich nicht«, stammelt Adolphos. »Das mache ich nie wieder, ganz sicher.« Ich bin selbst erschrocken, wie hart ich gerade zu ihm war, aber beim Thema Müll hört es für mich einfach auf. Ich halte ihm versöhnlich meine Faust hin und grinse. Adolphos schlägt dankbar, dass ich nicht mehr böse bin, mit seiner Faust ein.

Wir sind da. Wo genau? Keine Ahnung. Die vom Regen zerfurchte Piste, auf der wir bisher unterwegs waren, endet vor einem Fluss. Zwei Männer warten bereits in ihren Einbäumen auf uns. Ulli, Chris und die Männer verladen Getränke und etwas zu Essen und dann paddeln wir los. Mitten durch den Dschungel. »Crocodile Dundee und Indiana Jones waren nichts gegen uns«, rufe ich vor Freude und frage den Fahrer übermütig nach einem zweiten Holzpaddel. Der guckt erst ungläubig, dann reicht er mir lächelnd das blattförmige, raue Ding. Ich paddle drauflos. Verdammt ist das anstrengend. Aber die Blöße aufzugeben, gebe ich mir auf keinen Fall. Ich bin so erleichtert, als sich nach 40 Minuten eine riesige weiße Sandbank vor uns auftut. Im flachen Wasser fischen ein paar Frauen mit Drahtkäfigen. Sie winken fröhlich, als wir ans Ufer fahren. Vor uns ein sichelförmiger Strand, auf den von oben durch Felsen hindurch das Meer in die Bucht drückt. Die Idylle ist umrahmt von Kokosnusspalmen. Das Wasser glasklar und ruhig. »Wow«, staune ich. Adolphos grinst über beide Ohren. Er ist ein echtes Stadtkind und durch Chris erlebt er, so wie wir gerade, wilde Abenteuer. »Ich stelle mir vor, dass die Locals hier in der Bucht Vorratsfischfang betreiben und ich dann den frischen Fisch abkaufe für das Restaurant im Hotel. Darüber will ich mal mit dem Dorfchef sprechen«, erzählt Chris und stützt seine Hände dabei freudig in die Hüften auf den Rand seiner Badehose. »Klingt nach einem guten Plan«, sagt Ulli. »Wie hast du diesen Ort überhaupt gefunden?« Wir spazieren bis zum Ende des Strandes und lassen uns vor den Felsen im Palmenschatten nieder. »Als ich das letzte Mal in Deutschland war, hatte ich plötzlich Fieber und bin als zweiter Ebola-Verdachtsfall erst mal in Quarantäne gekommen. Es war Malaria, so wie ich es gesagt habe, aber das ist eine andere Geschichte. Auf jeden Fall hatte ich viel Zeit, mir die Küste Liberias bei Google Maps mal genauer anzusehen. Und da habe ich diese Bucht entdeckt. Ja, und sobald ich wieder hier war, bin ich los, um sie zu suchen«, grinst er verschmitzt. Ich liebe seine Art. Er sieht mit Mitte 40 immer noch aus wie ein 14-jähriger Junge, der gerade etwas ausfrisst. Und das tut er auch, in gefühlt jeder Sekunde. Wir haben mit ihm so unheimlich viele Abenteuer in den letzten Tagen erlebt. Überall und nirgendwo. Dabei habe ich mich großartig, leicht und frei gefühlt – so wie jetzt. Mittlerweile haben wir auch begriffen, wie es läuft, sind gewappnet und bestens ausgerüstet. Wir haben für jede Situation, in die wir noch geraten könnten, das Passende dabei: Badehose, Machete, Moskitospray, genug Wasser, ordentlich Sonnencreme, was zu essen.

Irgendwo aus dem Busch kommen immer mehr Menschen her. Am Ende sitzen wir mit sicher 20 Erwachsenen und Kindern zusammen, essen und trinken Kokosnüsse, die die Kids uns geschickt vom Baum holen. »Die ganz alten mag ich am liebsten«, sage ich zu Adolphos, der nicht so ganz versteht, warum ich ihn gebeten habe, die ranzigste Nuss vom Boden zu öffnen, wenn es doch frische vom Baum gibt. »Die schmecken original wie Bounty«, sage ich lachend und merke erst an den Fragezeichen in seinem Gesicht, das Adolphos Bounty ja gar nicht kennt.

Zu lustig ist der Anblick der Inselkinder, in ihren wenigen, alten Klamotten, aber mit einem breiten Grinsen im Gesicht. Ganz im Kontrast zu Adolphos, der, obwohl er viel älter ist, in seinen viel zu großen Klamotten aussieht wie ein Gangster-Rapper. Es wird immer heißer. Alle gehen baden. Nur Adolphos sitzt allein am Strand und sieht uns traurig zu. »Warum kommst du nicht mit rein?«, frage ich ihn, auf dem Weg zu einem weiteren Stück Kokosnuss als Stärkung. »Ich kann nicht schwimmen«, antwortet er bedrückt. »Das ist gar nicht schwer, komm ich zeig es dir. Leg dich hier mit dem Bauch auf den Stein und mache weite Kreisbewegungen mit den Armen.« Er tut wie befohlen. »Super und jetzt die Beine dazu.« Unbeholfen, aber ehrgeizig rudert er wie ein Frosch mit Krampf im Fuß. Die nicht vorhandenen Bauchmuskeln angespannt. »Richtig gut und jetzt machen wir das Gleiche im Wasser«, rufe ich freudig. Die anderen Kids kommen, um zu helfen. Jeder von ihnen kann schwimmen, jeder von ihnen kann alles, was er oder sie zum Leben braucht. Adolphos erinnert mich plötzlich wahnsinnig an uns. Die bequemen Westler, bei denen das Essen aus dem Supermarkt kommt und wo es für jedes Problem eine Hotline gibt. Ein Junge bringt ein Stück Holz, an dem Adolphos sich erst mal festhalten kann, um die Beinbewegungen zu üben. Er ist sichtlich nervös und schämt sich, der einzige Nichtschwimmer zu sein. Dennoch probiert er es tapfer weiter. Ich halte ihn unterm Bauch und Stück für Stück nehme ich meine Hand weg. »Du schwimmst, du schwimmst!«, rufe ich stolz. Noch viel zu schnell rudernd und ordentlich Wasser schluckend, aber er schwimmt tatsächlich. Adolphos strahlt über das ganze Gesicht. Er übt, bis ihm die Puste ausgeht. Ich lasse ihn keine Sekunde aus den Augen, aus Angst, dass er ertrinkt. Ulli und Chris sitzen am Strand und beobachten lachend unser Treiben. Adolphos stolpert an den Strand, atmet tief durch und sinkt fix und fertig in den Sand.

Ich brauche eine Pause vom ganzen Trubel und durchquere den Wald auf der Suche nach etwas Stille. Fünf Minuten zu Fuß und ich komme auf der Meerseite wieder raus. Ein natürlicher Pool in den Felsen lagert dem Ozean vor. Eine riesige Welle bricht an den Steinen und schleudert das Wasser sicher drei Meter in die Höhe. Ein paar Fischer sind dabei, ein großes buntes Boot am Strand zu reparieren. »Wenn ihr ein Boot wollt, geht ihr einfach in den Wald, schlagt Bäume und baut euch eins?«, frage ich neugierig. »Nein, das Holz in Liberia ist nicht stark genug. Deshalb kaufen wir die Boote in Ghana und fahren sie dann hier hoch.« »Ach, und was kostet so ein Boot?«, will ich wissen. »In der Größe circa 1200 Euro«, klären sie mich auf. »Wow, das ist ja unglaublich teuer?« »Das ist es, aber wir kaufen es alle zusammen und bei guter Pflege hält es dann auch bis zu 20, 25 Jahre.« »Komm, iss etwas mit uns«, werde ich mal wieder eingeladen. Und so verbringe ich den Rest des Nachmittags mit Kofi und seinen Freunden. Kofi ist ein dicker Teddybär mit grauen, buschigen, zusammengewachsenen Augenbrauen. Er hat eine unglaublich freundliche, gemütliche Ausstrahlung und ist mir sofort sympathisch. »Hast du nicht eine Frau für mich?«, will Peter, während er dabei ist zu hobeln, wissen. »Ich hätte so gern eine europäische Freundin.« Oh Mann, es ist einfach immer wieder lustig. Ich muss an Abou, einen Freund in Gambia, denken. Sein großer Wunsch ist, »eine dicke weiße Frau mit dünnen Beinen zu heiraten«. Oder der Tischler in Ghana, der mir erzählt hat, dass er in seiner Vorstellung mit seiner weißen Frau dann sonntags immer

gemeinsam in die Kirche gehen wird und sie ihm drei Kinder ge-
bären und für ihn die Hausarbeit machen und kochen würde. Ganz
wichtig: Die weißen Frauen sollen immer zu ihnen kommen, etwas
dafür tun, will keiner. Viele erzählen mir das auch trotz Ehering. Ich
muss grinsen: »Weißt du, Peter, wenn du eine weiße Frau hättest,
würdest du sie ganz sicher schnell wieder loswerden wollen. Die
hat nämlich gewisse Vorstellungen von einem Mann. Da kannst
du nicht den ganzen Tag rumsitzen und aufs Meer gucken. Die
will, dass du produktiv bist. Die möchte Sicherheit und tritt dir im
Zweifel den ganzen Tag in den Hintern und sagt, du sollst nicht so
faul sein.« Ich versuche, eine ernste Miene zu machen. Aber meine
Mundwinkel reißen doch nach oben aus. Die Männer sind kaum
noch zu halten. »Siehst du, hör auf Lena«, lachen sie.

Eines der Boote läuft ein und ein Mann fällt bald ins Wasser, als
er einen Fisch, der so groß ist wie er, auf dem Kopf an Land
trägt. Eine Hand im Maul des Fisches, um ihn irgendwie festzuhalten. »Wahnsinn!«, rufe ich. »Was ist das für ein Fisch? Ich habe
in meinem ganzen Leben noch nie so einen großen gesehen!« »Ein
Geigenrochen«, ruft er unter dem Riesen hervor. »Schmeckt der
gut?« »Und wie!« »Weißt du, Lena«, sagt Kofi, »wir sind schon ganz
schön reich. Wenn ich Hunger habe, esse ich einfach Fisch, wenn
ich einen Kern in den Boden spucke, wächst da morgen ein Baum.
Wann immer ich möchte, pflücke ich mir eine Kokosnuss oder Ana-
nas, und muss nicht mal viel dafür tun.« Seine Worte stimmen mich
froh und gleichzeitig nachdenklich. Wenn wir so weitermachen wie
bisher, haben Kofis Kinder und deren Kinder überhaupt noch eine
Chance, in einer Welt zu leben wie dieser hier? Wenn wir im Westen
weiterhin alle Rohstoffe klauen und die Länder dann auch noch, aus
schlechtem Gewissen, von unnützer Entwicklungshilfe abhängig
machen? Ich drücke Kofi fest zum Abschied. Es ist Zeit zu gehen.
Die anderen warten schon.

»Und was machen wir morgen?«, frage ich Chris, nachdem wir nach zwölf Stunden Abenteuer fix und fertig wieder am Hotel ankommen. Wir können beinahe dabei zusehen, wie seine Gedankenmaschinerie anspringt. Seine Augen fangen an zu leuchten, die Stirn legt sich in Falten, als er schon wieder Ideen ausheckt. »Wisst ihr, da ist diese Goldmine, die ich überlege zu kaufen. Die ist allerdings 18 Stunden mit dem Auto Richtung Elfenbeinküste, die will ich mir mal angucken.«

»Ich muss ins Bett«, stöhnt Ulli. »Aber weißt du was, ich hatte Spaß.«

»Das markiere ich rot im Kalender«, scherze ich. Völlig fertig, aber überglücklich liege ich im Bett. Dieser Kerl. Wie gut es Ulli und mir tut, uns auf jeden Quatsch einzulassen, der Chris gerade in den Sinn kommt, und den Kopf einfach mal auszumachen. Ein bisschen fühle ich mich, als wäre ich wieder zwölf und als sei die ganze Welt ein riesiger Abenteuerspielplatz.

Gelernte Lebensschlauheit der vergangenen Tage: Mich selbst nicht mehr so ernst nehmen und viel öfter wieder Kind sein.

SIERRA LEONE

Es ist ein Auf und Ab der Gefühle.
Wir leben vier Wochen in einer
wunderbaren Local-Surfcommunity,
erfahren Black Magic, besuchen eine
Schimpansen-Auffangstation und
müssen einen weiteren Hund begraben.

**Tage im Land: 28 | Gefahrene Kilometer: 1120 | Pannen: 1
Kontrollen: 57 | Bestechungsgelder: 1 | Tage am Meer: 26
Black-Magic-Zeremonien: 1 | Vergossene Tränen: zu viele**

41
Das kleinste Nilpferd der Welt

Der gesamte Fluss ist ein einziger Spiegel des Himmels. Als sei er ins Wasser gefallen und mit ihm die ganze Welt. Mystisch leuchtet alles um uns herum in Lila und Weiß, als wir direkt auf die tiefgrüne Dschungelinsel zugleiten. Dazu das rhythmische, leise Plätschern des langen Stocks, den Francis elegant ins Wasser taucht, um uns kraftvoll voranzuschieben. »Macht euch keine große Hoffnung«, hat er vor dem Losfahren gesagt. »Eine Frau kommt seit zehn Jahren jedes Wochenende her und hat noch immer kein Glück gehabt.« Wir hatten keine Ahnung, dass die Pygmäen-Nilpferde so schwer zu finden sind. Was soll's, dann freuen wir uns halt auf eine nette Fahrt durch diese wahnsinnig schöne Natur rund um Tiwai Island – der Affeninsel im Norden von Sierra Leone. Allein der Weg hierher war mal wieder eine Herausforderung für sich. Unser neuestes Problem: Jedes Mal, wenn wir durch eine Pfütze fahren, brennt im Auto eine Sicherung durch und die Lichtmaschine lädt nicht mehr. Zu dumm, dass uns die Regenzeit langsam mal wieder im Nacken sitzt und die Wege bereits aus fünf Meter breiten und einen Meter tiefen Pfützen bestehen. 20 Sicherungen auf 50 Kilometern haben wir bereits verbraten. Ulli, der den Fehler einfach nicht finden kann, ist kurz vor der Verzweiflung: »Bleiben noch zehn Sicherungen. Wenn die auch noch kaputt sind, fahren wir nicht mehr. So sieht es aus. Dann bleiben wir irgendwann einfach liegen.« Ich kann mir nicht vorstellen, dass es wirklich so schlimm ist. »Dann kaufen wir halt neue Sicherungen, bis wir wissen, was das Problem ist.« »Dazu müssen wir erst mal passende finden, ich halte ja schon die ganze Zeit die Augen offen«, flucht er. Ich glaube, wenn wir zurück sind, macht er hundert Kreuze. Schon krass, wie tief jeder von uns in seiner Rolle steckt. Aber zumindest in einer, die uns auch immer irgendwie hilft weiterzukommen.

»QUUUIIIIIIIIIIIIIIIIIIEEEEEEEEEKK«, tönt es plötzlich. Ein Geräusch, das klingt wie eine Tabu-Hupe und mich sofort aus meinen Gedanken reißt. »Was war das?«, frage ich Francis erstaunt. Ich kann sehen, dass er sehr genau weiß, was dieser Laut bedeutet, es aber einfach nicht fassen kann. Der ganze Körper angespannt und in heller Aufregung versucht er, so langsam und leise wie möglich, unseren Einbaum rückwärts gegen den Strom zu lenken. »Da«, flüstert er. Und zeigt mit großen Augen auf das kleinste Nilpferd der Welt. Unter einem Busch badet es genüsslich. Als es uns sieht, hält es kurz inne. Wir ebenfalls. Ich fasse es nicht. Wir sind die größten Glückspilze, die es gibt. Keine zehn Minuten auf dem Wasser und genau vor unseren Augen das Tier, das andere in zehn Jahren noch nicht gesehen haben. Das Hippo entspannt und reißt sein Maul erneut weit auf, um zu gähnen. »QUUUUUUUUUUUUUUUIIIEE EEEEEEEEEEEK.« Ich habe eine Gänsehaut und versuche den Moment, so tief es geht, in mich aufzusaugen. Mit allen Sinnen wahrzunehmen, zu riechen, zu schmecken, zu fühlen. In meinem Körper zu bemerken, was dieser Moment mit mir macht. Ich bin auf diese Reise gegangen, um mich selbst wieder zu spüren. Ich möchte erst umdrehen, wenn ich weiß, wie ich dieses Gefühl auch in meinem Alltag jederzeit erreichen kann, wenn ich ganz sicher bin, dass ich es nie wieder, nicht wie sonst nach all den anderen Reisen, verliere. Jetzt in diesem Moment verstehe ich ... Ich habe immer an der falschen Stelle gesucht. Im Außen. Und habe dabei mein Inneres komplett übersehen. Glück ist ein Gefühl. Glück ist das Kribbeln in meinen Fingern, in meinem Körper, auf und unter meiner Haut und das Spüren meines Herzschlags. Alles, was ich tun muss, um glücklich zu sein, ist hinschauen, wahrnehmen. Es ist immer da, egal wo ich bin, ich nehme es mit, denn ich bin. – Das Nilpferd schaut uns mit seinen riesigen schwarzen Knopfaugen an, dann taucht es ab und ist weg. Francis schüttelt völlig ungläubig den Kopf. »Das glaubt uns niemand«, sagt er.

Gelernte Lebensschlauheit der vergangenen Tage: Mich selbst wieder zu spüren, heißt auch, bereit zu sein, hinzuhören. Aufzuhören, mich ewig abzulenken mit Dingen, die im Außen passieren. Stattdessen möchte ich »bewusst« sein.

42

Salone

»Sierra Leoner, wir stehen zusammen, Sierra Leoner, wir fallen zusammen. Kein Kämpfen, kein Schießen, kein Töten mehr, keine Korruption, keine Vetternwirtschaft, lasst uns zusammenkommen und Sierra Leone groß machen, Salone, wir machen dich großartig.« Powermans Worte treffen mich tief. Er singt sie voller Inbrunst, während John wild meine Trommel bearbeitet.

Vier Wochen sind wir bereits hier am Strand, dem schönsten Westafrikas. Weißer Sand, endlose Weite, dahinter Dschungel und darüber blaue Berge. Jeden Morgen, wenn ich aufstehe, den ganzen Tag und jeden Abend, wenn ich ins Bett gehe, staune ich über die Schönheit der Natur und die großartigen Menschen. Vom ersten Tag an sind wir Teil der Surfcommunity, die aus circa 30 Jungs, einem Mädchen und 15 Kindern besteht. Die Kinder können zwar alle nicht schwimmen, aber surfen. Das Surfcamp ist ein Projekt eines Holländers, der es gemeinsam mit dem Dorf nebenan aufgebaut hat. Es besteht aus ein paar zurückgelassenen Surfboards, zwei rustikalen Gästehütten sowie einem Minirestaurant, das dem Dorf Einnahmen bescheren soll. Die Idee: Von dem Geld Brunnen bauen und die Kinder zur Schule schicken. Die Jungs schlafen alle gemeinsam in der Haupthütte und bekommen dafür, dass sie sich um den Platz kümmern, zu essen. Gerade bauen sie an einer dritten Gästehütte, für die nun genug Geld zusammengekommen ist. »Powerman, der Text ist echt der Hammer«, staune ich, noch immer einen Kloß im Hals. Powerman ist Mitte 30 und einer der durchtrainiertesten Menschen, die ich kenne. Er ist Akrobat – und, seit ein Engländer sein Talent entdeckt hat, auch noch Yogalehrer. Jeden Abend unterrichtet er die Kids am Strand. Ich bin so begeistert. Dieser Ort verkörpert für mich Begegnungen auf Augenhöhe. Wir leben, indem wir tauschen. Wir laden den Jungs ihre Handys auf, sie bringen uns Obst, wir kaufen Epoxidharz und zeigen ihnen, wie sie damit ihre Boards reparieren können, sie lassen uns kostenlos hier campen und das Klo und die Dusche benutzen. Ich unterrichte Yoga, sie geben mir Tipps beim Surfen. Statt: »Kann ich das haben«, grübeln sie: »Hm, wie kann ich das wohl nachbauen?« Der Hammer.

»Willst du was mitessen?«, ruft John aus der Küche. Die ganze Bande hockt im Kreis um einen großen Pott Reis und futtert, was das Zeug hält. Ich liebe es hier.

Den besten Reis haben wir auf Tiwai bekommen, selbst angebaut, seitdem leider nie wieder. Die anderen Saloner scheinen nur Reis aus Indien zu essen, der ist billiger. »Nein danke«, rufe ich, »ich gehe lieber surfen. Jetzt, wo ihr alle am Essen seid, habe ich die ganzen prima Wellen für mich«, rufe ich lachend und laufe los. Das lassen sie sich nicht zweimal sagen, springen auf, um zu gucken, ob ich recht habe, schaufeln noch schnell ein paar Handvoll Reis in sich hinein, schnappen sich ebenfalls ihre Bretter und rennen mir hinterher. Ulli kommt ebenfalls nach, er hat den ganzen Tag unterm Auto gelegen. Völlig durchgeschwitzt und schwarz vor Dreck, Fett und Öl, aber glücklich setzt er sich neben mich ins Line-up. »Ich habe den Fehler gefunden. Eugene hatte recht, die Dichtung eines Kabels vom Rücklicht war aufgescheuert.« Wie immer haben wir Glück im Unglück und ein Südafrikaner, der ebenfalls mit seiner Frau auf Reisen ist und viel an Autos schraubt, weiß sofort, was bei uns los ist. »Es wird immer alles gut«, sage ich lachend und schubse ihn vom Brett: »Zeit für eine Wäsche!« Ich paddle an und surfe gemeinsam mit den anderen, vor Freude kreischend und uns gegenseitig anfeuernd, die nächste Welle Richtung Strand. Hier wird einfach alles geteilt, sogar eine Welle. Die Sonne steht tief, das gesamte Meer glitzert silbrig. Ulli und ich liegen mit den Rücken auf den noch warmen schwarzen Felsen und genießen den Moment. Dann kommt Eugene angelaufen mit einem völlig abgemagerten und total apathischen Welpen auf dem Arm. »Den habe ich am Strand gefunden, kannst du dich bitte um ihn kümmern?«

Die nächsten Tage werden für mich mit die härtesten der Reise. Mit Milch und Ei erholt Carlie sich schnell. Er frisst und trinkt gut, findet aber nichts davon allein. Wenn ich nicht da bin, winselt er wie ein Kind nach seiner Mama. Nach ein paar Tagen ist klar, er sieht nichts, er hört nichts und ich bin mir nicht sicher, wie viel er tatsächlich fühlen kann. »Wenn er überlebt, nennen wir ihn Survivor«, sagt Alpha und hockt sich neben mich, als ich Carlie gerade mal wieder versuche zu füttern. Alpha ist mir unglaublich ans Herz gewachsen. Er ist für mich der absolute Fels in der Brandung. Mit gerade mal Anfang 20 strahlt er unglaubliche Ruhe aus, beantwortet jede meiner, manchmal sicher sehr naiven, Fragen geduldig und ist immer für uns da. »Ich glaube, allein hat er keine Chance«, erwidere ich. 24 Stunden bin ich mit ihm beschäftigt. Ohne Hilfe stirbt er. »Was mache ich bloß mit ihm, Alpha?«, frage ich mehr mich selbst als ihn, als ich mal wieder abends mit Carlie auf dem Schoß in der Hängematte liege und ihn streichle bis er einschläft. »Wir können uns um ihn kümmern, wenn ihr fahrt«, schlägt Alpha sofort vor. Ich gucke ihn dankbar, aber mit Fragezeichen im Gesicht an. Als Ulli und ich zwei Tage später einige Stunden unterwegs sind, finde ich Carlie zigmal um seine Leine gewickelt in der Mittagssonne. Zwar mit einer Wasserschale, die er aber nicht findet. »Das kann ich weder Carlie noch den Jungs antun«, heule ich. Als er sich die kommende Nacht kaum noch beruhigen lässt, steht mein Entschluss fest. Mir laufen die Tränen die Wangen herunter und tropfen auf seinen kleinen Körper in meinem Schoß, als wir zum Tierarzt fahren. Ein Tierarzthelfer weist uns den Weg in einen kleinen Stall. Darin stehen ein Untersuchungstisch und einige Metallkäfige voller Welpen, die traurig winseln, als wir kommen. Carlie kann sie nicht hören. Meine Tränen laufen immer doller, ich halte den kleinen Wurm ganz fest. »Ich habe dich lieb und wünsche dir von Herzen, dass es dir bald besser geht«, flüstere ich, als der Helfer erst eine Betäubungsspritze setzt und dann das Gift. Carlie wird ganz ruhig, dann hört sein Herz auf zu schlagen. Ich kann es nicht glauben, es ist der zweite Hund den wir auf dieser Reise beerdigen. Ulli hat eine Schaufel besorgt. Alle Strandhunde sind uns gefolgt und starren gemeinsam mit mir auf das Loch, das Ulli nun mit Sand füllt. Als er fertig ist, nimmt er mich fest in den Arm. Ich fühle mich leer und unendlich traurig. »Keine Ahnung, ob ich daheim jemals gefühlsmäßig so oft Achterbahn gefahren bin wie in diesen nun bald zwei Jahren«, sagt Ulli. »Afrika – so schön, so hässlich, so hart, so weich ...«, flüstere ich und wische mir meine Tränen aus dem Gesicht.

Gelernte Lebensschlauheit der vergangenen Tage: Hier nimmt mir keiner etwas ab, hier muss ich selbst Verantwortung übernehmen.

43

Hexenjagd

Er bewegt sich wie in Zeitlupe. Als ob er damit den Moment noch bedrohlicher machen will, als er eh schon ist. Der Magier kippt irgendeinen schwarzen Kram auf die Enden seiner zwei Reisigbesen. Dann geht er langsam auf John zu, der auf einem Holzklotz inmitten eines weißen Kreises sitzt. »Wie heißt du?«, fragt er mit dunkler, ernster Stimme. »John Small«, antwortet er. »John Small, hast du das Geld genommen?« »Nein, ich habe es nicht genommen.« Gebannt, fassungslos und verstört zugleich starren Ulli und ich auf das, was hier gerade passiert. Die Hexenjagd ist in vollem Gange. Alles, was ich denken kann: »Das ist wie im Mittelalter.« Der Magier kreuzt seine zwei Reisigbesen vor Johns Kehle und zieht sie bedächtig zurück. Die Besen öffnen sich und ziehen an den Seiten seines Halses vorbei. Einmal, zweimal. Dann ist John entlassen. Der nächste ist dran.

Alle sind gekommen. Entweder, um zu gucken, oder, um als Teil der Surfcommunity verhört zu werden. Wie sind wir bloß in diese Scheißsituation geraten? Wie kommen wir hier bloß wieder raus? Dabei hat der Tag angefangen wie so viele andere. Ich habe nach dem Surfen mit Fufu in der Hängematte abgehangen und Ouzman beobachtet. Den frechsten kleinen Surfer. Er weiß genau, dass er heute nicht ins Wasser soll, weil die Wellen zu hoch sind. Vielleicht läuft er genau deshalb heimlich mit seinem Brett in Richtung Wasser. Alles, was ich von ihm sehe, ist sein nackter Po und die flinken kurzen Beine. Ulli ist im Dorf, um einkaufen zu gehen. Es ist Wochenende und der Strand gut besucht. Vor allem von Expats, meist weißen Ausländern, die hier vorrübergehend leben, arbeiten und an ihrem freien Tag entspannen wollen. »Verdammt«, flucht er beim

Zurückkommen. »Mein ganzes Geld ist weg!« »Bist du dir sicher?«, frage ich. »Ja, sicher! Es fehlen um die 60 Euro!« Als Ulli die Jungs darauf anspricht, ob sie jemanden am Auto gesehen haben, ist die Aufregung groß. »Wir werden euer Geld finden und das Gesicht unseres Camps wiederherstellen«, sagt der Manager entschlossen und ist damit nicht mehr zu bremsen. Hätten wir auch nur die leiseste Ahnung gehabt, was er damit meint, hätten wir nie etwas gesagt. Aber zu spät.

Der Magier ist gerufen, sein Verhör läuft. So sehr wir das, was hier passiert, auch respektieren, so unglaubwürdig erscheint es uns. Allein deshalb, weil alle Weißen am Strand von vornherein ausgeschlossen sind. Jeder, der hier sitzt, ist Teil der Surfcommunity und kommt aus dem Dorf. Die einzige von außen ist eine Obstverkäuferin, die sich am Wochenende am gut besuchten Strand etwas dazuverdient. Francis, Powerman, John, Sheriff, Keke ... alle unschuldig. Die Obstverkäuferin ist als nächstes an der Reihe. Geduldig, fast schon gelangweilt setzt sie sich auf den Holzklotz. »Was der Magier herausfindet, ersetzt jegliche Investigation der Polizei. Sein Wort ist Gesetz«, flüstert John mir zu. »Juju, wird in den Familien der Magier von Generation zu Generation an ein ausgewähltes Kind weitergegeben. In der Regel sind es Männer. Ein Magier irrt sich nie.« Mir macht der kleine Mann mit den finsteren Augen, der weißen Kippa, dem Basketballshirt und den orangefarbenen Shorts Angst. Was er ausstrahlt, ist nichts Gutes. »Wie ist dein Name?«, fragt er mit düsterer Stimme. Ich bekomme Gänsehaut. »Fanta Konté«, antwortet die Frau. »Fanta Konté, hast du das Geld genommen?« »Nein, ich habe das Geld nicht genommen«, sagt sie selbstsicher. Die Reisigbesen schließen sich vor ihrer Kehle. Ihre Augen entspannt, ihre Mimik, ihre gesamte Körperhaltung gelassen. Der Magier zieht. Die Besen verhaken sich und mit ihnen reißt er die Frau brutal rücklings zu Boden. Sicher zwei Meter weit zieht er sie durch den Staub hinter sich her. Vor Schock und Schmerz hält Fanta die Hände an ihre Kehle, um zu versuchen, sich vom Druck der Besen zu befreien. Ihre Augen sind weit aufgerissen, als der Magier den Zug löst und ihr dämmert, was soeben passiert ist. Stille. Sekunden vergehen wie Minuten. Alle halten die Luft an. »Me?«, ruft Fanta schließlich krächzend, mit hoher Stimme. Den Rest kann ich nicht verstehen. Plötzlich gerät alles in Aufruhr. »Sickness«, Fanta fängt an zu weinen, sucht Halt in den Blicken, jemanden, der zu ihr steht, sie freispricht. Diesen Albtraum beendet. Alle reden durcheinander. Der Magier setzt sie erneut auf das Holz. Mit wässrigen Augen und die Arme zum Selbstschutz vor der Brust verschränkt, hockt sie da. Wie ihr Herz pocht, kann ich an den Adern ihres Halses erkennen. Sie tut mir so leid. Erst jetzt merke ich, wie ich die ganze Zeit selbst die Luft anhalte. Noch einmal setzt der Juju-Mann an, mit dem gleichen Ergebnis. »Sie war es«, flüstert Alpha uns zu, »sie hat das Geld genommen.« »Nie im Leben«, flüstere ich Ulli auf Deutsch zu, damit uns keiner versteht. Der nickt nur, er ist ganz meiner Meinung. Alle hier, egal ob Christen oder Muslime, glauben an Juju. Fanta ist für sie schuldig, kein Zweifel. Ein riesiger Streit entsteht, der Dorfchef und die Surfcommunity machen sich gegenseitig Vorwürfe. Ein Zwist, der scheinbar viel älter ist, viel tiefer geht, als das hier. Der Magier steckt sich zufrieden eine Zigarette an.

»Was bedeutet das jetzt als Konsequenz für sie?«, frage ich Alpha ängstlich. »Sie muss euch euer Geld wiedergeben und den Magier bezahlen«, sagt er. »Und wenn sie das nicht kann?«, frage ich, immer noch überzeugt, dass sie es nicht war. Ganz sicher kann sie nie im Leben so viel Kohle aufbringen, selbst wenn sie es wollte. »Dann kommt sie ins Gefängnis«, antwortet Alpha. »Aber«, sage ich und schlucke es gleich wieder runter. Wir sitzen in der absoluten Zwickmühle. Der miesesten kulturellen Zwickmühle, die ich mir vorstellen kann. Allzu gern würden wir zum Dorfchef gehen und sagen: »Alles nicht so wild, lasst sie laufen, wir verzichten auf unser Geld.«

Aber damit würden wir weder die Mühen noch die Kultur der Community respektieren. Der Dorfchef, Fanta und der Magier setzen sich schließlich gemeinsam in den weiß gekennzeichneten Kreis und palavern. Oder besser gesagt, die Männer palavern, Fanta sitzt einfach nur da, geschlagen von ihrem Schicksal, voller Angst, was nun kommt. Alpha deutet uns an, dass es Zeit ist zu gehen. Was kommt, entscheiden die Männer, wir haben hier nichts mehr zu suchen. »Mir drängt sich das Gefühl auf, dass sie schuldig war, weil sie die einzige ist, die nicht zur Dorfgemeinschaft gehört«, sage ich zu Ulli. Voller Frust und Verzweiflung kicke ich die Steine vor mir aus dem Weg. »Das ist unglaublich, wie zu Zeiten der Hexenjagd«, ist alles, was Ulli rausbringt. Der Himmel zieht zu. Pechschwarze Wolken tauchen den magischen Strand und die blauen Berge in eine bedrohliche Kulisse. Der aufziehende Wind fängt an, die Palmen von rechts nach links zu peitschen. Alpha kommt angelaufen, sich sein Cap auf dem Kopf festhaltend. »Das Urteil steht fest. Sie wird nicht mehr an diesen Strand kommen dürfen, um hier zu verkaufen«, sagt er. Es knallt. Das Unwetter ist vielleicht noch zehn Minuten entfernt. »Die Geister sind wütend«, flüstere ich. Alle flüchten in ihre Häuser. Wir in unser Zelt. Die kommende Nacht ist wie ein schlechter Film. Die Strandhunde jaulen, um uns herum brechen Äste von den Bäumen, Blitze schlagen irgendwo ein. Wir sind die ganze Nacht damit beschäftigt, halb schlafend, halb wach, vom Bett aus unser Zelt festzuhalten, damit es nicht umklappt. Über uns schwankt bedrohlich eine riesige Palme, schwingt weit ausladend von rechts nach links. »Wir müssen das Zelt einklappen und das Auto umparken«, sagt Ulli nach fünf Stunden. Er ist fix und alle. Es dämmert bereits, als wir uns halbwegs in Sicherheit gebracht haben. Ironischerweise lässt genau dann der Wind nach. Ich spaziere durchs Camp, um mir einen Überblick über den Schaden zu verschaffen, der entstanden ist. Dann stehe ich vor der gerade neu gebauten Gästehütte und halte mir die Hand vor den Mund vor Schreck. Von oben ist durch die

Decke tatsächlich eine Palme gekracht. Alles ist kaputt. John, Keke und Alpha haben sich bereits Besen geschnappt, um aufzuräumen. Als Alpha mein erschrockenes Gesicht sieht, zuckt er nur mit den Schultern. Es ist so, wie es ist, aufregen bringt hier niemanden weiter. Ich greife ebenfalls zum Besen und lege los.

Gelernte Lebensschlauheit der vergangenen Tage:

Erstens: Ich muss nicht alles gut finden, aber als Gast manche Dinge einfach respektieren.

Zweitens: Aus jeder Sekunde das Beste machen, das geht.

HEIMWEG
(VON SIERRA LEONE ÜBER GUINEA, DEN SENEGAL, MAURETANIEN UND MAROKKO ZURÜCK NACH EUROPA)

44

Volle Panne

Das ganze Auto wackelt, ich kralle mich gleichzeitig am Türrahmen und am Sitz fest, um mit dem Kopf nicht gegen Metall zu schlagen. Wir rutschen unausweichlich auf einen riesigen Stein zu. Unsere Achse setzt auf: »Bäm.« »Scheißstrecke! Nie wieder fahre ich auf dieser Reise offroad«, flucht Ulli. Wir sind auf der schlimmsten Piste der gesamten Fahrt unterwegs. Und das auch noch freiwillig. Auf einer Karte haben wir vorher gelesen, sie sei: »gefährlich und in der Regenzeit unbefahrbar«. Aber die Regenzeit hat ja erst angefangen und was ist schon gefährlich, wir sind ja jetzt Profis – haha, von wegen. Die Spuren vor uns lassen erkennen, dass es Armeefahrzeuge mit riesigen Reifen waren, die hier quer durchs Fouta-Djallon-Gebirge gepflügt sind. Deren Furchen überhaupt irgendwo als Piste in einer Karte einzutragen, ist schon echt gewagt. Aber jetzt ist es zu spät, wir sind erst zehn Kilometer auf der Strecke unterwegs, aber umdrehen ist nicht mehr. Der steile Bergpass ist viel zu schmal zum Wenden.

Es ist der letzte unbekannte Landabschnitt, den wir durchfahren. Von Sierra Leone durch das Gebirge im Norden Guineas. Ab dann sind wir wieder im Senegal – kennen uns aus ... Das letzte unbekannte Gebiet, aber sicher nicht das letzte Abenteuer bis nach Hause. Verrückt, für mich ist das hier Zuhause. Ulli, Fufu, Terés. Es fährt immer mit, jeden Tag. Für Ulli ist seine Heimat sein Zuhause. Und auf die freut er sich riesig. Ich habe eine Heidenangst vor Europa. Ein bisschen fühlt es sich an, als ob er mich mitzieht. Er hat so viele Gründe, warum wir zurückMÜSSEN. Ich finde fast ausschließlich Gründe, um zu bleiben. »Lass uns in Sierra Leone ein Grundstück kaufen, was Verrücktes machen«, habe ich ihm vor ein paar Tagen vorgeschlagen. Da er nicht gleich Nein geschrien und die Hände über dem Kopf zusammengeschlagen hat, habe ich Alpha gebeten, sich mal umzuhören, welches Land noch zu haben ist. »Die meisten Flächen gehören Libanesen, die nichts damit machen«, hat Alpha erklärt. »Echt blöd, weil der alte Dorfchef das Land für ein paar Handys und einen neuen PC verscherbelt hat und wir jungen Leute keinen Platz mehr finden, wo wir leben oder Lebensmittel anbauen können. In den Bergen ist es neuerdings verboten, da ist jetzt alles Nationalpark.« Nach zwei Tagen Rumfragen hat er ein Terrain gefunden, das wir uns gemeinsam ansehen gehen. »Ich fände es so schön, wenn wir alle zusammen etwas auf die Beine stellen könnten. Die Surfjungs und wir«, lautet mein total enthusiastischer Vorschlag an Ulli. »Hm«, ist alles, was er dazu sagt. Wir spazieren zu dritt den Strand hoch und biegen dann nach links ab. Ich hüpfe über die schwarzen Felsen vor dem Mangrovenfluss, der direkt ins Meer fließt. In Gedanken baue ich bereits eine Terrasse hier unten am Wasser, um von dort direkt ins Meer zu springen.

»Die angegebene Quadratmeterzahl stimmt vorne und hinten nicht«, stellt Ulli fest. »Das ist halt so, du kannst nicht erwarten, dass hier alles so läuft wie in Europa«, stöhne ich. »Wenn du was festmachen willst, dann musst du hierbleiben und die nächsten

Monate, bis alles klar ist, darüber verhandeln. Die Zeit haben wir nicht.« »Und du willst es auch nicht«, sage ich leise. Gefühlt ersticken seine Worte gerade einen Funken, der soeben angefangen hatte, Feuer in mir zu entfachen. Vielleicht der nächste Traum? Immerhin ist dieser hier bald zu Ende. Ulli und Alpha spazieren zurück zum Camp. Ich kapsle mich unterwegs ab und bleibe traurig auf einem der warmen Felsen zurück. Sitze zusammengekauert da und starre aufs Meer. Krass, wie oft uns das passiert. Einer von uns sagt etwas und der andere zerschießt das sofort mit einem Kommentar. Vielleicht weil jede Veränderung Angst macht? Ich kann mich gerade mal wieder selbst nicht leiden, weil ich es irgendwie nicht hinnehmen möchte, einfach so zurückzufahren. Weil ich schon wieder mehr will und mich nicht traue, einfach mein eigenes Ding daraus zu machen. Ich lehne mich schon wieder ab, weil ich merke, dass ich das Gegenteil bin von dem, was Ulli ist. Weil ich laut bin statt leise, chaotisch statt sortiert, impulsiv statt nach Plan. Ungeduldig mit mir und ungeduldig mit Ulli.

»WUUUM.« Das klang nicht gut, ich sehe zu Ulli. Sein Blick kurz vor der Verzweiflung. Wir rollen noch ein paar Meter, dann rufe ich über den lauten Motor hinweg: »Etwas stinkt gewaltig.« Ulli stoppt sofort. Ein erster Blick unter Terés, dann ist alles klar: »Der Stoßdämpfer ist abgerissen!«, ruft er aufgebracht. »Die Feder ist dabei rausgeflogen und hat angefangen, von innen den Hinterreifen aufzuschlitzen. Das hast du gerochen. Verbranntes Gummi.« Gemeinsam liegen wir unter Terés und überlegen, was zu tun ist. Das nächste Dorf ist sicher noch mal zwölf Kilometer entfernt. Bei der Strecke mindestens zwei Stunden Fahrt. Ulli macht sich dran, den Stoßdämpfer komplett abzuschrauben. »Wir müssen die Feder irgendwie wieder in die Verankerung kriegen und sie fixieren.« »Wir haben doch ganz viele Kabelbinder und Seil, vielleicht hält sie damit?«, schlage ich vor. Gesagt, getan. Mit Hilfe des Wagenhebers stemmt Ulli die linke Heckseite hoch. Mit einer Stange als Hebel schafft er es, die Feder wieder in Position zu bringen. »Juhu, das hast du super gemacht!«, rufe ich. »Ich bin so stolz auf dich!« Und das bin ich wirklich. Es ist einfach großartig festzustellen, wie sehr diese Reise Ulli verändert hat, geht es mir durch den Kopf, während ich die Feder begutachte. Wie er seine Ängste immer mehr überwindet und anpackt. Ulli grinst stolz. »Mal gucken, ob das hält.« Weiter geht's. Die Furchen der Piste werden immer tiefer, die Felsbrocken, über die wir mal fahren und mal rutschen, immer größer. Alle paar Hundert Meter lässt Ulli mich aussteigen, um zu schauen, ob seine Konstruktion noch hält. Das ständige Rein und Raus in Schieflage gibt jedoch unserer Tür den Rest. Das Schloss bricht raus, sie geht nicht mehr zu. »Fuck«, stöhnt Ulli, als er nun auch noch den Türrahmen mit einem Seil ans Auto bindet. Doch nicht nur den hat es in Mitleidenschaft gezogen. Der Dachgepäckträger reißt ebenfalls. »Das wird die teuerste Strecke, die wir je gefahren sind. Wenn wir jemals wieder auf eine Teerstraße kommen, verlasse ich sie nie wieder. WENN wir es überhaupt wieder in die Zivilisation schaffen!« Ulli kriegt sich kaum noch ein. »Atme«, sage ich ruhig und zuversichtlich und kraule ihm dabei den Nacken. »Du weißt doch, alles wird gut.« Er guckt mich mit hochgezogenen Brauen an. Seine Augen sagen: Verzweiflung. Dann knallt es noch mal ordentlich. Der Tod unserer vorderen Feder. Nach tatsächlich genau zwei Stunden rollen wir in das nächste kleine Dorf. Wir machen eine kurze Pause, um unsere Wunden zu lecken. Im Nu haben wir zehn Erwachsene um uns herum, die helfen wollen, und 20 neugierige Kinder. Während Ulli mit den Männern darüber palavert, was wir tun können, um Terés irgendwie noch in den Senegal zu einem Mechaniker zu kriegen, pflücke ich mit den Kids Mangos. Ich hebe den leichtesten Jungen auf die Schultern. Mit einem Stock gewappnet, holt er für jeden von uns etwas Obst herunter. Es ist tatsächlich wieder Mango-Zeit. Diese Reise ging so schnell und so langsam zugleich vorüber. Wir haben so viel erlebt, so viel gesehen, so viel gelernt.

»Einmal in der Woche kommt hier ein Geländewagen, ähnlich wie eurer, der ist das einzige öffentliche Transportmittel, mit dem wir hier wegkommen«, erzählt uns Racine. »Der wird im Senegal nach jeder Fahrt immer wieder zusammengeflickt. Wenn ihr dort seid, kennen die Mechaniker sich aus.«

Die Nacht verbringen wir auf einem Plateau ein paar Kilometer außerhalb des Dorfes voll grün leuchtendem Gras. Die Grillen zirpen. Ulli versucht verzweifelt, das Türschloss zu flicken und den Dachgepäckträger zusammenzubinden. »Ich habe keinen Bock mehr auf Sachen reparieren, ich will einfach nur noch nach Hause«, schimpft er. Wir geben schon ein absurdes Bild ab. Ulli in Badehose, eine von zweien, die er in den letzten zwei Jahren täglich getragen hat. Komplett durchgeschwitzt, sein T-Shirt von Staub und Schweiß so steif, dass es aussieht wie Papier. Ich barfuß in meiner irgendwann mal hellblauen, jetzt eher rotbraunen kurzen Hose, mein Lieblingstop so ausgeleiert, dass es kurz vor durchsichtig ist und komplett von Motten durchlöchert. Und dennoch: Ich könnte gerade nicht glücklicher sein. Verrückt, aber in diesem Moment steht für mich einfach die Zeit still. Dieser Augenblick ist vollkommen, in all seiner Unvollkommenheit. Ich brauche nicht mehr als das, was ist. Ich gebe Ulli zärtlich einen Kuss auf seine dreckige Stirn. »Ich finde, wir schreiben das alles ab als: Was wir jetzt reparieren, müssen wir in Deutschland nicht reparieren«, grinse ich. Ulli antwortet nicht. Er schaufelt sich gierig die Nudeln rein, die er sich gewünscht hat. Die Käfer darin, die sich hier in Getreideprodukten einfach schnell bilden und die wir am Anfang noch so eklig fanden, sind mittlerweile egal. Ich muss lächeln, als mir einer meiner Lieblingsfilme in den Sinn kommt. Das Dschungelbuch. In meinem Kopf singt Balu der Bär: »Und schaust du unter den Stein, da findest du Ameisen, die hier gut gedeihen«, und schiebt sich den Stock mit den Tieren in den Mund, so wie Ulli gerade seinen Löffel. »Denn mit Gemütlichkeit kommt auch das Glück zu dir«, singe ich und lache ihn an. »Findest du, ich habe mich verändert?«, frage ich Ulli, der jetzt auch grinsen muss. »Ich finde, du bist weicher geworden, das steht dir gut. Findest du denn, dass du dich verändert hast?« »Hm, vielleicht, ich weiß nicht. Aber auf jeden Fall noch nicht genug. Ich möchte noch viel weniger bewerten, mich selbst, andere. Ich möchte mehr tanzen, mehr lachen, möchte viel mehr den Moment leben. Jetzt!«, lächle ich und drehe den Wassersack über Ullis Kopf auf, und wir genießen die frische Abkühlung, inmitten von Guinea, irgendwo in Westafrika.

Gelernte Lebensschlauheit der vergangenen Tage: Jeder Moment ist perfekt, so wie er ist.

45
Bethlehem

Wir stehen mit der Sonne auf, frühstücken und fahren los, um die letzten Kilometer durchs Gebirge zu bewältigen. »Fährst du?«, fragt Ulli. »Ich habe nämlich keinen Bock mehr.« »Na klar«, freue ich mich. »Das Schlimmste soll ja vorbei sein, haben die Leute im Dorf gesagt«, versuche ich ihm Mut zu machen. Wir sind keine halbe Stunde unterwegs, als vor uns das Gebirge steil ins Tal abfällt. Riesige lose rumliegende Felsbrocken schmücken den Weg. Ulli hält die Luft an, fasst sich an den Kopf, guckt ungläubig. Vor uns liegt der mit Abstand allerschlimmste Offroad-Teil, den wir je gesehen haben. Ich suche nach einem alternativen Weg. Eine Strecke, die nach rechts abgeht und erst besser aussieht, fällt weiter hinten noch steiler ab. »Ich gehe zu Fuß«, sagt Ulli und läuft voraus. Ich laufe zurück zu Terés, die ganz entspannt mit laufendem Motor in der Sonne steht und kein Licht verzieht. Fufu pennt im Fußraum, wie immer. »Alles klar, los geht's! Dann zeig mal, was du kannst«, sage ich, atme tief durch, klopfe Terés aufs Lenkrad und fahre an. In all den Monaten haben wir gelernt, wozu unser Auto alles fähig ist. Sie hat uns nie im Stich gelassen. Ich zweifle keine Sekunde daran, dass Terés das kann. Langsam und beständig klettert sie die Felswand runter. Wenn sie mal rutscht, fängt sie sich sofort wieder. Ulli läuft mittlerweile hinter uns her. Ein Mann, der uns mit einem Fahrrad entgegen kommt, muss die Wand hochklettern, um irgendwie Platz zu machen. Er winkt fröhlich. »Wo der wohl vor hat Fahrrad zu fahren?«, schießt es mir durch den Kopf. Ich entscheide einfach, später oder gar nicht mehr darüber nachzudenken, und konzentriere mich wieder aufs Wesentliche. Spurhalten. Nach einer Stunde voller Konzentration sind wir im Tal. Fröhlich streichle ich Terés: »Du bist die Beste.« Wir warten auf Ulli. Der ist sichtlich erleichtert, als er müde durchs Fenster klettert, um einzusteigen. Keine zehn Minuten später sind wir an der Grenze. »So stelle ich mir Jesus' Geburt in Bethlehem vor«, flüstere ich. Aus einem Strohgebäude, in dem anscheinend die Polizei sitzt, kommt eine Kuh gelaufen. Eine Ziege thront auf der Bank neben einem Zollbeamten. Ulli macht sich erneut klein, zieht Oberkörper und Beine durchs Quadrat und verschwindet, um unsere Papiere stempeln zu lassen.

Nur drei Durchquerungen leerer Flussbetten später sind wir im Senegal. Auf »festem« Sandboden. »Juhu, geschafft!«, sage ich und schlage mit Ulli ab. »Geschafft, geschafft!« Ulli ist fix und fertig, rollt mit den Augen und macht sich erneut auf in Richtung Zoll und Polizei. »Frag doch gleich mal, ob die einen Mechaniker kennen«, rufe ich hinter ihm her. Der Zollchef telefoniert mit seinem Kumpel, der sofort mit einem Motorroller zu uns kommt und uns abholt. Abdoulay Diallo fährt winkend vor uns her und keine fünf Minuten später stehen wir auf seinem Gelände. Der Boden ist voller Öl, genauso wie die Füße, Arme und Beine der Teenager und älteren Kerle, die für ihn arbeiten. Abdoulay macht sich sofort dran, all das zu reparieren, was Ulli ihm zeigt. Dann heißt es warten. Wir beobachten ihn und seine Jungs vom Schatten des einzigen Baumes aus bei der Arbeit. Abdoulays Augen verbergen sich hinter einer Sonnenbrille, auf der noch die UV-Aufkleber die Sicht behindern. Unseren Stoßdämpfer schweißt er einfach wieder zusammen. Ebenso den Dachgepäckträger. Das Türschloss wird erneuert. Die Feder muss bleiben wie sie ist, da es keine Ersatzteile gibt. Drei Stunden später ist alles fertig und wir sind wieder abfahrbereit. »Was bekommst du?«, fragt Ulli Abdoulay. »Nichts«, grinst er. »Wie, nichts?« Wir können es nicht fassen. »Na ihr seid doch Freunde vom Zollchef, also seid ihr auch meine Freunde. Nehmt die Reparatur als Geschenk«, sagt er und lacht.

Gelernte Lebensschlauheit der vergangenen Tage: Afrika, du bist so großartig. Nie werde ich dich mit meinem rationalen Denken verstehen und das ist auch gar nicht schlimm.

46

Freundschaft

Ich traue meinen Augen nicht, als er wild winkend auf der Autobahn an uns vorbeifährt. »Ulli, da ist Karim!«, rufe ich aufgeregt und zeige auf das Auto, das uns links überholt. »Das gibt es doch nicht!«, staunt Ulli. Karim, unser marokkanischer Freund, den wir aus der Elfenbeinküste kennen, hat von seinem Cousin gehört, dass wir in Marokko sind. Am Telefon musste ich ihm vorhin erklären, dass wir zu müde sind, um uns mit ihm zu treffen. Dass wir morgen ganz früh auf die Fähre gehen und zurück nach Europa reisen.

In den letzten Tagen haben wir ich weiß nicht wie viele Klimazonen durchfahren und dabei nichts ausgelassen: ultraheiß und tropisch im Senegal, dann die trockene Hitze Mauretaniens, in dessen Wüste wir liegen geblieben sind, weil wir spontan zehn Liter Kühlwasser verloren haben. Der windige, kalte Süden Marokkos und dann der wieder wärmere, weniger windige Norden. Zwei Autowerkstätten, die erste Autowäsche seit zwei Jahren und die Erledigung allen Papierkrams bei Veterinären und Behörden, um Fufu ohne Quarantäne nach Europa einzuführen, liegen hinter uns. Ulli will nur noch auf einen Campingplatz, duschen und ins Bett. »Auf Gesellschaft habe ich heute gar keinen Bock mehr«, stöhnt er. Da hat er seine Rechnung allerdings ohne unseren Freund gemacht. Karim deutet an, dass wir bei der nächsten Abfahrt rausfahren sollen. Er zahlt die Maut gleich für uns mit und zwei Minuten später halten wir ihn fest im Arm. »So schön, dich zu sehen!«, rufe ich freudig. »Oh Mann, wie unwirklich, dass wir uns hier wiedertreffen.« »Ich will euch auch wirklich nicht aufhalten«, entschuldigt er sich, »aber als ich von Anass gehört habe, dass ihr hier seid, habe ich mich sofort ins Auto gesetzt, um euch wenigsten kurz zu sehen.« Ich könnte ihn knutschen. »Wie geht's dir? Was machst du jetzt wieder hier?«, frage ich aufgeregt. »Wisst ihr, alle meine Kumpels haben sich sofort in Managerberufe gestürzt und ich habe erst mal entschieden, meinem Opa eine Weile zu helfen und auf dessen Farm Gemüse anzubauen. Das ist zwei Stunden weiter ins Inland. – Hier, ich habe euch meinen ersten eigenen Salat mitgebracht«, sagt er und reicht uns den riesigen grünen Kopf. Ich bin sprachlos. Und auch

Ulli vergisst bei all der Herzlichkeit unseres Freundes spontan seine Kopfschmerzen. »Wisst ihr was«, sagt Ulli, »ich fände es doch ganz schön, den Abend zusammen zu verbringen.« Karim ist überglücklich und hat eine Idee: »Ihr wollt doch morgen früh im Norden auf die Fähre. Meine Eltern haben da oben eine Ferienwohnung. Wir fahren einfach dorthin, dann habt ihr es in der Früh entspannter.« Nach drei Stunden Autofahrt halten wir im Stockdunkeln des mittlerweile späten Abends an einem Restaurant und essen gemeinsam. Als wir endlich ankommen sitzen wir noch eine Weile auf dem Balkon, lauschen den Wellen und fallen anschließend todmüde ins Bett von Karims Eltern. Die blauweiße und mit Ankern und Booten dekorierte Ferienwohnung ist für mich eine Mischung aus Marokko und Fehmarn. Karim schläft wie immer auf der Couch. »Ich bin froh, dass ich mich selbst überwunden und doch noch auf diesen Abend eingelassen habe«, flüstert Ulli. Ich nehme ihn ganz fest in den Arm und zum ersten Mal seit Langem schlafen wir auch so gemeinsam ein. Als wir aufwachen, ist Karim bereits baden. Ich beobachte ihn, wie er trotz der Kälte einfach ins Meer läuft und den Moment genießt. »Es tut mir leid«, sagt er, als er klitschnass im Handtuch wieder vor uns steht. »Ich muss schon los. Bleibt so lange ihr wollt, der Wachmann weiß Bescheid.« »Du bist, wenn du wieder daheim bist, acht Stunden Auto gefahren, um uns, wenn es hoch kommt, zwei Stunden zu sehen?«, schüttele ich ungläubig den Kopf. Ich kann mir im Leben nicht vorstellen, dass auch der spontanste und verrückteste meiner Freunde zu Hause so was für mich machen würde. »Klar!«, sagt er und lacht. »Das war mir wichtig und hier oben am Meer bin ich ja auch gern. Allein mit euch zu essen und heute früh kurz schwimmen zu gehen, hat sich schon gelohnt.« Wir nehmen uns zum Abschied fest in den Arm und versprechen, uns ganz bald wiederzusehen. Und das werden wir. Denn vor dem Einschlafen habe ich Ulli gestern Abend noch ein Versprechen abgenommen. Das Versprechen, dass wir in zwei Monaten, wenn wir alle Pflichten erledigt haben, wieder hier in Marokko sind. Diesmal in einer Wohnung am Strand. Arbeiten, surfen und uns neu orientieren. Etwas, zu dem wir, kaum zu glauben, aber in den knapp zwei Jahren nicht wirklich gekommen sind. Und hoffentlich werden wir, auf mehr als zwei Quadratmetern Wohnfläche, wenn jeder Raum für sich hat, entspannter miteinander umgehen und uns endlich, wie von Chris gelernt, selbst nicht mehr so ernst nehmen. Wir frühstücken Karims Salat und ich bin selig, dass ich so tolle Freunde auf dieser Reise gefunden habe. Freunde fürs Leben.

Gelernte Lebensschlauheit der vergangenen Tage: Ich möchte noch viel mehr spontan das tun, wonach mein Herz schreit, was mein Bauch mir sagt, ohne mir von meinem Kopf dazwischenfunken zu lassen, weil der meint, dass es keinen Sinn macht.

47
So nah, so fern

Der Fahrtwind der Fähre bläst uns ins Gesicht. Fufu ist das gar nicht geheuer. Er versucht sich hinter uns zu verstecken. Ich halte ihn ganz fest. Er ist einfach so ein Geschenk. Alles ist ein Geschenk. Alles, was war und alles, was ist. Ein Geschenk, das uns niemals wieder jemand wegnehmen kann. Über 46.000 Kilometer haben wir in Westafrika zurückgelegt, mehr als einmal um die Welt. Auf der Karte haben wir nicht mal ein Drittel der Strecke bis Südafrika geschafft. Und genau das ist so egal. 17 Länder sind wir durchfahren, 26 Grenzen haben wir überquert. Ayo, Tomar, meine Liebe, meine Freunde, nehme ich im Herzen mit. Meine Angst vor der Rückkehr ist noch immer riesengroß, in all der Zeit habe ich es nicht geschafft, meinen Schlüssel zu finden. Ich habe unfassbar viel dazugelernt, aber nicht das Gefühl, etwas Greifbares in der Hand zu haben. Dafür freue ich mich auf meine Familie, auf meinen Hund daheim, meine Freunde. Tief im Herzen weiß ich, dass die Zeit kommt, mich Deutschland zu stellen und das Gelernte auch dort anzuwenden: Aus der Komfortzone des ewigen Weglaufens auszubrechen und mich meinen Ängsten zu stellen. So wie Ulli sich die gesamte Reise seinen gestellt hat. Er nimmt mich in den Arm, das Boot hebt und senkt sich vom starken Wellengang. Krass, wie uns diese Reise einander so nah gebracht hat und gleichzeitig so fern. Wie wir alles zusammen gemeistert und uns gleichzeitig so verletzt und so die Hosen voreinander runtergelassen haben.

Lächerliche 35 Minuten brauchen wir für die Überquerung der Meerenge von Gibraltar. Dann sind wir in einer völlig anderen Welt. Diese Überquerung, die für uns so einfach, so selbstverständlich ist, die wir mal eben bezahlen und dann machen. Für viele ein Traum, der nie in Erfüllung geht oder, noch schlimmer, zum Grab wird. Auf der Suche nach einem »besseren« Leben haben wir uns vor zwei Jahren nach Westafrika aufgemacht. Wurden ausschließlich willkommen geheißen. All die Begegnungen gehen mir durch den Kopf, all die Essens- und Teeeinladungen, all die Nächte, die wir bei den verschiedensten Menschen verbracht haben, all die Geschenke, die wir bekommen, die Dinge, die wir gelernt, die Sachen die wir getauscht und geteilt haben. Europa sagt: »Wir teilen nicht.« Mein Herz ist unglaublich schwer. Doch plötzlich kommt von ganz tief ein freudiges Gefühl dazu. Während wir weg waren, hat sich etwas ganz entscheidend verändert. Etwas, das wir in unserer Abwesenheit komplett verpasst haben. Wir kommen in eine neue, in eine buntere Heimat zurück. Afrika ist durch die vielen Flüchtlinge jetzt viel stärker auch bei uns vertreten. Meine Familie, Freunde, sie alle haben sich engagiert und sind ebenfalls daran gewachsen. Und plötzlich kann ich es kaum erwarten, nach Hause zu kommen. Gleich sind wir in Spanien. Vor uns ein riesiges Containerschiff im Hafen, auf dem steht: Hamburg.

Gelernte Lebensschlauheit der vergangenen Tage: Ich kann nur verstehen, wenn ich erfahre. Ich kann nur erfahren, wenn ich mich traue loszulaufen.

EPILOG

Gerade sitze ich hier in Griechenland, auf dem Fußboden meines »Strandbüros«, auf dem aufblasbaren Kissen, das mich die gesamte Zeit durch Westafrika begleitet hat. Den Wind im Gesicht, den Blick aufs Meer gerichtet und vor mir mein Laptop und die letzten Zeilen dieses Buches. Ich habe tatsächlich soeben ein Buch geschrieben. Etwas, das ich schon seit meinem ersten Aufsatz in der Grundschule machen wollte. Verrückt.

Vor genau zwei Jahren sind wir zurückgekommen. Und wie immer ist seitdem unfassbar viel passiert. Ich habe Frieden geschlossen mit Europa, mit Deutschland, mit meiner Kultur und jeden Tag ein Stückchen mehr mit mir selbst. Wir haben es tatsächlich durchgezogen. Innerhalb von zwei Monaten die Wohnung aufzulösen, Terés zu verkaufen und unseren alten Bulli wieder flott zu machen, um für sechs Monate Wellensaison nach Marokko zu ziehen. Dort habe ich als Yogalehrerin gearbeitet, fleißig arabisch gelernt und jeden Tag gesurft, Freundschaften intensiviert und viele neue geschlossen. Kaum zurück in Deutschland habe ich Tomar und meine Kids in der Elfenbeinküste besucht und damit ein ganz neues Kapitel in meinem Leben eröffnet und irgendwie ein weiteres zu Hause. Im Anschluss habe ich Vipassana gelernt, zehn Tage lang geschwiegen und pro Tag circa neun Stunden meditiert. Ich habe Seminare über Tantra, gewaltfreie Kommunikation und Reiki besucht, Bauchtanzen gelernt, eine Imkerausbildung gemacht und mich mit Menschen umgeben, die auf einem ähnlichen Pfad unterwegs sind wie ich. Menschen, die mich inspirieren und motivieren.

Seitdem wir aus Marokko zurück sind, ist aus einer Schnapsidee ein neuer Traum und aus dem Traum ein Kinofilm geworden: »REISS AUS – Zwei Menschen, zwei Jahre, ein Traum.« Ulli und ich haben wieder ein Jahr lang 24 Stunden aufeinander gehockt, um den Film gemeinsam, mit Hilfe unserer Familien, Freunde und der Crowd, zu erschaffen. Ein Film, mit dem wir Danke sagen wollen: dem Leben, Westafrika, der Welt.

Und dann war er plötzlich einfach da. Ich habe aufgehört, ihn ständig zu suchen und ihn eines morgens beim Blick in den Spiegel gefunden – meinen Schlüssel. In meinem Spiegelbild habe ich verstanden, wie ich mein ganzes bisheriges Leben mit mir selbst umgegangen bin: hart, wertend, mein eigener Endgegner. Ich habe begriffen, dass ich so, wie ich mit mir selber rede und umgehe, niemals mit einem anderen Menschen umgehen würde. Der Schlüssel ist ganz simpel in mir. Nur, wenn ich mich selbst lieb habe, können auch andere mich lieben. Nur, wenn ich mich selbst respektiere, können andere mich respektieren und ich sie. Wenn ich mich selbst liebe, passe ich automatisch besser auf mich auf, vermeide mir zu schaden, mache stattdessen das, was mir guttut. Wenn ich aus der Fülle heraus lebe und nicht mehr aus dem Mangel, kommt das Gute von ganz allein, können alte Wunden, ja sogar Krankheiten, dadurch heilen. So wie mein Virus, der nach der letzten OP nicht mehr wiedergekommen ist. Es ist egal, wo ich bin auf der Welt, erst wenn ich mich selbst lieb habe, bin ich angekommen.

Manchmal stehe ich morgens auf und bin so dankbar für mein Leben, dass mir die Tränen kommen. Und zwar nicht, weil alles perfekt ist, sondern weil es ist, was es ist. Ich vertraue dem Leben blind, denn ich weiß, dass immer alles gut wird. Täglich lerne ich, versuche ich, offen zu sein für alles, was der Tag zu bieten hat, und ihm voller Dankbarkeit zu begegnen. Ich glaube nicht, dass Reisen die Lösung aller Probleme ist, aber es ist unglaublich hilfreich, einmal von außen auf das eigene Leben zu schauen. Jeder von uns hat einen Traum. Egal wie er aussieht, lass ihn nicht warten. Lauf los und der Rest kommt von allein. Das Leben hält so viel parat, so viele Lektionen, so viele Abenteuer, so viele großartige Momente. In ein paar Tagen fliege ich wieder zurück in die Elfenbeinküste. Ich kann es kaum erwarten, alle wiederzusehen, fest in den Arm zu nehmen. Liebe zu teilen, Essen zu teilen, alles zu teilen. Ich bin so gespannt, wie sich die Kids, wie sich ihr Leben seit dem letzten Mal verändert hat. Wie habe ich mich verändert? Ich lebe und liebe viel intensiver, bewusster. Ich bewerte weniger, weil ich verstanden habe, dass wir alle gleich sind. Das wir alle, egal wo auf der Welt, am Ende nur eins suchen: Liebe. Was ich als nächstes vorhabe? Kein Plan, erst mal ist jetzt, erst mal ist heute. »Warum bist du gerade so glücklich?«, hat mich die sechsjährige Charlotte eben gefragt, die mit ihren Eltern gerade hier Urlaub macht. »Weil ich dich kennengelernt habe, weil die Sonne scheint, weil mein Herz lacht, weil mir nach Tanzen ist, weil ich ein Buch geschrieben habe, weil ich tolle Menschen um mich habe, weil ich tausend Gründe dafür und keinen dagegen habe, glücklich zu sein.« »Ich habe dich lieb«, hat sie geflüstert, mich umarmt und mir einen Kuss aufgedrückt. »Ich dich auch.«

Auf das Leben, auf die Liebe, auf die Freiheit!

DANK

Schon verrückt, wie mir Dinge manchmal Angst machen, bis ich sie gemacht habe und merke, es ist gar nicht so schwer. Und plötzlich habe ich ein Buch geschrieben. Wie immer greift auch hier die goldene Regel: Wenn ich loslaufe, sind auf einmal Menschen da, die mich unterstützen. All diesen Menschen möchte ich an dieser Stelle Danke sagen! Danke Ulli, dass es dich gibt, dass du mich so nimmst, wie ich bin, ohne mich verändern zu wollen, dass du immer für mich da bist! Danke Westafrika! Danke an alle, die mir und die uns auf dieser Reise begegnet sind. Ich bin an jedem von euch gewachsen. Ich danke meiner Familie, die immer an mich glaubt, egal wie viele Nerven und Ängste sie das kostet, und die, wie selbstverständlich, parat steht, falls doch mal die Hütte brennt. Ich habe euch lieb! Danke an all meine Freunde, ganz besonders an meinen besten Freund Martin, der mich immer, wenn ich down bin, daran erinnert, dass das Leben ein Fest ist! Ich danke Swantje, meiner Agentin, die ebenso für Afrika brennt wie ich und auf mich zukam mit den Worten: »Es muss viel mehr Bücher über all diese Länder geben, über die Menschen und ihre Geschichten«, und die sich seither voll für mein Werk eingesetzt hat. Ich danke meiner Grundschullehrerin Frau Jahns, die mir als Kind schon in den Kopf gesetzt hat, mal ein eigenes Buch zu schreiben. Danke Silvi und Caro für euer ehrliches Lektorat. Ohne euch wäre die ein oder andere Geschichte so wild geworden wie meine Gedanken. Und danke an dich, wenn du dieses Buch gelesen und damit deine Zeit mit mir und meiner Welt geteilt hast. Und zum Schluss, danke kleine Charlotte fürs Drücken und Herzen während des Schreibens. Danke, dass du mich daran erinnert hast, wie pur und rein wir alle mal im Herzen waren. Ich übe seitdem fleißig jeden Tag, wieder so zu sein.

REISS AUS

Zwei Menschen   Zwei Jahre   Ein Traum

Ein Film von
Lena Wendt & Ulrich Stirnat

JETZT IM KINO
ab Herbst/Winter 2019 auch als DVD/BluRay im Handel erhältlich

www.REISSAUSDERFILM.de

 /REISSAUSDERFILM   #REISSAUSDERFILM    @REISSAUSDERFILM

Deutsche Originalausgabe
Copyright © 2019 von dem Knesebeck GmbH & Co. Verlag KG, München
Ein Unternehmen der La Martinière Groupe

Konzeptentwicklung *knesebeck stories* & Projektleitung: Caroline Kaum, Knesebeck Verlag
Lektorat: Silvia Goics, Offenburg; Veronika Brandt, Knesebeck Verlag
Coverfoto: Lena Wendt, Hamburg
Fotos: Lena Wendt & Ulli Stirnat, Hamburg
Label »Reiss aus«: Philipp Möller, Hamburg
Labelentwicklung, Coverdesign & Layout: FAVORITBUERO, München
Satz und Herstellung: Arnold & Domnick, Leipzig
Druck und Einband: Livonia Print, Riga
Printed in Latvia

Das Buch wurde vermittelt durch die Literaturagentur Swantje Steinbrink

ISBN 978-3-95728-287-3

www.knesebeck-verlag.de